中國學術思想

研究輯刊

三九編

林慶彰 主編

第 **18** 冊

佛教哲學略講

徐孫銘 著

花木蘭文化事業有限公司

國家圖書館出版品預行編目資料

佛教哲學略講／徐孫銘 著 -- 初版 -- 新北市：花木蘭文化事
業有限公司，2024〔民 113〕
序 6+ 目 2+210 面；19×26 公分
（中國學術思想研究輯刊 三九編：第 18 冊）
ISBN 978-626-344-590-1（精裝）
1.CST：佛教哲學
030.8   112022478

ISBN-978-626-344-590-1

中國學術思想研究輯刊
三九編　第十八冊　　　　　　　ISBN：978-626-344-590-1

佛教哲學略講

作　　者　徐孫銘
主　　編　林慶彰
總 編 輯　杜潔祥
副總編輯　楊嘉樂
編輯主任　許郁翎
編　　輯　潘玟靜、蔡正宣　美術編輯　陳逸婷
出　　版　花木蘭文化事業有限公司
發 行 人　高小娟
聯絡地址　235 新北市中和區中安街七二號十三樓
　　　　　電話：02-2923-1455／傳真：02-2923-1452
網　　址　http://www.huamulan.tw 信箱 service@huamulans.com
印　　刷　普羅文化出版廣告事業
封面設計　劉開工作室
初　　版　2024 年 3 月
定　　價　三九編 23 冊（精裝）新台幣 62,000 元　　　版權所有 · 請勿翻印

佛教哲學略講

徐孫銘 著

作者簡介

徐孫銘（1946～），男，福建周寧人，湖南省社會科學院哲學研究所研究員，曾任泰國國際佛教大學客座教授、湘潭大學中國哲學博士生導師、湖南師大公共管理學院中國哲學、宗教學碩士生導師。撰有《禪宗宗派源流》（合作）、《佛教哲學略講》《相宗絡索注釋》（合作）、《世紀佛緣》《船山佛道思想研究》（合作）、《海峽兩岸人間佛教改革的辯證思維》《道安法師法脈傳記》（合作）、《慧燈長明——佛教的末法觀》等著作。

提　要

　　本書原為本人擔任湘潭大學、湖南師大中國哲學博士、碩士研究生《佛教哲學概論》課的講稿。主要是對中國佛教哲學的流變、內涵、主要命題及其研究方法進行較系統介紹，以求對中國佛教哲學的淵源和特質，尤其是對轉識成智的智慧（理性直覺、德性自證與辯證綜合）和「處世、立身，歸於造命」，改造自身和改變國家社會命運相統一的辯證思維有較好的把握，以利於提高淨化心靈、改造世界的自覺性。

　　全書共分三篇，十四章，前兩章為佛教哲學的歷史演變；第三至第六章，論緣起性空、覺悟自性和理性直覺；第七至第十章，論善惡、因果、慈悲濟度、終極關懷，以及德性的自證；第十一至十三章，論辯證思維；第十四章論佛教哲學的現代價值。附錄兩篇，為作者近幾年對方以智的辯證思維和佛教自我造命論的新闡釋，體現了佛教哲學作為認識世界、改造世界的人生觀、價值觀和世界觀的辯證科學思維、高度的人文自覺和超越的智慧，應當使其在新時代、新時勢、新機遇和新挑戰的歷史條件下更好地批判繼承、守正創新，為人類作出新的貢獻。

序一 「心淨、行淨、國土淨」之自覺性

釋惠敏法師

　　2016 年夏末，我接到徐孫銘教授的電子郵件，提到：「近日拙著《佛教哲學略講》修正稿已完稿，雖自感障礙很多，水平有限，難以登大雅之堂，但為多年教學的講稿，蔽帚自珍，擬請您賜序，以完成在世 70 年之文債。請法師百忙中賜序，以光篇幅，反饋佛教界的關愛。」敝人對此訊息，首先升起的是一段有關「乘雲宗」或道安法師法脈資料之奇妙因緣的回憶，以及對徐孫銘教授治學認真、品格高尚的印象。

　　話說 2002 年 4 月 27 日，湖南省社會科學院哲學所的徐孫銘、文平志、王傳宗等專家學者，受臺灣的太平慈光寺住持惠空法師之託，為了撰寫有關道安法師傳記，到西蓮淨苑參訪。我提到：「對於道安法師法脈的來源，我個人曾遍查《禪門日誦》及其他資料，並沒有可靠線索，可否拜託您們代為瞭解道安法師傳承的資料，因為您們是湖南省社會科學院的研究學者，對於出生湖南的道安法師的資料，或許有地利之便。」

　　因緣殊勝，徐孫銘教授等人果真有所斬獲，從湖南圖書館找到與道安法師法脈有關的《重修乘雲宗譜》（民國初期抄本、珍貴孤本）。2003 年 2 月，我接到徐孫銘教授的來信，說明道安法師的法脈是來自「乘雲宗」，其祖庭為始建於梁天監十二年（513）的衡陽回雁峰乘雲寺。之後，徐教授等人出版了《道安法師法脈傳記》一書。

　　2007 年 3 月，臺灣的西蓮淨苑音像中心規劃道安長老大陸行跡尋訪的紀錄片計劃，由我率領帶團前往道安長老故鄉、出家寺院、住持弘化的寺院等地

方採訪錄像，在湖南地區，徐教授一路陪伴與照顧我們。2008 年 12 月，我們舉辦紀錄片成果展及研討會，特邀請拍攝期間大力幫忙的法師、居士們來臺灣，共襄盛舉。這些因緣，讓我有機會親炙其德行風範，例如：精勤的筆記習慣，謙虛恭敬的態度，簡樸踏實的生活細節等等。

敝人不是哲學背景，對於徐教授即將出版《佛教哲學略講》的勝緣，不敢置喙，只是簡述少許心得如下：此著作是他為湘潭大學、湖南師大中國哲學博士、碩士研究生佛教哲學課講稿，系統性介紹中國佛教哲學的流變、內涵、主要命題及其研究方法，從「理性直覺、德性自證、辯證綜合」三個面向，探究中國佛教哲學淵源和特質，期望提高轉識成智、淨化心靈、改造現代世界的自覺性。同時，我相信讀者可從此著作中，感受徐教授對於佛教之「緣起性空、空有不二、佛性本覺、涅槃寂靜」、「揚善棄惡、因果報應、慈悲大愛、臨終關懷」、「中道實相、末法辨析、轉識成智」等議題的獨特體會與詮釋，人人自覺內在之和平、安樂種子。

《維摩詰經》說「若菩薩欲得淨土，當淨其心，隨其心淨則佛土淨。」唐朝窺基特別指出不可解釋為：自心淨，則淨土「自成」，而是「菩薩自心清淨，五蘊假者有情亦淨。內心既淨，外感有情及器亦淨」，也就是「自心淨」→「有情淨」（眾生淨）→「佛土淨」的關係，理由是：「有情為土，本所化故」，「諸有情土是為菩薩嚴淨佛土」。這或許也是「心淨、行淨、國土淨」意義，以及此著述中討論佛教哲學的現代價值的自覺性。

作者為日本東京大學文學博士、臺灣法鼓文理學院校長、
臺北藝術大學名譽教授、西蓮淨苑住持
2016 年 9 月 9 日

序二　《佛教哲學略講》序

黃夏年教授

　　釋迦牟尼在 2500 年前創立佛教時，考慮最多的是人生解脫之重大問題，所以釋迦牟尼最後成了佛。「佛」就是覺悟，佛教就是關於人生的學問。佛教裏面有戒定慧三學，戒是戒律，定是禪定，慧是智慧。但是佛教的智慧也不是簡單的知識，而是教人解脫的人生觀，在這個理論中，除了有關於人生解脫思想外，還有關於形而上的本體討論，亦即宇宙萬有的本源也是解脫覺悟的最高境界，佛教把這個稱為「般若」（Prajna），用漢文表示就是智慧，在佛經裏則稱為「照了一切諸法皆不可得，而能通達一切無閡，名為智慧。」「照」是觀照，是考察與體會。「一切諸法」是整個世界。這個世界不能通過觀照而去得到，所以「皆不可得」，但有一個東西可以貫穿在整個世界，無阻無礙通達一切，這個東西就是「智慧」。這個智慧，佛教又稱「實相般若」，意指一切諸法本質，既為諸法本質，則就不能通過知識與經驗去感知，因為它是本來就存在的。

　　據說「哲學」一詞來自於希臘，意思是「智慧」。這個「智慧」也不是知識，而是關於世界觀與人生觀的學問，思考的是世界生成和人生意義等重大問題，「哲學」就是象牙塔的學問。清代黃遵憲將哲學一詞轉介到中國，到了 20 世紀初哲學開始在中國受到重視。然而作為人類共通的思維活動，哲學所包含的內容在東西方人類思想活動始終存在，古希臘哲學家在討論世界起源時，中國和印度哲學家也在嚴肅地思考這些問題。不同的是，西方先哲在把整個世界拆散分零而加識別與研究時，我們的祖先則試圖將各種零散的現象整合在一起來認識世界。

　　佛教作為東方思想文化的遺產，離不開對世界與人生的思索，特別是對

人生問題的思考是佛教哲學最大特點之一。佛教對人生思考離不開「心」的感悟，將人的解脫歸結到「心」的活動，又把解脫現象歸到心情表露，使佛教以解脫為特點的人生觀轉換為境界論，這不能不說是佛教的高明之處。佛教循這條思路，將世界分析為「空」與「有」兩大現象，前者是世界的本質，為實相「實相般若」；後者是人的主觀認識所對的外部世界。「境由心造」，「境」就是外在環境，「心」就是內心認識。佛教認為世界上的一切都是緣於你的思想認識與內心感受而決定的，世界的一切現象無非就是你的「心」之反映，所以佛教思想的理論特點與「心」之認識和感受有關，佛教也被人們稱之為「心」的學問。

佛教的「空」與「有」兩大認識構成了「空有不二」的佛教智慧。此兩大現象互為一體，不可分析。因為在佛教看來，整個世界（自然、社會和人）、物質和精神皆因「緣」聚集而起，又因「緣」散而滅，一旦「緣」滅，就呈空相，我們現在所見到的「一切諸法」都是假相，所以世界最終歸為「空」（沒有永恆不變的實性，不是沒有），包括人生也不能脫離這一規律。圍繞「空」與「有」兩大現象，佛教織成了繁雜的思想體系，生成諸多不同派別，以及各種不同理論，為人類思想寶庫提供了繁富資料，是人類思想文化的寶貴遺產。

《佛教哲學略講》是徐孫銘教授撰寫的一部討論佛教哲學的著作。徐教授致力於佛教哲學教學，多年來為研究生講授這方面課程，日積月累最終撰成這本內容豐富，觀點獨到的教科書。哲學是「智慧」，是學問，佛教有哲學，而且是大學問，但是如何認識佛教哲學的特點，還有不同看法。我們通常習慣受西方治學方法論的影響，從宇宙觀、認識論、人生觀和解脫論等不同方面來解構佛教理論，或將其歸為唯物和唯心的認識範疇；或者堅持傳統的佛教思維，以因果觀、實相論、唯識論、緣起論等範疇看待佛教思想。如前所說，東方思想的思維不是分析，而是要從整體上去把握事物屬性。就佛教而言，其所思考的根本目的在於人生的徹底解脫，以覺悟為解脫之最終目的。徐教授在這本書裏將佛教哲學分為「理性直覺」、「德性自證」和「辯證綜合」幾個範疇，贊同馮契教授《智慧三篇》中提出的「智慧問題的解決，就是轉識成智，由無知到知，由知識到智慧的飛躍，最終成就在性與天道交互作用中展現出來的人的自由德性，是一種對性與天道及其關係都窮通之後的無待、無對的境界。」「轉識成智，達到較高的中道辯證思維，成就理想人格，就是佛教哲學的主旨和精

髓之所在。」可說是繼承乃師方立天教授、馮契教授、吳立民大德開了新意，期待讀者的慧眼識判。是為序。

作者為中國社會科學院世界宗教研究所研究員、

《世界宗教文化》雜誌主編

2017 年 8 月 26 日

南嶽高僧釋道安法師擔任日月潭玄奘寺住持留念（西蓮淨苑供稿）

2011 年作者於西安出席長安佛教國際學術研討會

目次

緒　論

　　學問就是學而時習之，以求道德日進，知識形成一定的科學系統，且轉為智慧的艱辛過程。許多學問是「為人」之學，可以不必躬行，而佛教哲學卻是「為己」之學，是為了解決如何做人，培養理想人格，成為道德高尚之人，故必須力行。已故趙樸初先生贈中國佛學院學生語曰：「學而習之終成種，悟到無生始識真。」道出了佛教哲學和學問的真諦。

　　德國哲學家雅斯貝爾在《存在主義哲學》中指出：「從事哲學即是學習死亡，從事哲學即是飛向上帝，從事哲學即是認識作為實有的存在（大全）」〔註1〕。這就是說，哲學即是認識客觀實在的本質，學習了生脫死乃至超越客觀實在的智慧。哲學不僅要認識世界，認識人生，更要運用智慧去改造人生，改造世界，獲得自由與解脫。其中，佛教哲學「處世、立身，歸於造命」的終極關懷，包括臨終關懷，也就是告訴人們如何面對生死，讓生命安祥地走完最後程途，自利利他，以臻於終極圓滿的人生。從這個意義上說，佛教哲學，就是學習直面生死、認識自性、超越實在的學問。佛教哲學雖然離不開善良本性、佛性（不等於神性），但最根本的是做人，提高人的覺性，關心人的終極幸福生活。誠如方以智《冬灰錄》所說：「處世之幾、立身之幾，歸於造命之幾」把個人立身、處世哲學與改變命運、改造世界密切結合起來。這與馬克思主義關心現實社會人類的解放、人的全面自由發展雖有原則的區別，但大體上是相互融通、殊途同歸的。周恩來先生在抗日戰爭時期為南嶽佛教徒題詞曰：「上馬殺賊，下馬學佛」，正是同一道理。

〔註1〕雅斯貝爾《存在主義哲學》，商務印書館1963，第148頁。

（一）何謂佛教哲學？

　　一般而言，宗教哲學是系統研究宗教的人生觀、生死觀、價值觀、靈魂觀及思維邏輯的科學。英‧威廉瑞爾認為，宗教哲學是回答關於生存、價值、真理、上帝等重大問題，學會如何提高生存能力的學問。

　　對於佛教哲學有各種不同的理解。太虛大師說：「仰止唯佛陀，完成在人格。人成即佛成，是名真現實。」佛教哲學是成就有理想、守紀律、講文明、道德高尚的人生哲學。白雲禪師《佛法哲學概論》說：介紹釋迦牟尼佛成就的道理和方法就叫佛教哲學。方立天教授《中國佛教哲學要義》說：中國佛教哲學是印度佛教傳入中國以後與中國古代社會實際相結合的產物，是關於緣起性空的世界觀、宇宙觀，因果報應的善惡觀，中道辯證的發展觀，平等慈悲的倫理觀和得大自在的解脫觀的學說體系。

　　我們認為，必須從宗教四要素（教義、情感、祭祀、儀軌制度）看佛教教義與修持中的佛教哲學。唐代宗密大師《禪源諸詮集都序》說：「西域諸賢聖所解法義，皆以三量為定，一比量，二現量，三佛言量。」並指出「三量勘同，方為究竟。」〔註2〕他把邏輯推理（比量，制度比較、文化、文明互鑒）、實證（現量，心靈感應、情感、實踐證悟）和理論證明（聖言量、教義詮釋）作為檢驗認識真理性（包括道德證悟）的標準，是佛教哲學檢驗真理標準的理論最精闢、精要的論述。臺灣中華佛研所所長、法鼓山著名禪師聖嚴法師說：「一個偉大的宗教，應該具備三個條件：第一、是信仰的實踐（現量），第二是理論的基礎（聖言量），第三是學術的研究（比量）。若無信仰的實踐，便不是宗教，而是倫理學學說；宗教的信仰和實踐，又必須有其深厚的哲學理論作為指導的基準，方不致流為地方性、民俗性和非理性的鬼神信仰。如果不做學術性的研討，便不會知道如何運用既有的資源，來給每一個時代的社會，提供多功能的服務與高質量的奉獻。」〔註3〕可見宗教哲學具有信仰的超越性、實踐的客觀實在性、學術理性和國際普世性。

　　佛教是指創立於印度，漢代傳入中國，有豐富的經律論典、嚴格的戒律儀軌、宗教情感和祭祀祈禱活動、嚴密的組織和多彩的宗教文化、心靈提升、心理慰籍，以明心見性、覺悟成佛、普度眾生為目的的社會意識與社會存在。中國佛教哲學是包括戒定慧三學，貫穿於信仰、覺解、行持、證悟之中，轉識

〔註2〕宗密《禪源諸詮集都序》，《續藏經》第48冊。
〔註3〕《聖嚴法師學思歷程》。

成智，達到涅槃寂靜、解脫成佛境界的學說體系。

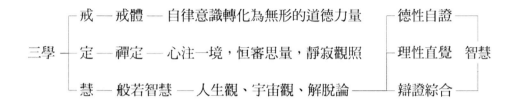

佛教哲學是系統研究佛教的人生觀、生死觀、宇宙觀、價值觀及辯證思維的一門科學，是回答如何把握世界人生的實質，培養理想人格，提高人生境界、奉獻人生的學問。佛教哲學的主旨在轉識成智。馮契先生著《中國古代哲學的邏輯發展》和《中國近代哲學的革命進程》，闡明兩千多年來中國哲學歷史發展的軌跡，概括出了認識論的四大問題：感覺能否給予客觀實在？理論思維能否把握普遍有效的規律性知識？邏輯思維能否把握具體真理？理想人格或自由人格如何培養？〔註4〕提出智慧問題的解決，就是轉識成智，由無知到知，由知識到智慧的飛躍，最終成就在性與天道交互作用中展現出來的人的自由德性，是一種對性與天道及其關係都窮通之後的無待、無對的境界。這種境界與佛教追求「涅槃寂靜」之境具有同等的效力。馮先生的智慧說與佛教唯識學的追求目標是相一致的，都是為達到認識主體與萬物齊一的境界，實現人的自由德性。「轉識成智」的最後結果，是通過理性的直覺、辯證的綜合和德性的自證，得到性與天道無不通、無不由的超越境界，體現為知、情、意的統一，德性、覺性與方法的統一。

佛教是宗教、是哲學，又不是宗教、不是哲學；既是宗教，亦非宗教；既是哲學，又非哲學。佛法的修學，在本質上，不是去弄懂一個什麼知識體系，而是在抵達一種精神體驗，一種悟覺，達到內心、內在生命深處的本性境界。〔註5〕

《大乘莊嚴經論》李百藥序說：「《大乘莊嚴經論》者，無著菩薩纂焉。菩薩以如來滅度之後，含章秀發，三十二相具體而微，八千億結承風俱解。弘通正法，莊飾經王。明真如功德之宗，顯大士位行之地，破小乘執著，成大乘綱紀。其菩提一品，最為微妙，轉八識以成四智，束四智以具三身，詳諸經論所

〔註4〕《馮契文集》第一卷，華東師範大學出版社 1996，第 47 頁；第四卷，華東師範大學出版社 1997，第 41～42 頁。

〔註5〕參見張天飛《馮契先生的智慧學說》，載《理論・方法・德性》，華東師範大學出版社 1996 年 11 月版。

未曾有，可謂聞所未聞，見所未見。」〔註6〕太虛1921年著《法相唯識學概論》說：「凡不圓滿之有漏法既依識所變，即此不善、不圓滿所依之識，改轉之使為覺悟而圓滿，佛典謂為轉識成智，則達善之價值永存之極則矣。」唯識學「轉識成智」的理論是通過長期修行，「轉第八識得鏡智，轉第七識得平等智，轉第六識得觀智，轉前五識得作事智。」唯識宗修行，歷經三大阿僧祇劫，五位四十一階，集無量福德智慧，無非是斷滅二執、二障，證得我、法二空，轉識成智，親契真如，證得大菩提與涅槃的勝果。

唯識學「轉識成智」的理論與其「成佛」的主旨緊密相連，是為了實現三法印中的「涅槃寂靜」的超越境界，這種境界，不是空寂的虛無，而是一種達到天人合一時無對待的心靈感受，是一種精神的自由狀態。而禪師與杯子的公案說明，佛教的辯證思維是肯定、否定、矛盾（亦肯定亦否定）不定（非肯定非否定）的中道辯證思維，一切從實際出發，對一切都不執著，反映了人類思維的高度智慧。方以智《東西均》所謂「無對待在對待中，然不可不親見此無對待者也。」〔註7〕與馬克思主義哲學絕對真理與相對真理辯證統一的真理觀有異曲同工之妙。所以恩格斯在《自然辯證法》中，稱讚佛教徒如同古希臘哲學家一樣，是處於較高思維發展階段的人：辯證思維「只有對於較高發展階段上的人（佛教徒和希臘人）才是可能的。」〔註8〕轉識成智，達到較高的中道辯證思維，成就理想人格，就是佛教哲學的主旨和精髓之所在。

（二）佛教哲學的主要範疇、流派及其實質

佛教五明包括醫方明（醫藥學）、工巧明（工藝、建築學，曆明，天文學）、因明（邏輯學）、聲明（音韻學）、內明（佛學，般若智慧），是自然科學、社會科學與哲學的統一，其核心是中道辯證思維的般若智慧。

1. 佛教哲學的主要範疇：緣起、因果、慈悲、平等、智慧、解脫

宇宙論：緣起性空，空有不二，生滅、常變（無常），成住壞滅。

認識論：境、行、果；能、所、心、識，頓悟、漸修：實相（真理）；俗
　　　　諦、真諦。

價值觀：真、善、美、假、惡、醜、染、淨，無我，無相，無著，戒、定、

〔註6〕《大乘莊嚴經論》李百藥序，大正藏31冊大乘莊嚴經論（13卷）。
〔註7〕方以智《東西均·反因》，見《東西均注釋》，中華書局2016年版，第143頁。
〔註8〕恩格斯《自然辯證法》，人民出版社1972年版，第201頁。

慧，佛性，般若，業力，因果報應，菩提；慈悲，布施，持戒，
忍辱；平等；六道輪迴。

辯證法：空、假、中；實相，真諦、俗諦；現量、比量、聖言量；空有不
二，轉識成智，智慧，解脫。

解脫道：明心見性；禪定，般若，解脫，涅槃寂靜；有餘涅槃，無餘涅槃；
本覺，始覺；即心即佛，非心非佛；唯心淨土、西方淨土，觀想
成佛，即身成佛；地獄不空，絕不成佛。

佛教哲學以般若為主線，以人生解脫為目的，論述人生的本質、生命的價
值和意義，洞悉世界的實質，達到無我、利他，自度度他的覺悟、智慧而解脫。
其基本思路：世界因緣而起，緣盡而滅，現象為假有，實相為空，是相對與絕
對的辯證統一。人要適應、改造世界，必須依靠自己的覺性和主體能動性，充
分認識「一切唯心，一切唯識，人能轉物，不為物轉」；只要專注一心，通過
念咒、持戒、念佛、禪定，使心、口、意與人人本有的清淨本性相應，（或者
感應到佛菩薩、善知識的加持）自力與他力結合，轉識成智，轉染為淨，轉煩
惱為菩提，就能獲得解脫，成為有高度覺悟的人。

2. 佛教哲學的主要流派

印度佛教哲學：可以分為空有二宗。其中小乘有部，如說經部，屬於有宗；
大乘空宗，中觀學派、瑜伽行派，是空有的辯證統一。在顯教的基礎上，唐代
漢地、藏地佛教有顯密圓融的密宗，更有被稱為最上乘佛教的禪宗風靡中土，
東傳扶桑。

中國佛教哲學是空有二宗的統一，又有對空有不二哲學的獨特體悟和創
造。白雲禪師把佛教哲學概括為十大學派：俱舍宗（如《阿毗達磨俱舍論》、
《對法藏論》等）、成實宗（主張五蘊實無，以世諦故有）、律宗、法相（唯
識）、三論、法華（天台）、華嚴、密、禪、淨土宗等〔註9〕。前二學派並沒有
形成宗派，後八宗則成為八大宗派。

3. 佛教哲學的實質和意義

佛教哲學可以說是真正的人本主義哲學。陳健民《密宗造命論》指出：「儒
家之造命似乎歸於天，實本之於人。」〔註10〕太虛大師也主張「仰止唯佛陀，完

〔註 9〕白雲禪師《佛法哲學概論》第 33 頁。

〔註10〕陳健民《密宗造命論》，《曲肱齋文集》，第二冊，宗教文化出版社 2003，第 34
　　　頁。

成在人格。人成即佛成，是名真現實。」其他宗教或者把輪迴的原動力「歸於神之支配」，或歸天命，或定命論，這是神權主義的主張。佛教則主張人本主義，認為成佛就是做人，做一個有覺悟的人；一切因果皆由吾人之「無明」（錯誤認識）和「行」（個業與共業）二動力，附隨在生命本質之「識體」（藏識、阿賴耶識）上，而循環（輪迴）不已，通過修行，轉變業力，就能成就理想人格。

佛教哲學不同於一般的有神論，如印度教以「梵（神）」為最高的存在物；基督教以上帝為最高存在物，中國傳統文化以「天帝」為最高的存在物。佛教是以「心」、藏識、阿賴耶識為最高的存在物，成為生命流動的主體，否定外在、絕對的主宰物，所以具有無神論的意味。陳健民引用小乘佛教的觀點說：「小乘謂，有非色非心之體，由過去之業而生一期之間，維持暖與識，名之曰命。」〔註11〕明確生命的本原在於非物質、非精神的存在物，在過去的業力的作用下維持一定週期的熱力、意志力和生活力所致。當然中國大乘佛教後來仍在某種程度上保留了超自然的存在物——神識的地位，與原始佛教的「無我」、「無神論」有所背離，所以也不能完全歸於無神論。

佛教哲學主張「一切唯心」、「一切唯識」，是在「緣起性空」的基礎上，在肯定世界的物質客觀實在性（「物」、「色界」、「五蘊」、「有」、「不空」）的前提下，來分析如何克服對外物的執著，克服貪、嗔、癡，克服煩惱，轉識成智，求得解脫、自在與安樂的，是在肯定世界的物質實在性（世界由五蘊構成，即由色、受、想、行、識等物質和精神構成）、實踐第一性（在挑水搬柴的日常生活中「現量」實修、悟道）基礎上強調精神、意識、心識對於實踐、行為、人生的主觀能動作用、指導作用，是一種樸素的唯物主義的反映論，所以，不能把佛教簡單地歸結為唯心論、唯意志論。

前中國佛教協會會長趙樸初在《中國佛教協會四十年》一文中說：「佛教的緣起性空、如實觀照的認識論，諸行無常、時空無盡的宇宙觀，無我利他、度人無倦的人生觀，不即兩邊、立於中道的辯證法，諸惡莫做、眾善奉行的道德觀，三學並重、止觀雙修的修養方法等核心思想，以及佛教在哲學、文學、藝術、倫理道德、自然科學、生命科學等領域內所積累的豐碩成果，是人類文明的寶貴財富，在當今建設有中國特色的社會主義，特別是社會主義精神文明建設中，仍然有旺盛的生命力和不可替代的積極作用，將會在今後的東方文明

〔註11〕陳健民《密宗造命論》，《曲肱齋文集》，第二冊，宗教文化出版社 2003，第 32 頁。

乃至世界文明中放射異彩。」這是對佛教及其哲學的實質、歷史作用和現實意義的科學概括。

在盛唐時期，許多第一流人才都在佛門。實際上不止唐朝如此，宋朝宰相王安石問張商英：為什麼人才都在佛門？張說：只因儒門淡薄，所以收拾不住。可見當時佛門人才之盛，是社會發展的時勢使然。近代中國處於半封建、半殖民地社會，1840 年鴉片戰爭，在虎門燒煙、英勇抗擊帝國主義的民族英雄林則徐，是虔誠的佛教徒。他每日誦經作功課的事蹟，報刊大量報導，眾所周知。康有為、梁啟超、譚嗣同鼓吹變革，不隨波逐流。魏源主張「師夷之長技以制夷」，最終編撰《淨土四經》，皈依淨土。龔定庵信仰淨土，主張開放；章太炎、孫中山都信仰佛教，孫中山說「佛學是哲學之母」，說中國文化是中華民族凝聚力的表現。王興國先生著《毛澤東與佛教》說，《瞿秋白自傳》講到，是佛教的倫理觀、社會觀引導他走上社會革命道路。可以說，在歷史上，佛教界龍象、高僧大德輩出，「宋儒若程若朱，皆深通佛教者，既喜其義理之高見詳盡，足以救中國之缺失，而又憂其用夷覆夏也，乃求而得兩全之法，避其名而居其實，取其珠而還其櫝，採佛理之精粹以之注解四書五經，名為闡明古學，實則吸取異教。聲言尊孔闢佛，實則佛之義理，已浸淫濡染，與儒教之傳宗合而為一。此先儒愛國濟世之苦心，至可尊敬而曲諒之者也。」所以，陳寅恪先生在為馮友蘭《中國哲學史》所作審查報告中說：「佛教經典言：『佛為一大事因緣出現於世。』中國自秦以後，迄於今日，其思想之演變過程，至繁至久，要之，只為一大事因緣，即新儒學之產生，及其傳衍而已。」說明中國哲學、宋明理學與佛學的關係密切，佛學在中國哲學史上有極其重要的地位。毛澤東主席也曾指出：柳子厚「出入佛老，唯物主義。」指明歷史上許多著名思想家無不「出入佛老」，從中吸取有益的精神養料。實際上，中國佛教哲學確實對於提高辯證思維能力，吸取思維經驗教訓，防止在頓悟與漸修、文字與實相、內在價值與改造世界相圓融的把握上陷入片面性的誤區，從而推陳出新、開拓前進，都有積極的啟迪意義。

哲學是時代精神的精華和結晶，哲學革命是社會革命的先導。佛教人才的興盛，佛教造命、革新和救國思想的興起，實有其時代和歷史背景、政治、經濟、歷史文化發展的時節因緣。佛教哲學的現代價值，主要體現在有利於緩解人類社會發展中的固有矛盾，提升人的精神素質，撫慰心靈，減少現實痛苦，

滿足人類的心理和精神提升的需要，促進社會的和諧、人類命運共同體的構建和共同發展。

方立天教授說：「中國的固有哲學與思維形式決定了中國佛教學者的文化取向、學術取向、思維取向和價值取向。同時，中國佛教哲學又在終極關懷、果報、心性、直覺等諸多方面充實與豐富了中國哲學思想，並融入中國哲學之中，成為中國傳統哲學的重要組成部分。」〔註12〕「從社會學角度來看，佛教哲學思想也是人類文明智慧的結晶，包含了維護人類生存和發展的智慧結晶。為了緩和、化解人類社會的三大基本矛盾——人與我、人與社會、人與自然的矛盾，充分闡發、彰顯中國哲學的道德修持、心理調適、社會穩定和環境保護等功能，顯然也是十分重要的。」〔註13〕

1. 關注人與自我的矛盾，提升人的精神境界：無我觀和解脫觀對世人自我觀念的轉化、心理的調節、心靈的完美，具有參照和借鑒意義；2. 協調人與人的關係，維護世界和平：佛教倡導人人具有善良本性、人格尊嚴、平等，以及慈悲（五戒、十善）、關愛與同情，有利於相互尊重，遠離對立、戰爭，走向和平；3. 調適人與自然之間的矛盾，促進共同發展和可持續發展：佛教緣起學說、宇宙相依相存的有機整體理論，依正果報論，心淨則國土淨論，報國土恩論，眾生都有佛性論，護生論，慈悲濟世的普世價值觀和人文生態倫理與終極關懷，對於克服人類中心主義，落實生態倫理，美化自然環境，維護生物圈的和諧、可持續發展有積極的意義。

總之，佛教哲學雖然不可能根本解決社會種種矛盾，但其理念對於人的心靈建設，調整人的價值取向，調整心態，轉換人的意識，撫慰心靈，提升智慧，有助於人類諸多矛盾、問題的解決。

（三）佛教哲學的研究方法

宗教學研究一般有四種方法：即神學的研究（宗教修持）、宗教史研究、宗教哲學思辯研究、宗教科學的研究（考古、文字、考證）〔註14〕。印順導師有「以佛法研究佛法」之說，即：根據佛教「諸行無常，諸法無我」的原則，「我的研究，是從無常、無我著眼的，無常是時代先後的演變，無我是同時的影響關係，將時間和空間結合起來看問題，看它為什麼演變」，以此作為

〔註12〕方立天《中國佛教哲學要義》，第 9 頁。
〔註13〕《中國佛教哲學要義》緒論，第 15 頁。
〔註14〕參岸本英夫《宗教學》，大明堂 1965，第 5～9 頁。

研究的方法論〔註15〕。這與一切從歷史、現實的實際出發，一切以時間、空間的流變為轉移、與時俱進的唯物辯證法是息息相通的。方立天教授在談到自己的治學方法時說：「我研究的具體方法和步驟是，盡可能地『竭澤而漁』，即搜集研究對象的全部著作和有關傳記等原始資料，不惜花費大量的時間，盡可能無一遺漏地反覆閱讀史料。……以便形成對研究對象的獨自看法。在此基礎上，再參考閱讀他人的研究成果，細心比較，取其長，補己短；略他人之所詳，詳他人之所略，撰寫論文。」盡可能詳盡地佔有資料，刻苦鑽研、獨立思考，是方先生治學的基本原則。方立天教授主要側重以下幾方面進行研究：結合現代的人學、宇宙論、認識─實踐論等方法，篩選問題，從人生論、心性論、宇宙論和實踐論等方面進行詮釋；運用現代語言詮釋其術語、概念、範疇，界定其意義，解說其思想；如：「空」有空性、空理、空境、空觀四義等；尋究中國哲學的原來意義；因果報應不是迷信，而是為修持者的「道德自律和人格提升提供了深厚的思想基礎」〔註16〕；體會其言外之意──超越日常邏輯，轉換視角，反覆體會，才能得魚忘筌，把握其真意。梁朝傅大士見天竺嵩頭陀有省悟，從而捨漁而耕，遂有「空手把鋤頭，步行騎水牛。人從橋上過，橋流水不流」之偈頌，達到無為、無不為，灑脫自在的超越境界〔註17〕。

　　歸納起來說，理論與實際相結合，歷史與邏輯相統一，理性思辨、宗教體悟和科學實證相結合，世出世間法相圓融，是中國佛教哲學研究的殊勝法門；稟持這一宗旨，揭示中國佛教哲學的前進過程和嬗變規律，瞭解佛教徒的心理素質、思維方式、理論興趣和宗教訴求〔註18〕，對於維護人類生存和發展，緩和、化解社會矛盾，彰顯中華文化的道德修持、心理調適、社會穩定和生態環境保護等功能，有十分重要的啟迪意義〔註19〕。

　　注重思考的幾個問題：

　　1. 正確處理哲學、宗教與科學，理性、信仰與覺性的關係：二者有根本的區別，但也不能簡單化、絕對化。宗教、哲學既是科學、理性的，也包含直覺、體驗，乃至超越科學、理性的成分。佛教禪定、臨終關懷與人文關懷、

〔註15〕印順《華雨選集》，正聞出版社1995，第233頁。
〔註16〕《中國佛教要義》緒論，第14頁。
〔註17〕聖嚴法師《禪門修證指要》。
〔註18〕《中國佛教哲學要義》緒論，第14頁。
〔註19〕《中國佛教哲學要義》緒論，第15頁。

安養醫療等，雖然不等於現代科學，但也並非絕對對立，而是有其殊勝、獨特之處，並能成為科學、人文理性的合理補充。

2. 正確處理客觀實證與邏輯推理、主觀性的價值判斷的關係，堅持從實際出發，從現量、實證出發，實事求是，又重視理性、理論思維和邏輯推理的作用。佛教辯證的中道思維，如何理解和運用，是很值得研究的重大課題。實踐是檢驗真理的根本標準與佛教的證量、比量、聖言量「三量勘同，方為究竟」學說有何聯繫？「一國兩制」的戰略決策，與「四句百非」的中道辯證思維有何聯繫，如何會通？一多、理事、世出世間圓融，有分別智與無分別智，太極與無極，相對與絕對的辯證統一，與中華民族的辯證思維有何聯繫？值得深思。普遍性貫穿於特殊性之中，特殊性各具普遍性。任何個別都包含一般，個別無不受一般的指導和制約。個性、共性、相對絕對的道理，也體現在佛教的中道辯證思維之中。我們掌握這個洞察事物本質和探究人生真諦問題的精髓，就可以更好地運用它，在運用中進一步深化發展，使認識臻於完善，智慧進一步開啟，更好奉獻社會，利益眾生。

3. 著重把握事物的發展規律及其實質，並科學地加以改造和應用：辯證法往往成為詭辯的橋樑，但也可以為人類的思維增添異彩；唯心主義可以通向僧侶主義和主觀武斷，也有重視自我反省、發揮主觀能動作用、開啟人生智慧的閃光之處；佛教本身是一個不斷克服有神論，走向理性、科學，保持高尚宗教情操的宗教，「有佛論」實質是皈依自性、提升覺悟的「覺性論」，不同於充滿迷信的「有神論」、「多神論」，但也可能某種程度地保留一些有神論傾向。由印度教的「梵我合一」，主張有至上神的「梵天」信仰，到釋迦創教，主張緣起性空，無我利他，否定最高主宰物的「梵我」，到慧遠的「神不滅論」，似乎與印度佛教異趣；而由禪宗的「即心即佛」、「佛在心中」、「把握當下」，再到太虛的「人成即佛成」，又由「神本」到「人本」，反映了中國佛教有逐步否定至上神、提升主體能動精神的意味和趨勢，其迷信成分越來越少。再如，由小乘、大乘到密乘，既有階梯可循，又相互圓融、相得益彰；由此進而探索宗教與經濟、政治的對立統一律，宗教、哲學、道德與現代科學的對立統一律，正法與末法的對立統一律，是筆者探尋近代中國佛教發展規律性的初步嘗試〔註20〕，值得進一步關注和深入研討。

〔註20〕參拙著《世紀佛緣》第一章中國佛教發展的若干規律，中國社會科學出版社1998年版，第37～38頁。

一、佛教哲學的歷史演變（上）

　　佛教自公元前六至五世紀從印度創立後，於漢代傳入中國，形成有中國特色的佛教哲學。佛教哲學的發展，大體上循著從原始佛教、小乘佛教到大乘佛教，由有宗、空宗向空有不二、禪淨雙修、顯密圓融、依正不二、宗教、哲學與科學相融匯，走向相對真理與絕對真理的踐行、辯證統一與相互融通的發展徑路。

（一）印度佛教哲學的歷史演變

　　印度佛教經歷了四個發展階段：1. 公元前6～5世紀至前4世紀中葉：釋迦創教、弟子傳教，原始佛教；2. 前4世紀中葉後，至1世紀：分上座部、大眾部，後分八部、二十部，部派佛教；3. 1～7世紀大乘佛教（後分中觀學派、空宗、瑜伽行派）；4. 7世紀後，部分與婆羅門神教混合而成密教，13世紀衰落。

1. 原始佛教的哲學思想（公元前6～5世紀至前4世紀中葉）

　　釋迦牟尼創立佛教，約與孔子同時，出現兩大對抗思潮，即婆羅門的守舊思潮與沙門（道人）的革新思潮。婆羅門教以《吠陀》為經典，奉梵天（創造）、毗濕奴（護持）和濕婆（破壞）為三大主神，主張三大綱領：「吠陀天啟，祭祀萬能，婆羅門至上」，社會按地位貴賤，分為婆羅門（從口生）、剎帝利（從肩上生）、吠舍（從臍處出生）、首陀羅（從腳下生）四個等級，即四種姓。宣揚善惡報應、生死輪迴、靈魂不滅，轉世形態取決於是否按婆羅門教義行事。反對婆羅門教的，有耆那教、順世論、直觀主義等學派。

耆那教：信仰業報輪迴，靈魂解脫、苦行主義、清淨與污染的倫理學說，
　　　　有五條戒律（戒私財，不同於後來佛教的不飲酒）。

順世論：主張世界由四大構成，否認靈魂存在；人生以快樂為滿足，反對
　　　　輪迴、業報、祭祀、苦行。

直觀主義教派：持相對主義立場，主張踏實修定。

佛教：是反婆羅門教的沙門思潮的一種；最關心宗教道德實踐問題，即人
生歸宿、人生哲學問題，對本體論問題多避而不談，而把理論重心放在四諦，
即苦、集、滅、道的真理的證悟上。苦為人生根本，生老病死皆苦；集，即闡
述苦積聚的原因；滅，證明、覺悟滅苦得樂的辦法；道，努力修道達到成佛（覺
悟）的理想境界。其理論基礎是緣起說：「此有故彼有，此生故彼生。」認為
世界上一切現象都是因果關係，互相依賴，互為條件、因果的，反對無因論和
萬物有第一因（有唯一主宰神）的觀點。人生的三大根本命題，是與其他宗教
有根本區別的「三法印」：諸行無常，諸法無我，涅槃寂靜，即從發展的、客
觀的、清淨的觀點看問題，從無常苦空出發，通過精進持戒、布施等六度修行，
克服貪嗔癡，反對縱慾享樂，把小我融入大我，從而求得解脫，閃耀著中道辯
證思維的絢麗色彩。

2. 部派佛教的哲學思想（前 4 世紀中葉至 1 世紀）

在戒律方面，上座部反對放寬正統的戒律，如：比丘不准接受金銀財物的
施捨，大眾部認為此戒可作修改，可以畜金銀；對佛陀的信仰，上座部認為佛
陀是英明的教主和偉大的歷史人物，而大眾部把佛陀看成超自然的存在，是一
位離情絕欲、神通廣大的「神」；在修行果位上，上座部認為最高果位為阿羅漢，
非佛果，而大眾部認為阿羅漢還有許多不足，必須從阿羅漢的果位進一步提升。

在哲學思想上，在輪迴主體和宇宙實相的見解上存在著分歧：

（1）關於宇宙實相：上座部偏重於說有（具有一定的客觀實在性）；大眾
部偏於說空（不執著於外物的客觀實在性）。

（2）在輪迴主體上：有部堅持早期佛教的「無我論」，認為人就是五蘊的
合成，沒有另一獨立的輪迴主體，這樣，就與輪迴和解脫必須有一承負的主體
相矛盾；犢子部在理論上對宇宙萬有的基本結構進行分析，認為一切法可以分
為「過去法」、「現在法」、「未來法」、「無為法」、「不可說法」，認為有為法、
無為法都不是實有的；不可說法指「補特伽羅」，即生死輪迴的主體與五蘊不
即不離，其實在性是只可意會不可言說的；上座部雖不同意犢子部的「補特伽

羅」說，卻提出「法」中有一種心，它起著重要的作用，心有一種狀態，即「有分心」，它伴隨著整個生死過程，起著輪迴和解脫主體的作用。

3. 大乘佛教的哲學思想（公元 1～7 世紀）

　　大乘佛教興起的早期經典，以般若經典為主，其他部類經典如〈寶積〉、〈法華〉、〈華嚴〉、〈維摩〉、〈三昧〉等類經典也都具足。般若經典的思想和理論最能適應眾生的根器，所以不能說大乘非佛說。初期從事經典積累和思辯工作，並組織自己的學說最有成就的是龍樹、提婆師徒。龍樹著有《中論》、《十二門論》、《大智度論》，提婆著有〈百論〉、〈廣百論〉等。龍樹的思想以中觀為中心，即是以「八不中道」的「不生不滅，不斷不常，不一不異，不來不去」為中心思想，來建立大乘思想體系。後期大乘佛教由中觀獨大，發展到中觀和瑜伽相輝映的階段。後期佛教大小顯密各家都集中到那蘭陀寺，除中觀派外，瑜伽行派人才更多，以德慧、安慧為代表。公元 7 世紀，玄奘即在此學成的。論師的著作與經師所持佛親口說、佛所親證、啟發眾生覺悟的思維模式不同，具有「寺學的學風」，雖然有思辯及分析的能力，卻缺乏生命的情操和生命的力量，以及弘法利生的實際歷煉，這便是大乘佛教由盛而衰的主要關鍵所在〔註1〕。從印順長老的思想層面而言，他比較贊成印度的阿含部，尤其判《雜阿含》的修多羅為「第一義悉檀」〔註2〕的佛法，祇夜是「世界悉檀」，記說是「對治悉檀」及「為人生善悉檀」，而無邊甚深的法義，均由此第一義悉檀流出。他把印度的大乘佛教，分做初期、後期以及秘密大乘，對初期大乘龍樹的思想是特別讚歎，因為是純樸的緣起性空論，最能與阿含部的法義相銜接。對於玄奘傳譯的唯識學，既分別其與前譯的同異，更有由性空唯名，到虛妄唯識，再到真常唯心的發展進路的思考；初期大乘中多少已富於理想化及梵化的成份，亦不為印老所取，如來藏系的真常唯心的大乘亦有確當的，但其偏重於至圓、至簡、至頓，例如中國佛教的臺、賢、禪、淨，都有這種性質。究竟那些是確當的後期大乘佛法，那些是適合現代人的佛法，可以參考印老的原著〔註3〕。

―――――――――――――

〔註1〕海雲繼夢《中國佛教傳入史綱》第五章，圓明出版社 1994 年版，第 157 頁。

〔註2〕「悉檀」為梵漢兼稱的譯名，「悉」為中文，指「普遍」之意；「檀」為梵語，有「布施」之意，合譯為「成就」。第一義悉檀，指按照最究竟的道理啟發人們覺悟，獲得成就的方法。其餘三悉檀與此程度、角度不同，「成就」的意義相同。

〔註3〕中華佛學研究所創辦人釋聖嚴《印順長老著述中的真常唯心論――以〈大乘起信論講記〉為主》，中華佛學學報第 13 期 2000，頁 1～10。

大乘佛教理論既存在內在矛盾，又充滿辯證法。一切無常，而涅槃永在，似乎相矛盾，其實涅槃是入而不入，不入而入；入是回歸善良本性，不入是徹底解脫，放下小我，融入大我，普度眾生、不捨眾生，是真正的責任擔當。諸行無我，否定靈魂，否定有永恆不變的主宰體，又肯定神識為業力發生作用、生死輪迴的承擔者；一切眾生皆有佛性，而一闡提（斷了善根之人）不能成佛。佛教哲學如同儒家《中庸》「誠則明矣，明則誠矣」，明誠一致之論，理性思辨是服從信仰的需要的，其實是信仰與理性的統一，是理性與非理性的統一，但如果對世界和生命的詮釋違背了事物的實相，則哲學難免成為宗教的婢女。佛教哲學的高度辯證思維並非向宗教信仰卑躬屈節的婢女，而是「方便為究竟」，以文字般若為增上緣，以解脫為終極關懷，這是需要認真鑒別的。

4. 密教的哲學思想（公元 7 世紀後～至 13 世紀）

公元 7 世紀後 400 年間，印度佛教雖然仍有論典出現，學理與思辨能力相繼發展，但由於脫離群眾，逐漸變得不太有人性，太過於學術化，開始退化。商羯陀將此變質了的「平民佛教」與印度教結合，創造密教。白雲禪師指出：「本宗立十住心統攝諸教，建曼陀羅法而行三密相應，以不思議力而即凡成佛，惟佛能知究竟，非因位中人所能測度者。」〔註4〕十住心，即是凡夫、外道、小乘、大乘、密乘所持的種種不同觀心法門。參《大日經疏》、弘法大師《十住心論》。此教建立在佛教的名相上，加上密教的相應（瑜伽）、靜心、神通、感應來吸引信眾，擴大基礎，再加上「金剛乘」、「易行道」、「當生成佛」、「即身成佛」等來作為吸收信眾的楔子，與佛教悲憫眾生的本懷逐漸產生距離。密教哲學以「金胎不二」（即精神與物質的辯證統一）為綱宗，主要是六大緣起（地水火風空識因緣而起）、三密相應（心口意相統一）、以欲止欲（不離食色性，不即食色性）、即身成佛。針對學術界對密教哲學的不同認識，尤其以「六大緣起」作為整個密教哲學的核心概念，呂建福教授提出密教哲學主要是討論菩提心的問題，這是密教哲學的基本論題。密教的菩提心思想由大乘經論講的發菩提心功德和菩提心十二義的概念演變而來，具有本體論的含義。清淨、空性尤其大樂、光明以及明空無二、空樂雙運等是密教哲學特有的概念，道果、大手印、大圓滿等法也是表示菩提心思想的概念〔註5〕。由於 13 世紀回教的侵入和消滅印度王朝，以及新宮廷學派與王權的結合，促使印度佛教的滅亡。

〔註 4〕釋白雲《佛法哲學概論》，第 88 頁。
〔註 5〕呂建福《密教哲學的基本論題及其重要概念》，《世界宗教研究》2002 年第 1 期。

（二）中國佛教宗派及其哲學流派

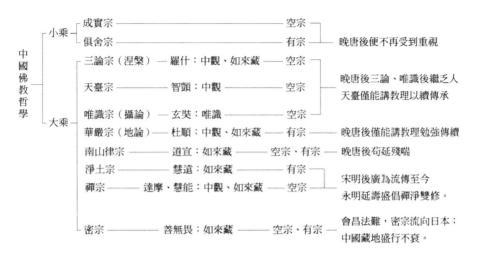

　　俱舍宗依小乘有部《俱舍論》而成立。《俱舍論》全名《阿毗達磨俱舍論》，世親菩薩造，陳代真諦譯，主張法有我空，經三乘的修證而得阿羅漢、緣覺和佛果，以無漏智慧而證入涅槃。

　　成實宗依《成實論》而有。《成實論》為鳩摩羅什所譯，以我法二空為詮釋三藏十二部實義而得名，在南北朝十分盛行。

　　涅槃宗依《涅槃經》而成立。法顯在印度華氏城寫得《大般涅槃經》初分梵本，於東晉義熙十三年（417）在建康和佛陀跋陀羅同譯。中心教義是「一切眾生悉有佛性，如來常住無有變易」。涅槃師的學說闡發這一教義，形成關於佛性的種種見解。

　　地論宗以弘揚《十地經論》而得名，從北魏到唐初還沒有成為宗派，故稱地論師，對於瑜伽行派的修持解脫理論有特別意義。菩提流支於 508 年譯出。其學說主張人法我空、因緣法體空、真如佛性空；立八識，以第八識，即常住不變清淨心為認識本體，以真如、實相為第一義諦，一切眾生皆有佛性，畢竟成佛為歸宿。

　　攝論宗依《攝大乘論》而成立。主張無塵唯識；談九識，以陳代真諦為祖，以阿梨耶識為諸法的依止，前後有佛陀扇多、真諦、玄奘等三譯。真諦在八識之外，另依據《楞伽經》、《決定藏論》，而立第九識——阿梨耶識為有漏隨眠識，阿摩羅識則為真常淨識。真諦稱第七識為阿陀那，唯我執煩惱障，而無法執；第八識有解性、果報、染污三方面內涵；第九阿摩羅識即本覺，倡對治阿梨耶識，證入阿摩羅識。

　　以上五宗雖有哲學思想，但未形成宗派，故屬於五個學派。隋唐時期形成八個宗派（詳細下文）。

1. 漢魏、兩晉佛教哲學思想

　　東漢、三國、西晉是佛教在我國內地流傳的早期階段，佛教的傳播主要是翻譯禪學與般若類著作。這一時期中國佛教哲學帶有鮮明的「格義」（編譯、比附）色彩。主要有：牟子《理惑論》以儒道聖賢、神仙釋佛：「佛乃道德之元祖，神明之宗緒。佛之言覺也，……在污不染，不禍無殃，欲行則飛，坐則揚光，故號為佛也。」〔註6〕將儒、佛、道並列，視三家經典如五穀產生的五味，強調三者精神一致。康僧會編譯《六度集經》，論魂靈與輪迴報應：「魂靈與元氣相合，終而復始，輪轉無際，信有生死殃福所趣。」〔註7〕還吸取儒家的仁和仁政學說，宣揚佛教「為天牧民，當以仁道。」「諸佛以仁為三界上寶，吾寧殞軀命，不去仁道也。」〔註8〕仁道被視為佛道的同義語，「孝悌」、「孝親」也被納入佛教戒律之中。東漢支婁迦讖譯出的小品般若《道行般若經》，把「空」譯成「無」，「諸法性空」譯成「諸法本無」。大乘佛學的「緣起性空」，一切事物都是因緣和合而生，沒有永恆不變的自性的思想，被理解為「諸法無本」的「本無」思想，帶有道家本體論的色彩。安世高譯出小乘禪籍《安般守意經》，把佛教禪定譯為「守一」，把小乘禪法歸結為節制情慾、達到長壽的「清靜無為」。佛教的自覺、覺他、圓滿的覺性，有無統一的辯證思維，仁義、孝道、因果報應的道德證悟，通過「格義」得到詮釋、傳播。

　　東晉十六國時代，南北對立，戰爭連綿，政局混亂，強烈的生命憂患意識促使人們從不同角度去尋求個體生命生存的意義和價值。適應時代需要，中國佛教思想從禪學轉向闡揚萬物本性空寂的般若學，圍繞著性空思想，學者根據魏晉玄學的思路，發揮了各種不同的哲學見解。

（1）般若學「空」論與魏晉玄學

　　東晉初年，佛教學者對「空」的理解，形成六家七宗的不同學說。最重要的是三家：一、本無說，認為無為萬化之始，萬物之本；二、即色說，主張「即色是空」，物質現象本身就是空的；三、心無說，強調主觀的心不能執著

〔註6〕石峻等編：《中國佛教思想資料選偏》第 1 卷，北京，中華書局，1981，第 3～4 頁。
〔註7〕《明度無極章》，《六度集經》卷8，《大正藏》第 3 卷，第 51 頁下。
〔註8〕《大正藏》第 3 卷，第 47 頁上、18 頁下。

外物，外物不一定是空無的。三家都以「無」來解「空」，顯然深受魏晉玄學的影響。僧肇撰《不真空論》，認為「空」指不真實、不執著而言；「不真」，沒有永恆不變的實在之物，即空；「不真」，不執著故空，不執著，才能達到和把握真實的客觀實在；真空與妙有的辯證統一，才能更好認識、改造世界。僧肇結合《莊子‧大宗師》「彼方且與造物者為人，而遊乎天地之一氣」的說法，批評「人以此為此，以彼為彼；彼亦以此為彼，以彼為此。此彼莫定乎一名，而惑者懷必然之志」，並進一步要求人們「悟彼此之非有」〔註9〕，這顯然是受《莊子‧齊物論》的影響，帶有吸取道家「至道無言」「自然無為」思想以論證般若「空」義的時代色彩。般若學派另一重要代表人物道安，長年講《放光般若經》，並與《光讚般若經》對比研究。《般若經》倡空有不二的辯證思維，道安主「以無為本」，改變了印度佛教哲學的方向，顯示了中國佛教本體論與解脫輪相結合，以解脫論為究竟的特色。

（2）因果報應和神不滅論

印度佛教因果報應、三世輪迴的生死觀對「王公大人」的影響，也引起不少人的懷疑、反對。盧山慧遠大師作《明報應論》和《三報論》給予回答；孫綽《喻道論》、郗超《奉法要》，也積極肯定輪迴報應說真實不虛，把佛教的因果報應與中國傳統的「積善之家必有餘慶，積不善之家必有餘殃」的道德修養相協調，形成頗具中國特色的輪迴報應說。

早期佛教宣傳因果報應、輪迴轉世理論，反對神不滅論，有的佛教派別提出「有我」說，實質上肯定靈魂的永恆存在。慧遠在《沙門不敬王者論》中設專章《形盡神不滅》，羅含作《更生論》，鄭鮮之作《神不滅論》，對神滅論進行反駁。他們運用「薪」生滅無常，「火」則永恆不滅，以論證人死而精神永恆存在。慧遠還引用莊子《大宗師》論證「形盡神不滅」：「此所謂知生為大患，以無生為反本者也。《文子》稱黃帝之言曰：『形有靡而神不化，以不化乘化，其變無窮。』」〔註10〕中國佛教主張緣起性空、無生（對於生命無任何的執著），此形滅神存說認為肉體生命有生滅，精神變化無窮，以無窮變化的精神駕馭肉體生命，生生不息，高揚了主觀能動精神，顯然與印度原始佛教對梵神至高無上的崇拜相異趣。

〔註9〕《大正藏》第3卷第152頁下。

〔註10〕慧遠《沙門不敬王者論‧形盡神不滅》，石峻等編：《中國佛教思想資料選編》第1卷，86頁。

慧遠還與鳩摩羅什商討佛教「法身」生成、真假、性質、形狀等問題，鳩摩羅什認為，佛身的一切相狀都是因緣和合，沒有自性、畢竟空寂的；慧遠則認為法身是證得佛法實有的人格神，他們的爭論反映了中印佛教理想人格觀念的重大差異。

（3）出家奉佛與奉君孝親

佛教捨棄家庭，否定現世，在儒家看來是「無君無父」的悖逆行為。慧遠撰《沙門不敬王者論》，強調在家奉佛與出家修道有「奉上尊親」與「不順化以求宗」的區別，但從根本上說，沙門「不違其孝」，「不失其敬」，佛教道德與儒家倫理綱常路徑不同，歸根結底，為促進家庭和睦、社會和諧與發展是一致的。〔註11〕慧遠提出「內外之道可合而明」，佛教與儒家「出處誠異，終期則同。」〔註12〕孫綽認為「周孔即佛」，「佛即周孔」，佛教與周孔分別是治本（內）、治表（外）的覺者，名稱不同，度眾、治理天下的目的是一樣的。〔註13〕這種調和佛、儒兩家的立場，標誌了東漢以來佛教義理由主要和道家結合，向主要和儒家結合的重大轉折。

與東漢、三國、西晉時代的中國佛教相比，東晉十六國時代的佛教哲學，已由比附、格義轉為自由發揮思想，而這種自由發揮又受到魏晉玄學本末、體用思維模式的深刻影響。同時，佛教內外的思想爭論日益增多、激化，如六家七宗不同學說是佛教內部的爭論，因果報應、神滅與神不滅以及佛教與儒家倫理綱常等問題，是當時佛教與教外學者爭論的焦點，表現出與儒家倫理調和的傾向。此外，對宇宙論、本體論、果報論、神不滅論、法身論等問題的探索，都表明中國佛教哲學在向廣度和深度開拓。

（4）涅槃佛性論與頓悟成佛

黃老道家崇尚「無為」，東漢安世高以「無為」譯「涅槃」。他翻譯《陰持入經》卷下說：「欲度世，是為尚有餘無為未度；已無為竟，命已竟畢，便為苦盡，今後無苦。」〔註14〕「有餘無為未度」，即有餘涅槃，因有肉身存在，涅槃還不徹底，仍需度世。「已無為」即無餘涅槃，是時肉體滅盡，沒有生死，

〔註11〕慧遠《答桓太尉書》，石峻等編：《中國佛教思想資料選編》第1卷，99頁。
〔註12〕慧遠《沙門不敬王者論？體極不兼應》，石峻等編：《中國佛教思想資料選編》第1卷，84頁。
〔註13〕孫綽《喻道論》，石峻等編：《中國佛教思想資料選編》第1卷，27頁。
〔註14〕《陰持入經》卷下，《大正藏》第15卷，176頁中。

沒有痛苦了。牟子《理惑論》也以「無為」指涅槃。東晉郗超在《奉法要》中說：「泥洹者，漢曰無為，亦曰滅度。」〔註15〕把無為與物、不執視為僧人的人生理想目標，與道家所講自然無為、無為而無不為雖有聯繫，涵義不同。

東晉慧遠法師有深厚的中國傳統文化素養，對涅槃佛性有自己的體悟。他著《法性論》說：「至極以不變為性，得性以體極為宗。」〔註16〕以生命的「至極」、終極關懷為己任，以體究不變的本性、回歸善良本性為「反本求宗」的理想追求。還在《沙門不敬王者論·求宗不順化》中說：「反本求宗者，不以生累其神；超落塵封者，不以情累其生。不以情累其生，則生可滅；不以生累其神，則神可冥。冥神絕境，故謂之泥洹。」〔註17〕把不受世俗情慾羈絆、超然物外，冥然不可知、無愛憎、無境可對待的超越境界，視為最高的精神境界。

僧肇《肇論·涅槃無名論》說：「泥曰、泥洹、涅槃……秦言無為，亦名滅度。無為者，處乎虛無寂寞，妙絕於有為。滅度者，言其大患永滅，超度四流。」〔註18〕認為涅槃既無生死，寂寥虛曠，也絕非名言所能表述。僧肇運用佛教生死與涅槃的「不二法門」來解釋涅槃。《注維摩詰經》說：「縛然，生死之別名；解滅，涅槃之異稱。」〔註19〕認為煩惱即生死的別名，解脫就是涅槃。還說：「因背涅槃，故名吾我，以捨吾我，故名涅槃。」〔註20〕眾生都由因緣和合而成，本無自我實體，若捨離對自我的妄執，即是走向安樂、自在的涅槃境界。總之，僧肇認為涅槃是不離煩惱，不離生死，又消除煩惱，解脫生死，捨棄自我的境界，強調主體的冥想與觀照作用，以求主體與天地萬物合為一體，內外皆無，彼此寂滅，從而進入涅槃境界。僧肇以捨離「斷」、「常」、「生死」之見的中道立場來展開其涅槃思想，強調大乘行者在生死而不受煩惱污染，雖證得涅槃，又不捨生死，「非在生死，非住涅槃」，不落兩邊，合乎中道，促進生命的淨化，提倡轉染為淨，轉迷為悟和精神境界的提升，把精神境界的提升與度生、成就無我利他的事業緊密結合起來。

在涅槃諸師中，最有造詣、影響最大的，當推「涅槃聖」竺道生（355～434）。竺道生把般若學和涅槃學結合起來，著重闡發涅槃佛性說，開創了佛教

〔註15〕石峻等編：《中國佛教思想資料選編》第 1 卷，23 頁。
〔註16〕慧遠《法性論》，《大正藏》第 50 卷，360 頁上。
〔註17〕石峻等編：《中國佛教思想資料選編》第 1 卷，83 頁。
〔註18〕僧肇《肇論·涅槃無名論》，《大正藏》第 45 卷，157 頁中、下。
〔註19〕僧肇《注維摩詰經》卷 8，《大正藏》第 38 卷，397 頁下。
〔註20〕《注維摩詰經》卷 5，《大正藏》第 38 卷，377 頁上。

一代新風。竺道生在《注維摩詰經》中說：「夫大乘之悟，本不近舍生死，遠更求之也。」〔註21〕在《妙法蓮華經疏》中也說：「一切眾生莫不是佛，亦皆泥洹。」〔註22〕強調涅槃佛性就是眾生本性，不應捨離生死，另求解脫；得涅槃又不執著涅槃。他說：「既觀理得性，便應縛盡泥洹，若必以泥洹為貴而欲取之，即復為泥洹所縛。若不斷煩惱即是入泥洹者，是則不見泥洹異於煩惱，則無縛矣。」〔註23〕他運用般若學中觀理論來論述涅槃與煩惱的不一不異，不刻意追求，這樣才不致於把涅槃與煩惱視為絕對對立而為涅槃所縛，才是真正入於涅槃境界，其思想對爾後的中國佛教思想發展產生了重大影響。

2. 隋唐佛教八宗的哲學思想

（1）三論宗

最先成立，是隋嘉祥大師開展印度空宗，依龍樹《中論》《十二門論》和提婆《百論》而創立。《中論》申明大乘中道實相之理；《十二門論》立十二門，盡破大乘之迷執（對聞空執空，聞有執有，聞中道執著中道，即有所得的迷誤），申明大乘實理；龍樹弟子提婆著《百論》，破障蔽大小乘之外道執（不明我法二空之理，執著諸般邪見），闡明大小乘之兩正。

本宗立「八不中道」說，以破盡迷情，即是中道。「八不」即「不生不滅、不斷不常、不一不異、不來不出」。中道指所作之理，正觀指能證之智，而成佛則立真俗二門，一為真諦門中生佛不二，染淨一如，一切眾生原本是佛，六道含靈原自寂滅，無迷無悟，無所謂成與不成；二為俗諦門中，諸法緣起，迷悟染淨，因果歷然。由此義故，根有利鈍，成佛必有遲速：利根者一念成就八不正觀，即得道果；鈍根者，需經三大阿僧祇劫，修六度萬行，方得成佛。然而一念不礙三祇，念劫融通，猶如夢百年之事，如同朝夕；若論僧祇修行，需經五十二位（十信、十地、十住、十行、十迴向、等覺、妙覺），然後成就道果。

（2）天台宗

以龍樹為初祖，由慧文（二祖）、南嶽慧思（三祖）及其弟子智顗（四祖），依《法華經》而創立，以智顗常住天台山而得名。智顗著述宏富，有《法華玄義》《法華文句》《摩訶止觀》，為天台三大部，又有《觀音玄義》《觀音義疏》

〔註21〕《注維摩詰經》卷7，《大正藏》第38卷，392頁上。
〔註22〕《續藏經》第1輯第2編乙第23套第4冊，408頁。
〔註23〕《注維摩詰經》卷2，《大正藏》第38卷，345頁中。

《金光明玄義》《金光明文句》《觀經疏》五小部。慧思在光州弘法前後十四年
（554～568），開創了將《般若經》的中觀學說與《法華經》的實相理論結合
的思想體系，而且嚴格實踐止觀、定慧雙開，擴展了這一禪系的社會影響，為
智顗創立天台宗提供了必要條件。「天台宗人雖然標榜以《法華經》為所宗經
典，但事實上更重視中觀派般若思想，他們之所以將龍樹尊為初祖，很能看出
其中的實際含義。……天台宗從其先驅者慧文、慧思起，就特別重視般若思想，
把般若智慧解脫置於最重要地位。或者說，天台宗雖然在判教活動中，把《法
華經》放在最高地位，但從該宗的主要理論來看，中觀派般若思想的影響更為
明顯。這在智顗的有關學說（如『一心三觀』、『三諦圓融』、『一念三千』等）
中都可以看出。智顗之《觀心論》即有『歸命龍樹師』等語，故『驗知龍樹是
高祖師也』。」〔註24〕智者創五時八教說，論佛教的義理的普遍性與針對性，
將世尊教法分為初時（佛初成道時）《華嚴》；二時（鹿苑時）《四阿含》；三時
（眾機普被，四教並談）方等，《維摩經》；四時《般若》；五時《法華》《涅槃》；
八教即化儀四教（頓、漸、秘密、不定）和化法四教（藏、通、別、圓），旨
在說明《華嚴》時正說圓教，兼說別教；《阿含》時但說三時教；方等時對三
藏法的生滅門，說通、別、圓教的不生不滅門；《般若》時正說圓教實理，帶
說通、別二者的權理；《法華》《涅槃》時，《法華》開三藏通別的權，顯圓教
的實，《涅槃》為未入實理者廣說常住，為末法鈍根而扶三權。

　　天台哲學最具特色是「一心三觀」、「三諦圓融」、「一念三千」。《摩訶止
觀》說「一心具十法界，一法界又具十法界、百法界，……介爾有心，即具三
千。」其三千世間於一念中本來具足的思想，與《地論》的「法性心」、《攝論》
的阿賴耶識同為「一切唯心」思想，而別具特色。其依《中論》所說立「空、
假、中」三觀，從假入空，從空入假，從空假入中道；又作通相三觀：一空一
切空，假中皆空；一假一切假，空中皆假；一中一切中，空假皆中；一念心中，
三觀具足。而「三諦圓融」，則泯一切法而顯真諦之空理，立一切法顯俗諦之
假理，統一切法而顯中諦的中道實相第一義諦。《摩訶止觀》說：「佛智照空，
如二乘所見，名一切智；佛智照假，如菩薩所見，名道種智；佛智照空、假、
中，皆見實相，名一切種智；故言三智一心中得。」〔註25〕三智圓明，融一切

〔註24〕見《摩訶止觀》卷首灌頂所作緣起。潘桂明、吳中偉，《中國天台宗通史》，11
　　　　頁。
〔註25〕《摩訶止觀》卷第一下。

智、道種智和一切種智於一心之中，於一心中成就三智，實際上是說真理、智慧是有不同層次的，最高的真理是無分別的，然而，無分別與有分別二者不能絕然分開；於有分別而無分別，無分別就在有分別之中，不可不親自實證、體悟。智者還依據《華嚴經》《菩薩瓔珞本業經》，立「六即佛」，即（1）本具理性，當體即佛；（2）於名字通達即佛；（3）所行如所觀即佛；（4）於止寂中相似即佛；（5）斷無明而證一分法身即佛；（6）永泯煩惱，種智具圓，究竟即佛。此從信仰、解義、修行、禪定、實證不同層次、全面契入實相，圓融修證與理體，而達到覺悟與解脫。

（3）律宗（南山宗）

以律藏為依歸，故名律宗。由道宣專弘四分律而成。其心法戒體論吸收了唯識學，以阿賴耶識所含的種子識心所為戒體，亦即弟子受戒時，在精神上構築起的一道防非止惡的屏障，具有特殊的免疫力和抵抗力。佛陀在世時，因事制戒，後由弟子優婆離結集升座頌出，為八十誦，後分為五部（薩婆多十誦律、曇無德四分律、大眾僧祇律、彌沙塞五分律、迦葉遺解脫律）與二十部。唐智首律師著《五部區分抄》，其弟子道宣律師以四分律最適合中土，故於四分律而明戒體、立行相。此外，另有相部之法礪，東塔之懷素，與道宣合稱四分律的三大宗匠，而四分律能融合大小三乘，行解相應，故最盛。

律宗之修持，一者止惡，二者修善，止作二持，具足一切戒法。四分律是作中有止，止中有作，止作二持，有總、有別，總則一切諸善不離止作，別則單就戒律而明修持。戒律分四科：戒法，如不殺、不盜；戒體，為受戒者心目中所取得的防非止惡的功能；戒行，隨順戒體，現於心口意如法動作；戒相，為足以典範于持戒者的法相、行儀。《資持記》說：「聖人制教名法，納法成業名體，因體起護名行，為行有儀名相。」戒法即三聚淨戒（攝律儀、善法、眾生戒）；戒體以藏識種子為體，戒行即定慧妙行，戒相以止觀並運，止乃禪定之相，觀為智慧之用，故說戒即是定慧，無一法而非定慧，定慧即是戒，無一法而非戒，是為圓融戒定慧三學之行相。三聚融通互攝。如不殺生一戒，即具三聚，不傷害生命為攝律儀；以不傷害而善心增長，是為攝善法；以不傷害之慈悲心而饒益眾生，是為攝眾生。攝律儀戒還有別解脫、定共、道共三層意義，別解脫戒如五戒、八戒、十戒、具足戒等，可由獨特做法而得，分別防護三業之非而利於各別解脫；定共戒為入諸禪定，自得無作，與定共生；道共戒乃得無漏道，自離三業之造作，與道共生，故稱定共、道共。

（4）法相宗

由唐代玄奘大師創立。玄奘大師遊學印度，於戒賢論師處學瑜伽，回國後，於長安傳其高足窺基，著《成唯識論》等，遂創法相宗。在印度，最初由彌勒菩薩應無著菩薩的請求說《瑜伽師地論》，無著著《顯揚聖教論》、《攝大乘論》，《阿毗達磨具舍論》，世親造《二十唯識論》等，稱瑜伽宗。本宗以分別諸法性相，闡明一切唯心，萬法唯識，破除二執，轉識成智為旨趣，故稱法相宗，又稱唯識宗。法相宗以六經十一論為根本經典，六經即《華嚴經》《解深密經》《如來出現莊嚴功德經》《阿毗達磨經》《楞伽經》《密嚴經》。十一論即《瑜伽師地論》《顯揚聖教論》《大乘莊嚴論》《集量論》《攝論》《十地經論》《分別瑜伽論》《觀說緣緣論》《二十唯識論》《辨中邊論》《集論》。

其哲學思想，主張三界唯心、一切唯識，以破除人、法二執，轉識成智，還滅證真，得大菩提為根本，實質上是以「菩提心為主因，大慈悲為根本，實踐方便的萬行，發揮救世的無畏精神。」〔註26〕《成唯識論》卷一說：「今造此論，為於二空有迷謬者生正解故，生解為斷二重障故。由我法執二障具生，若證二空彼障隨斷，斷障為得二勝果故，由斷續生煩惱障故，證真解脫，由斷礙解所知障故，得遍計所執性法純屬虛妄；至於依他起性與圓成實性均不離識。」

（5）華嚴宗

尊《華嚴經》，為唐杜順法師所創。杜順，稱帝心和尚，著《法界緣起觀》，把《華嚴經》的主要思想概括為真空觀、理事無礙觀、周遍含容觀等三個方面，後構成華嚴宗的「四法界」理論。杜順著的《華嚴五教止觀》，根據佛教各種經論的不同思想，把止觀分為五門，即：（1）法有我無門（小乘教，明我空，說灰身滅智之涅槃法，包括四部《阿含經》《發智論》《具舍論》《婆娑論》等）；（2）生即無生門（大乘始教，分相始教和空始教，即分別五性，依萬法唯識而融合心境，如《解深密經》《成唯識論》《瑜伽論》等；說諸法皆空，顯無所得平等而破法執，如《般若經》、《三論》等）；（3）事理圓融門（大乘終教，說真如緣起，事理互融，認一切眾生皆當成佛，如《楞伽經》《勝鬘經》及《寶性論》《起信論》等）；（4）語觀雙絕門（大乘頓教，生不依言句，不設階位，一念不生，即見佛性，如《楞伽經》《寶積經》《維摩詰經》、達摩「以心印心」等論述）；

〔註26〕太虛《復興中國佛教應實踐今菩薩行》，見劉成有《後現代化的探索——印順法師傳》，太平慈光寺印 2008，第 155 頁。

（5）華嚴三昧門（大乘圓教，即融和圓滿之教，明事事無礙，一即一切，一切即一，如《華嚴經》《法華經》等），把《華嚴經》置於最高地位，後經智儼、法藏等人的繼承發揮，終於形成華嚴宗獨特的判教學說。華嚴宗還主張四法界、六種緣起、六相圓融、十玄門、法界三觀，從法界緣起，論宇宙萬法相即相入，如因陀羅網重重相映，圓融無礙。其十玄緣起無礙法門說，包括：（1）同時具足相應門，（2）寬狹自在無礙門，（3）一多相容不同門，（4）諸法相即自在門，（5）隱密顯了俱成門，（6）微細相容安立門，（7）因陀羅網境界門，（8）託事顯法生解門，（9）十世隔法異成門，（10）主伴圓明具德門。不僅闡明一多、事理、主伴、微細、隱顯、寬狹、相異相成、具足互融的辯證關係，而且成為禪觀的殊勝法門，為成就解脫的無上正覺積累資糧。陳健民說：「修習這因位法理的十玄門觀，可以產生諸多玄妙的力用，其觀照力可運於獻供、讚頌、祈禱、頌咒及微相上，救度之法也可以顯為無量無邊、不可說的形相、各種善巧及持以最衷心的奉獻，達到無上正覺的精神資糧也因此可以迅速累積」〔註27〕。

（6）淨土宗

是慧遠大師於廬山創立蓮社，提倡專修持名念佛，至善導大師依據《阿彌陀經》《無量壽經》《觀無量壽經》《往生論》而成立。淨土持名念佛，依據《觀無量壽經》明十六觀法，九品往生，乃立是心作佛，是心是佛之旨，與現前生信、發願，持名念佛，帶業往生的簡易法門似乎稍有出入，但此宗三根普被，僧俗率從精勤修學，成效顯著。淨土宗強調自力與他力結合，憑藉信願行三大資糧，往生極樂。《彌陀要解》說：「依正生信，發願導行，持名逕登不退。」信，即信自己、信佛、信因果、信極樂；願，即厭惡娑婆，欣求往生淨土；行，即執持名號，一心不亂。如是信願具足，精勤力行，自登安養。或謂念佛法門為迷信，虛雲和尚說：「釋尊分時設教，權施方便之深意，故最上根者與言禪，上根者與言教，重分析者與言唯識，普通者與言淨土，權設大乘小乘，不論出家在家，務求普化群機，使一切眾生，咸沾法益也。近人觀佛子之對象跪拜，及淨土之持名念佛，即以其無神論立場，謂為迷信，不知跪拜與對長上致敬何異，念佛對於修心有莫大之功。且持名念佛，不過方便初機之簡捷法門，更有觀像念佛、觀想念佛、實相念佛等法門，淨土自有無窮妙用者，人自不會耳，豈迷信哉。」〔註28〕

〔註27〕陳健民《佛教禪定》，宗教文化出版社1997，第200頁。

〔註28〕虛雲《年譜·答蔣公問法書》卷三，1943年，《虛雲和尚文集》。

（7）禪宗

主修禪定，故名禪宗；以頓悟自性徹見本心，又稱佛心宗。由菩提達摩創立，傳慧可、僧璨、道信，至弘忍而分為南宗惠能、北宗神秀。主要依據是達摩的「二入四行」論。二入指理入、行入，即從義理解悟和道德踐履行為悟入實相。理入是憑藉經教，信解眾生真如本性，為捨除覆蓋真性的妄想，而修定作觀。行入即四行：報怨行、隨緣行、無所求行、稱法行。慧能《六祖壇經》主張「一切法自在性，名為清淨法身」，從一句「無所住而生其心」悟出定慧微旨，實際上是通過自我反省，頓悟、回歸善良本性，提升覺性，以無門為法門，以無所得而無盡得，無為而無不為。

禪宗以宗風不同而繁衍出五家七宗：（1）溈仰宗：「方圓默契」；（2）臨濟宗：「互換為機」，有三玄，三要，四料簡，四照用，機鋒峭峻；（3）曹洞宗：「敲唱為用」，有「五位君臣」說；（4）雲門宗：「函蓋截流」雲門三句：函蓋乾坤，截斷眾流，隨波逐浪，顧、鑒、咦，宗風剛勁；（5）法眼宗：「一切現成」，「對病施藥，相身裁縫，隨其器量，掃除情解」；（6）黃龍派：黃龍山慧南所創，承臨濟家風；（7）楊岐派：楊岐山方會所創，承臨濟家風。

七宗後，流行「頌古」「評唱」這些禪門偈頌，尤其以圓悟克勤《碧巖錄》影響最大。克勤弟子大慧宗杲銷毀《碧巖錄》，又批判宏智正覺「默照邪禪」不求妙悟，一昧默照是不能開悟的，其「看話頭禪」超越宗教儀軌而被儒者接受。宋明理學家如周敦頤、朱熹、程頤、程顥、陸九淵、王守仁，都受禪宗影響；近代如譚嗣同、章太炎亦然。

禪宗於五家七宗之外，另有南嶽乘雲宗一枝獨秀，唐天寶元年（742）由范化尊者於衡陽煙雨山乘雲禪寺創立，是發端於達摩傳法中土，由宏宣尊者分化湘東，範化讀《宏宣語錄》有省，創立以《般若經》為根本經典，以崇尚無量壽佛、禪淨雙修，宗風相對獨特的乘雲宗，其《法脈偈》流傳一千五百餘年，清光緒年間後分南峰堂、極樂堂、白雲堂等三個支派，在湘贛桂粵、臺灣等地區至今流傳不絕，門下弟子一千餘人。默庵法師編撰的《重修乘雲宗譜》（民國抄本）今藏湖南圖書館〔註29〕。

（8）密宗

中國佛教密宗分為唐密、藏密、東密與臺密：唐密，善無畏被尊為國師，由弟子一行協助譯出《大日經》作為「宗經」。後金剛智來華，其弟子不空曾

〔註29〕參清默庵編《重修乘雲宗譜》及徐孫銘、文平志撰《校勘記》。

奉師命到斯里蘭卡學密，回來後譯《金剛頂經》等。不空的弟子惠果曾任三代國師，是為唐密。唐密與天台宗結合，為臺密；日本空海大師來唐，從惠果學唐密，回日本後創真言宗，是為東密。

藏密：西藏早在 7 世紀松贊干布時期，就傳入密部經典。8 世紀有印度密教僧人寂護和蓮花生來。公元 841 年朗達瑪禁佛而中斷。11 世紀中，阿底峽入藏，開噶當派。此外，寧瑪、噶舉、薩迦等派亦興起。15 世紀初，宗喀巴及弟子賈曹傑、克主傑創格魯派，下傳達賴、班禪兩系。藏密一般分四部：事部、行部、瑜伽部、無上瑜伽部。無上瑜伽部又分為三部，其中父部是以密集金剛、大威德金剛為本尊；母部以勝樂金剛、喜金剛為本尊；無二是以時輪金剛為本尊。重要法門有大圓滿、大手印、道果、五次第、六加行、拙火定等。藏傳佛教主要教派有：（1）寧瑪派（2）噶當派（3）薩迦派（4）噶舉派（5）格魯派（略）。

密教依理事觀行，修習三密相應以獲成就，亦稱金剛乘、真言乘。密教教典總稱 tantra，以中觀派和瑜伽行派的思想，整合高度組織化了的咒術、禮儀、本尊崇拜。認為佛和萬物皆由地、水、火、風、空、識「六大」所造。前「五大」為「色法」，屬物質、胎藏界（有「理」、「因」、「本覺」三義）；「識」為「心法」，屬精神、金剛界（有智、果、始覺、自證四義）；色心不二，金胎為一，包宇宙而又藏於心，其生命觀、宇宙觀堅持物質與精神的統一。故眾生在顯教的基礎上修習密法，「三密加持」（語密：口誦真言；身密：手式身姿結為契印；意密：觀想），就能「三業清淨」，與佛相應而即身成佛。修法時築的壇場稱為曼荼羅（mandala：輪圓具足）。密教成為獨立體系，是在 7 世紀中葉《大日經》《金剛頂經》成立後。《大日經》是密宗基本經典；《金剛頂經》以大日如來為受用身，談「五佛顯五智」，中央大日如來的法界體性智，東方阿閦佛的大圓鏡智，南方寶生佛的平等性智，西方無量壽佛的妙觀察智和北方不空成就佛的成所作智，五位一體。其中四智是唯識所轉，這是採納自瑜伽行派的「轉識成智」。《金剛頂經》出現後，密教稱為金剛乘，其中的俱生乘或易行乘，主張佛四身說（法身、報身、應身、俱生身），認為具備佛德的自我是佛道實現的目的，實際上是在發菩提心、嚴持戒律基礎上進行色、息、心精進修持，與法、報、化三身，身口意三密相應，從而轉識成智、轉染為淨、轉迷為悟、自我造命而求得解脫。11 世紀後，面對回教逼迫，出現了時輪教，認為現實就像時間之輪轉無常，故「般若與方便，二而不二」，只有信仰絕對者本初佛才能解脫，其傳

播在藏地、西康、青海和五臺山、承德等地區至今傳承不絕。

　　總而言之，佛教從印度傳入中國，源遠流長，其流變，正如印順導師「大乘三系的分判」所說，應「立足於根本佛教之淳樸，宏闡中期佛教之行解（梵化之機應慎），攝取後期佛教之確當者，庶足以復興佛教而暢佛之本懷也歟。」至於「中期佛教之緣起性空（即緣起無我之深化），雖已啟梵化之機，而意象多允當，龍樹集其成，其說菩薩也：1. 三乘同入無餘涅槃而發菩提心（忘己為人）；2. 抑他力為卑怯（盡其在我）；3. 三阿僧祇劫有限有量（任重致遠），菩薩之真精神可學，略可於此見之。」〔註30〕這個批判性的總結，是言之有據，持之有故，令人信服的。

〔註30〕印順《印度之佛教・自序》，見劉成有《後現代化的探索——印順法師傳》，太平慈光寺印 2008，第 166～167 頁。

二、佛教哲學的歷史演變（下）

　　中國佛教的特質在禪，佛教哲學以禪宗思維修最具特色。關注從印度佛教向中國佛教的轉變，尤其需要瞭解禪宗哲學的流變。

（一）禪宗哲學的特色

　　禪宗哲學以佛陀拈花一笑，以心傳心，明心見性，頓悟成佛、轉識成智，世間法與出世間法圓融不二為宗旨。禪宗初創時期，以慧能的頓悟說、馬祖道一的平常心是道和石頭希遷的「石頭路滑」、「回互與不回互」的辯證思維為主線。

1. 慧能、希遷、道一的頓悟說

　　慧能的頓悟自性：

　　慧能，一作惠能，原籍范陽（今北京大興、宛平一帶）人，俗姓盧。唐貞觀十二年（638）二月初八日生。三歲父親亡故，窮苦無依，生活極為艱辛，以砍柴出賣奉母度日。二十四歲上市賣柴，忽聞有人誦讀佛教《金剛經》，「一聞經語，心即開悟」，後到湖北黃梅五祖弘忍大師處禮拜、聽經，於碓房踏碓春米八個月，終於以「菩提本無樹，明鏡亦非臺；佛性常清淨，何處有塵埃！」一偈語戰勝神秀「身是菩提樹，心如明鏡臺；時時勤拂拭，莫使惹塵埃。」悟徹佛法大意，得五祖衣缽真傳成為禪宗六祖，使曹溪法門名播天下。唐玄宗先天二年（713），慧能回到新州，圓寂於國恩寺，世壽七十四歲，其肉身由新州遷回曹溪寶林寺供養（至今仍然在六祖寺供奉），唐憲宗追贈「大鑒禪師」諡號。

　　慧能融會發展了涅槃佛性學說和般若空觀理論，吸收融攝了中國傳統的儒、道思想，成為一種回歸自性、任運自在、「無修之修」的比較完整的頓悟法門。慧能說：「一切萬法，盡在自心中，何不從於自心頓現真如本性！」〔註1〕認為自性即佛，自心的顯現，也就是真如本性的顯現。這是對「真如緣起論」的肯定。這裡的「自心」，既是宇宙的實體、世界的本原，又是眾生的本性、人性的實質。印度佛教講的「佛性」，一是指心，二是指境界。眾生若具有「性淨之心」，便具有成佛的可能，但僅有「性淨之心」還不能起作用，要「待緣而起」，與「境界緣」結合，形成覺性，才能構成「佛性」。佛教傳入中國以後，特別是南北朝時，佛學從對般若的探討轉到佛性論，形成了巨大的佛性思潮。慧能繼承發揚竺道生「一闡提人皆得成佛」的佛性理論，旗幟鮮明地宣揚「人人皆有佛性」的思想，說明自性是清淨的，禪宗的修持就在於破除無明，復歸於清淨佛性。慧能高揚「真心本覺說」：「菩提般若之智，世人本自有之」，〔註2〕「自色身中，……自有本覺性。」〔註3〕自身努力可以達到理想的境界，突出強調了個體修養的自覺性，心性本來清淨，「本性自淨自定」〔註4〕「心地無非自性戒，心地無亂自性定，心地無癡自性慧。」〔註5〕既然心性本來具足，自然也不能拘於坐禪入定的形式。慧能以般若無所得作為禪的指導思想，以不修為修，無證為證，教人不要拘於打坐念經，不要執著於累世修行，只要自識本性，內心覺悟，所謂「菩提只向心覓，何勞向外求玄？聽說依此修行，西方只在目前。」〔註6〕在修養方法上，提倡一種「智慧觀照」的新禪法：「令學道者頓悟菩提，各自觀心，自見本性，……智慧觀照，內外明徹。若識本心，即本解脫。」〔註7〕慧能不僅講「定慧雙修」，而且提倡戒禪一致，提出「無相者，於相而離相」，教人們不要執著於具體戒相，弘揚「自淨其意」的內省。他說：「我此法門，從上已來，頓漸皆立無念為宗，無相為體，無住為本。」〔註8〕慧能的這一修行理論主要是對上根利器之人而言，對於大多數鈍根之人自然仍要照神秀的漸修法門老實修行，不可超越。後世一些禪門弟子曲解慧能

〔註1〕《六祖壇經》第31頁。
〔註2〕《六祖壇經》第14頁。
〔註3〕《六祖壇經》第24頁。
〔註4〕《六祖壇經》第20頁。
〔註5〕《六祖壇經》第49頁。
〔註6〕《壇經‧疑問品》宗寶本。
〔註7〕《壇經‧般若品》宗寶本。
〔註8〕《六祖壇經》第16頁。

「無相、無念、無住」法門為不念經、不坐禪、不重律儀的教理依據，這不是慧能的過錯；後來百丈懷海創《叢林清規》，使道風得以整肅，是對慧能明心見性的頓教法門的進一步完善和發展。

道一的平常心是道：

馬祖道一（709～768），俗姓馬，後世尊稱為「馬祖」。生於漢州什邡縣（今四川什邡縣）。幼年在本邑羅漢寺依唐和尚（即處寂 665～736）削髮出家。二十歲前後在渝州（治今重慶）受具，曾師從新羅無相和尚，受到五祖弘忍門下的智侁─處寂─無相一系的影響。衡嶽時期（733～742）師從慧能的弟子懷讓，閉門幽居南嶽衡山。懷讓以「磨磚豈得成鏡？」開導他，道一言下頓悟，從此不離懷讓左右，前後共達九年，三十三歲時前往福建和江西開堂說法。天寶元年（742），在建州建陽（今福建建陽）佛跡嶺收徒，自創法堂。此後，道一在南康（今江西南康縣）龔公山、撫州居住三十餘年，開創禪林，聚徒說法，形成以洪州為中心的「洪州宗」。德宗貞元四年正月，馬祖道一年屆八十高齡終於開元寺。憲宗元和中諡「大寂禪師」。門下弟子一百三十九人，各為一方宗主，轉化無窮。

馬祖道一作為中期禪宗最主要宗派洪州宗的祖師，其「即心是佛─非心非佛─平常心是道」思想簡潔敏銳，自成體系。道一開始師從無相和尚的淨眾禪法，屬於念佛禪。淨眾宗主旨的「無相、無念、莫妄」思想，是與慧能所傳同源而別流的禪法。後投南嶽懷讓（677～744），受懷讓「汝為學坐禪？為學坐佛？」的叩問，開發性靈，毅然放棄淨眾息念坐禪的禪法，去積極信奉「即心是佛」。《馬祖語錄》開示眾人，劈頭即是：「汝等諸人，各信自心是佛，此心即佛……心外無別佛，佛外別無心。」又針對宗門執著於「即心即佛」的情形，進而提倡「非心非佛」，有時也稱為「不是心，不是佛」。道一本來以「即心是佛」啟發弟子，弟子卻不執著於此，道一醒悟道自己不如弟子，遂倡「非心非佛」。道一的這種宗旨，頗為其高徒們所心知，如：「一日有大德問師（南泉普願）曰：『即心是佛又不得，非心非佛又不得，師意如何？』師云『大德！且信即心是佛便了，更說什麼得與不得。』」[註9] 道一派人去試探大梅法常，說祖師近來另外又倡「非心非佛」，大梅法常斷然回答：「這老漢惑亂人，未有了也。任汝非心非佛，我只管即心是佛。」道一聞言，讚歎「梅子熟也」（法常居大梅山上）。從即心是佛─非心非佛─即心是佛，是理論思想的成熟，在原

[註9]《大正藏》第 51 卷第 445 頁。

有理論的更高階段上得到復歸、肯定。這種復歸和肯定，是以「平常心是道」表現的，是道一佛性思想的邏輯終點。所謂「平常心是道」，道一的解釋是：「若欲直會其道，平常心是道。何謂平常心？無造作、無是非、無取捨、無斷常、無凡聖……只如今行住坐臥，應機接物盡是道，道即是法界，乃至河沙妙用不出法界。」平常心，就是主體的一切認知和行為，都體現佛性或者佛教的教義，也就是宗密所謂「觸類是道」，即後人所謂「性在自然」的意思，與一般世俗所謂意志、情緒、感受大大貼近了。至此，禪宗無數的「接機」、「公案」出現在行住坐臥等等日常生活場景之中，成為可能，慧能革新所指示的禪宗諸多特徵才得以淋漓盡致的發揮。一句「平常心是道」，使佛性思想在世俗化和玄學化兩條道路上，大為逼近中國社會上上下下各個階層的人心氛圍，在中國人普遍的接受心理上顯得格外熟悉和懇切，有足夠的號召力。

道一關於「即心是佛—非心非佛—平常心是道」的佛性思想體系，有「正—反—合」對立統一思維的嚴密性質，是道一畢生思想發展的結晶。它大大豐富並完善了慧能的思想成果，大膽否定簡單粗糙的心佛論，在更高的階段上以完全中國化的形式對即心是佛的根本思想予以新的確認，也使後期禪宗「任心為修」、「任用自在」的「分燈禪」乃至超佛越祖等生動活潑的發揮成為可能。

希遷「石頭路滑」的意蘊：

青原行思的重要弟子石頭希遷（700～790），俗姓陳，端州高要人。天寶初（742～755），辭師入南嶽，在南臺寺旁的巨石上結庵修行，人稱石頭希遷。希遷以「石頭路滑」著稱，是唐代與江西馬祖道一併稱為「二甘露門」的著名禪師。他流傳下來的著作，主要有〈參同契〉、〈草庵歌〉，共437字，卻廣為流傳，至今仍為日本曹洞宗晨課必誦的經典。希遷弘法的南嶽南臺寺至今被尊為曹洞祖庭，到這裡參拜的國內外遊客絡繹不絕。〈參同契〉說：

> 竺土大仙心，東西密相付。人根有利鈍，道無南北祖。靈源明皎潔，枝派暗流注。
>
> 執事元是迷，契理亦非悟。門門一切境，回互不回互；回而更相涉，不爾依位住。……
>
> 事存函蓋合，理應箭鋒拄。承言須會宗，勿自立規矩。觸目不見道，運足焉知路。
>
> 進步非遠近，迷隔山河固。謹白參玄人，光陰勿虛度。

其主要內容：第一，從釋迦牟尼以來傳承的印度、中國佛教，儘管形式有所不同，其基本精神是一致的。人的根性有利鈍，但佛法的根本精神是不能分南北、頓漸的。這是針對當時佛教界南北、頓漸之爭的情況，主張調和融會而提出的理論。第二，世界的本原、本體，在於皎潔清淨的真如佛性。真如佛性顯現於萬事萬物是千差萬別，並受污染，不清淨的，又是相互融通，相互統一的。本體與現象、理與事之間，明暗、上下、清濁，既有其共性，也有其特殊性。事物的清淨本性，必須體現在個性、特性之中。第三，佛與眾生、聖與凡、理事、本末、明暗、清濁的對立統一，圓融與不相混合，即回互與不回互，是人生的最高境界，是人的精神歸宿，也是世界萬物的最後歸宿。這種境界不是人人都可以把握的，但只要修行者從「會宗」、「會道」的觀點來認識、處理事物，不離開辯證思維（「參玄」）這一根本而另立規矩、虛度光陰，就可以融入、回歸清淨本性，達到超越的精神境界，是謂「石頭路滑」。

2. 五家的獨特禪風

（1）溈仰宗方圓默契

溈山靈祐（771～853）福州長溪（今福建霞浦）人。15歲出家，成為懷海的上首弟子。唐憲宗元和八年（813）秋到寧鄉大溈山，發揚懷海農禪並舉的優良傳統，創同慶寺。唐武宗毀佛時，「裹首為民」，法難解禁後，湖南觀察使裴休親迎靈祐再度出家，還向朝廷奏疏，賜靈祐所建寺名「密印」。

靈祐的禪學思想，以「鏡智」為宗要，宗風方圓默契，體用圓融。《人天眼目》載：「師（溈山）謂仰山曰：吾以『鏡智』為宗要，出三種生，所謂想生、相生、流注生。《楞嚴經》云『想相為塵，識情為垢，二俱遠離，則汝法眼應時清明。』云何不成無上知覺？」〔註10〕見性成佛後，阿賴耶識轉為清淨智，如同大圓鏡可以映現一切影像一樣。以鏡智為宗要，即以清淨無為、無虛妄造作為成道的根本。修道之人一切本來具足，本自圓成，修即無修，為即無為。靈祐說：「若真悟得本，他自知時，修與不修是兩頭語。如今初心雖自緣得，一念頓悟自理，猶有無始曠劫習氣未能頓淨，須教渠淨除現業流識，即是修也，不可別有法。」〔註11〕頓悟是對生死解脫大事的覺悟，頓悟後，仍有許多舊習氣要逐步克服，方能有全面、徹底的覺悟。以「鏡智」為宗，即是在認識人人本自具足的本性的基礎上，把修與無修、頓悟與漸修有機結合起來，不僅

〔註10〕《人天眼目》卷四，《卍續藏》第113冊第872頁。
〔註11〕《景德傳燈錄》卷九第132頁「不可」作「不道」，是。

繼承了明心見性、頓悟成佛的優良傳統，也是對禪宗南北頓漸之爭的正確總結，對於克服中唐時期南宗偏於頓悟、輕於漸修之弊是有益的。

（2）臨濟宗風峻烈

臨濟宗創始人，是百丈懷海的另一高弟希運。自幼於江西高安的黃檗山出家。後遊天台，至江西參百丈懷海。會昌法難後，裴休將其迎至鍾陵的龍興寺、開元寺，朝夕參扣，並編輯《黃檗希運禪師傳心法語》和《宛陵集》廣為流傳。希運弟子義玄（787～866），俗姓邢，曹州（今山東菏澤）南華人。自幼負出塵之志，後來參黃檗希運，受希運印可後，到河北鎮州（今河北正定）臨濟院任住持，開創臨濟宗。

臨濟宗風峻烈，希運於此開啟良多。仰山慧寂曾評希運禪法為「黃檗有陷虎之機」，因為他特別強調上乘根基的頓悟。他承接馬祖棒喝等手段。《景德傳燈錄》載，義玄「初在黃檗，隨眾參侍。時堂中第一座勉令問話，師乃問：如何是祖師西來意？黃檗便打。如是三問，三遭打。」〔註12〕在此機鋒棒喝間，希運將心法傳與義玄，臨濟禪也完全繼承了希運門風。

義玄在希運、大愚等前輩接引下，走出知解葛藤的困擾，領略到禪的大機大用。後來靈祐曾問慧寂：「臨濟當時得大愚力？得黃檗力？」仰山云「非但騎虎頭，亦能把虎尾。」認為黃檗當頭三棒，斷其妄執妄想；大愚脅受三拳，開其靈竅本心，其循循教誨恩深如海。義玄後來決意北上，在南禪傳統薄弱之地弘化，臨行，黃檗問：「什麼處去？」義玄答云「不是河南，便是河北。」黃檗喚侍者：「將百丈先師禪板、几案來！」義玄則云「侍者將火來！」衣缽相傳即是以心印心，衣缽、禪板何用，何如付之一炬來得乾淨痛快。

義玄上堂云「赤肉團上有一無位真人，常從汝等諸人面門出入，未證據者看看！」時有僧出問：「如何是無位真人？」師下禪床把住云「道！道！」其僧擬議，師拖開云「無位真人是什麼？乾屎橛。」便歸方丈。〔註13〕「真人」本是道家用語，「無位」，指修行超越階位，而任運自如，存養本性修成正果的人。〔註14〕義玄則指與人的肉身相對稱的法身和報化身，是超越凡聖、迷悟、貴賤等分別而無窒礙、自在解脫者，達此境界，即不墮於菩薩四十二位、五十二位

〔註12〕《景德傳燈錄》卷十二。

〔註13〕《臨濟錄》。

〔註14〕《莊子・大宗師》：「且有真人而後有真知。何謂真人？古之真人，不逆寡，不雄成，不謨士。」

等品位，故稱無位真人。義玄把它形容為心光：「你一念心上清淨光，是你屋裏『法身佛』；你一念心上無分別光，是你屋裏『報身佛』；你一念心上無差別光，是你屋裏『化身佛』」。〔註15〕此清淨、無差別之心光，即清淨法身、佛性，是諸佛之母、萬法本原，證得此清淨法身，即與諸佛無別。義玄又說：「心法無形，通貫十方，在眼曰見，在耳曰聞，在鼻曰嗅香，在口談論，在手執捉，在足運奔。」也就是說此本心、法身與人的報身相即不離。此無位真人常從人面門出入，但眾生只為情生智隔，想變體殊，故日用而不知。如果能息心止念，本心顯露，無位真人自然作主。只是未有修行工夫和斬斷一切煩惱魔障的定力，未足以掃除妄念浮雲，並欲從思維理路上去尋究竟，難免遭義玄的棒喝。

（3）曹洞宗的偏正回互

希遷的弟子曇晟，曾參百丈懷海 20 年，因緣不契，後從藥山惟儼獲悟。曇晟傳洞山良价（807～869），與弟子曹山本寂（840～901）共創曹洞宗。洞山良价最初接觸到曇晟，是從參「無情說法」公案悟入的：「既到雲岩，問：『無情說法，什麼人得聞？』雲岩曰：『無情說法，無情得聞。』師曰：『和尚聞否？』雲岩曰：『我若聞，汝即不得聞吾說法也。』曰：『若恁麼，即良价不聞和尚說法也。』雲岩曰：『我說汝尚不聞，何況無情說法也。』」〔註16〕良价緊接著雲岩呈上一偈，說：「也大奇，也大奇，無情解說不思義。若將耳聽聲不現，眼處聞聲方得知。」〔註17〕良价不是逕直由此全部領會，而是在經歷了種種思想迂迴曲折纏繞之後，才在曇晟《寶鏡三昧》的法門之下悟入。他在辭別雲岩山時，心中仍猶疑徘徊，反覆思量，直到過一水睹水中影像，豁然悟徹。其得法偈云「切忌從他覓，迢迢與我疏。我今獨自往，處處得逢渠。渠今正是我，我今不是渠。應須恁麼會，方得契如如。」〔註18〕修道如同過水照影，無心而形影宛然，正道出無心會道之妙。

洞山良价直承石頭希遷的「回互」理論，提出了功勳五位、正偏宛轉、三滲漏和三路接人等方法與修行體系，其運用、豐富完善又是由弟子曹山本寂來完成的。《五燈會元》評價說：「洞山權立五位，善接三根，大闡一音，廣弘萬品。」而曹山則「妙唱嘉猷，道合君臣，偏正回互」。

〔註15〕《臨濟錄》，《臨濟禪師語錄譯註》，台南市李學詩 1999，59 頁。
〔註16〕《景德傳燈錄》卷十五，第 297 頁。
〔註17〕《景德傳燈錄》卷十五，第 297 頁。
〔註18〕《景德傳燈錄》卷十五，第 297 頁。

曹山本寂十九歲於福州出家，二十五歲受具戒，聞洞山良价禪師盛名，即往請益，後受請往撫州曹山、荷玉山，法席隆盛，撰《解釋洞山五位顯訣》，立為曹洞叢林標準，盛行當世。洞山良价和曹山本寂的獨特貢獻在於：在形而上的哲學思想層面，與乃祖的君臣、偏正「回互」理論相結合，啟示學人由事上見理，由現象見本體，由普通的世界觀躍入「曹洞宗的世界觀」。「君臣五位」重在闡釋理與事、本體與現象、一般與個別辯證關係。在闡述「君臣五位」時，本寂還配以《周易》的卦象，將「正中來」配「大過」卦，「偏中至」配「中孚」，「正中偏」配「巽卦」，「偏中正」配「兌卦」，「兼帶」則相當「重離」。顯然，曹洞宗的理想哲學模式，是克服各種片面的認識，達到由事見理，即事而真，事理圓融，混然內外，和融上下，方為至上境界。

在修行實踐上，曹洞宗立足於理事回互的基本理念，多方施設，接引學人。良价立「三種滲漏」、「三路」，本寂立「三種墮」，均是。所謂「滲漏」，指錯誤見解，包括見滲漏、情滲漏、語滲漏，即指從見解、情志、語言文字三個方面，背理執事，墜入錯誤知見。對治「滲漏」之方，良价指出「三路」：鳥道、玄路和展手：鳥道，無蹤跡可循，示參學者需直下體悟；玄路，如「夜半正明，天曉不露」，說明明暗「回互」，要慎重參究；而展手者，示學人事理雙明、體用無滯，盡展兩手，直入般若門，當即放下去。

（4）雲門宗的高古禪風

雲門、法眼宗的遠祖應為天皇道悟（748～807），係石頭希遷高弟，後住持荊州天皇寺，法嗣有崇信、慧真、文賁、幽閒等。崇信為渚宮（湖北江陵）人，以賣餅為生，每日送餅給道悟，後隨之出家獲悟。其弟子德山宣鑒（782～865），從崇信獲悟後，曾住持常德德山精舍。義存（823～908）在洞山做飯頭時，受良价指引，到德山參謁宣鑒，悟入後住持福州雪峰，嗣法弟子雲門文偃開雲門宗。

文偃（864～949），蘇州嘉興人，幼年依本地空王寺志澄律師出家。長，至常州毘陵壇受具。後辭志澄往睦州參學，得睦州和尚之法。又謁雪峰義存，密以宗印授焉。〔註19〕歷叩洞岩、疏山、曹山、天童等地，參究玄要。後梁乾化元年（911），至曹溪禮六祖塔，後投於靈樹如敏會下，被推為首座。文偃追隨如敏八年，嗣其法席，主持靈樹寺。同光元年（923），領眾開雲門山，創光泰禪院，道風愈顯，海眾雲集，法化四播。漢隱帝乾祐二年四月十日端坐示寂，

〔註19〕《雲門匡真禪師廣錄》，《大正藏》第47冊，下引此書，不另注。

世壽八十六，僧臘六十六。有《雲門匡真禪師廣錄》存世。

文偃的禪法，最著名的是其「雲門三句」。《五家宗旨纂要》卷下載：「雲門示眾云『函蓋乾坤、目機銖兩、不涉萬緣，作麼生承當？』眾無語。自代云『一鏃破三關。』后德山圓明密禪師遂離其語為三句：函蓋乾坤句、截斷眾流句、隨波逐浪句。」「函蓋乾坤」，即是說絕對真理充斥天地之間，至大無外，無所不包。這一真理，即是靈敏不昧的宇宙之心，就其隨緣現為萬相說，它是法性；從其為成佛的根據，即是佛性，也就是慧能所說的一切萬法從此出的真如佛心。其弟子緣密解釋說：「乾坤並萬象，地獄及天堂，物物皆真現，頭頭總不傷。」世間萬象，惟真顯現，上至天堂，下至地獄，真如遍在，充滿法界。故山河大地、天地萬物均為真如之變現。於此，自然瞭解一切有情法性平等，一切眾生皆具佛性。只要識得本心，自會自他不二，物我同心，這樣才會深切感悟到宇宙間青青翠竹總是法身，鬱鬱黃花無非般若的禪機妙諦。這一思想在文偃的語錄開示中隨處可見。「有僧問：如何是西來意？師曰：山河大地。曰：向上更有事也無？師曰：有。曰：如何是向上事？師曰：釋迦老子在西天，文殊菩薩居東土。」告訴參學者，佛法源頭在西方的印度，佛法傳播遍在，則不拘泥於西方東土。「只如雪峰道，盡大地是汝自己。夾山道，百草頭上薦取老僧，鬧市裏識取天子。洛浦云，一塵才起，大地全收，一毛頭現師子全身。」說明萬法一如，自性平等，法身遍在，萬物一體，事事無礙，處處是道。

第二句「截斷眾流」，就是破除學人的煩惱妄執，反對執著於語言名相，從而達到覺悟的境界。《雲門匡真禪師廣錄》載，文偃去見睦州：「州才見來，便閉卻門，……師曰：『己事未明，乞師指示。』州開門一見便閉卻。師如是連三日叩門。至第三日，州開門，師乃拶入，州便擒住曰：『道！道！』師擬議，州便推出曰：『秦時轆轢鑽。』遂掩門，損師一足。師從此悟。」這就是「雲門腳跛」的公案。文偃參學，初見睦州，以為想必會問「西來意」之類話頭，睦州突如其來地當胸抓住，令他快道，目的在於截斷問者的思路，使其當下無所用心、無從開口，立悟世諦門中一法不立。僧舉世尊初生時言「天上地下，惟我獨尊」，文偃云「我當時若見，一棒打殺與狗子吃，去圖個天下太平。」法性平等，眾生即佛，佛乃覺者，並非偶像，學人多被迷惑，迷失自己回家的路，即不知「金佛不度爐，木佛不度火，泥佛不度水，真佛內裏坐」。「問：『如何是超佛越祖之談？』師曰：『糊餅』。」文偃的「雲門餅」與從諗的「趙州茶」在禪林中十分流行，它的意義不過在於以一糊餅堵卻你的是非分辨之嘴，無可

言語，如同端起茶碗，品味「茶禪一味」一樣，反觀心源，因為即心即佛，覺悟在自心，但有言說都無實義，起心即妄，動念即乖。

第三句「隨波逐浪。」文偃示眾說：「乾坤之內，宇宙之間，中有一寶，秘在形山。拈燈籠向佛殿裏，將三門來燈籠上。」「雲門一寶」，即是變現萬法的真如本心，亦即無位真人，修禪只要能隨順自然，任運自在，自識本性，別無用心，便為解脫。《五家宗旨纂要》概括為：「順機接引，應物無心，因語識人，從苗辨地，不須揀擇，方便隨宜。」雲門對門人說：「且問你諸人從上來有甚事？欠少什麼？向你道無事，已是相埋沒也。雖然如是，也須到這田地始得。亦莫趁口快亂問，自己心裏黑漫漫地，明朝後日大有事在。你若根思遲回，且向古人建化門庭東覷西覷，看是個什麼道理？你欲得會嗎？都緣是你自家無量劫來妄想濃厚，一期聞人說著，便生疑心。問佛問法，問向上向下，求覓解會，轉沒交涉。擬心即差，況復有言有句，莫是不擬心是麼？莫錯會好。更有什麼事？」只有無心於事，無意於物，主客雙泯，物我兩忘，自能得大自在，得一個本然天真的本來面目。悟得這一境界，自會「終日說事，未嘗掛著唇齒，未嘗道著一字。終日著衣吃飯，未嘗觸著一粒米，掛著一縷絲。」

總之，文偃機用，孤危險峻，簡潔明快，其接化學人，言中有響，句裏藏鋒，不用多語饒舌，只在片言隻語之間。

（5）法眼宗的利濟清明

清涼文益玄沙師備傳地藏桂琛，再傳清涼文益（885～958），開法眼宗。文益，餘杭（杭州）人。年甫七歲，即投新定之智通院全偉落髮，弱齡受具越州開元寺。後到福州城西之地藏院，得參桂琛。桂琛問他：「行腳作麼生？」文益曰：「不知。」琛曰：「不知最親切。」文益豁然開悟。又指庭下片石問他：「尋常說三界惟心，萬法唯識。且道此石在心內？在心外？」文益曰：「在心內。」琛云「行腳人著甚麼來由安片石在心頭？」益窘無以對，遂放下包袱，依止月餘。從「詞窮理絕」處悟「一切見成」、言下大悟。〔註20〕至臨川（江西撫州），州牧請住崇壽院。由此傳法，參徒不下千人。南唐初住金陵報恩院，再遷清涼寺，持續開堂，玄沙正宗，興於江表。周顯德五年（958）卒，諡大法眼禪師。著有《語錄》《宗門十規論》《大法眼禪師頌十四首》等。

法眼宗禪風為「先利濟」、「削除情解」。《參禪要略門》把法眼宗「隨對方人之機，接得自在」之宗風，稱為「先利濟」。濟，即度人、濟物。前舉桂琛

〔註20〕明圓信、郭凝之《大法眼文益禪師語錄》，《卍續藏》第 119 冊第 994 頁。

接引文益，從「不知行腳作麼生」、「不知最親切」，再到「言下有省」；從「不知安片石在心內何故」，到「詞窮理絕」，再到「悟一切見成」，都說明「先利濟」為接引學人之手段，「削除情解」為解脫之目的。文益從金陵報恩禪院遷清涼寺後，一日與南唐李主觀賞牡丹花，李命作偈，益云「擁毳對芳叢，由來趣不同。髮從今日白，花是去年紅，豔冶隨朝露，馨香逐晚風。何須待零落，然後始知空？」〔註21〕詩趣高雅，寓意深刻，至今傳誦不絕。

文益在《宗門十規論》中，針對叢林的弊端，指出：「大凡祖佛之宗，具理具事，事依理立，理假事明，理事相資，還同目足。若有事而無理，則滯泥不通，若有理而無事，則汗漫無歸。欲其不二，貴有圓融。且如曹洞家風，則有偏有正，有明有暗，臨濟有主有賓，有體有用。然建化之不類，且血脈而相通，無一而不該，舉動皆集。又如法界觀，具談理事，斷自色空，海性無邊，攝在一毫之上；須彌至大，歸藏一芥之中，故非聖量使然，真猷合爾。又非神通變現，誕性推稱，不著它求，盡由心造，佛及眾生，具平等故……苟或不知其旨，妄有談論，致令偏正滯於回互，體用混於自然，是其五。」「若欲舉揚宗乘，須先明佛意，次契祖心。……倘或不識義理，只當專守門風，如輒妄有引證，自取譏誚，是其八。」〔註22〕文益批評專守門風不識義理，不明佛意之人，也批評對於偏正、體用的宗旨不明之人，主張禪與教，理與事相互融通。

文益還用華嚴六相義來接引學人。《華嚴六相頌》說：「華嚴六相義，同中還有異，異若異於同，全非諸佛意。諸佛意總別，何曾有同異。男子身中入定時，女子身中不留意。不留意，絕名字，萬象明明無理事。」〔註23〕「華嚴六相」，是就所緣境界進行辯證思維，不偏執於某一點、某一方面，於有無、能所、動靜、成壞圓融無礙，從而求得解脫。《宗鏡錄》說：「若究竟欲免斷常、邊邪之風，須明華嚴六相義門，則能住法施為，自忘能所，隨緣動靜，不礙有無，具大總持，究竟無過矣。」〔註24〕六相的具體內容，「真如一心為總相，能攝世間出世間法故，約攝諸法得總名，能生諸緣成別號，法法皆齊為同相，隨順不同稱異門，建立境界故稱成，不動自位而為壞。」〔註25〕總相即對世間、出世間的總體把握；其本體即真如一心。別相是指世間、出世間一一具體

〔註21〕《文益禪師語錄》第999頁。

〔註22〕文益《宗門十規論》，《卍續藏》第110冊第110頁。

〔註23〕《文益禪師語錄》，《卍續藏》第119冊第1000頁。

〔註24〕《人天眼目》卷四，《禪宗語錄輯要》第894頁。

〔註25〕《人天眼目》卷四，《禪宗語錄輯要》第894頁。

現象、具體境界。諸相之相互關聯稱同相；諸相不同特點稱異相；境界產生、形成叫成相；境界停滯不前，固步自封，叫壞相。《文益禪師語錄》說：「永明道潛禪師，河中府人。初參師，師問云子於參請外，看什麼經？道潛云《華嚴經》。師云總別同異成壞六相，是何門攝屬？潛云文在十地品中，據理，則世、出世間一切法，皆具六相也。師云空還具六相也無？潛懵然無對。師云汝問我，我向汝道。潛乃問：空還具六相也無？師云空。潛於是開悟，踊躍禮謝。」〔註26〕道潛始認為世間、出世間一切法皆具六相，經文益啟發，認識到「空」是對諸法沒有永恆不變的實質的概括，其實也不是絕對的，即使對「空」理有所體悟，也應該「空」去，不能執著，這才是對一切色、法、色界乃至無色界的徹底的悟。由此看來，文益對於禪教、理事圓融思想的證悟，是達到相當高的思辯水平的。忽滑谷快天在評價法眼宗之禪風時說：「其宣揚法門，禪教融合，渾然無瑕玼，語不險而理幽，機鋒不露而用活。不陷當時之禪弊者，蓋益一人耳。益法道之特色是發揮石頭明暗理事回互之妙用，體現華嚴之圓理於禪，兼帶三界惟心、萬法唯識之真理者。」〔註27〕禪教融合，體華嚴圓理於禪，確是法眼宗的一鮮明特點。

元中峰明本把五家宗風歸納為「潙仰之謹嚴，曹洞之細密，臨濟之痛快，雲門之高古，法眼之簡明。」〔註28〕各派皆以不立文字、直探心源為宗旨，應機接物，大辟機用，從不同角度和層面，將曹溪法門發揮得淋漓盡致，十分豐富多彩。

3. 宋明禪宗思想的轉變

（1）永明延壽的「禪淨合一」思想

五代末永明延壽（904～975）禪師「立足法眼宗，總攝和整合中國佛教最輝煌期——隋唐五代的全部佛學，其思想開此後乃至今日中國佛教的基本路徑，其多聞、見地、文才，千餘年來無人企及。深通禪宗的清雍正皇帝在其《御選語錄序》中高推他為『六祖以後古今第一大善知識』，『超出歷代諸古德之上』，『震旦第一導師』，稱讚其編輯的《宗鏡錄》一書為『震旦宗師著述中第一妙典』實非過譽。」〔註29〕

〔註26〕《文益禪師語錄》，《卍續藏》第 119 冊第 1001 頁。
〔註27〕忽滑谷快天《中國禪學思想史》第 348 頁。
〔註28〕中峰明本《廣錄》卷八。
〔註29〕陳兵《永明延壽禪師全書》序，北京宗教文化出版社，2008，第 1 頁。

延壽「舉一心為宗，照萬法如鏡」，以萬有的體性、真如、如來藏貫穿全體佛法，圓融宗門與教下，凝聚中國佛教和印度佛教之精華。他提出不論參禪、悟教，都必須學習教典，依教行持，依佛語印心，「若不與了義一乘圓教相應，設證聖果，終非究竟。」之所以教理印證，是因為「事出千巧，理歸一源，皆是大慈善權方便。或因捨身命而頓入法忍，或一心禪定而豁悟無生，或了本清淨而證實相門，或作不淨觀而登遠離道，或住七寶房舍而階聖果，或處冢間樹下而趣涅槃，是以塵沙度門入皆解脫，無邊教網了即歸真，大聖垂言終不虛設。」〔註30〕認為「萬法本只由人，真如自含眾德。無念而殊功悉備，無作而妙行皆圓……從體施為，報化而未嘗不寂；隨緣化現，法身而無處不周，實教法之所歸，聖賢之所受，群生之實際，萬物之根由，正化之大綱，出世之本意，三乘之正轍，入道之要津，般若之靈源，涅槃之要宅。」延壽以一心圓融禪淨，倡回歸自性，依他力往生，對信徒解決終極關懷問題有重要啟迪作用。他參禪透過三關，日課念佛號十萬句，行一百零八件佛事，被尊為蓮宗六祖，實是籍教悟宗、禪淨雙修、悟後起修、自力與他力結合的楷模。

（2）黃龍慧南對體、相、用的詮釋

黃龍慧南（1002～1069），江西玉山縣人，是臨濟宗黃龍派創始人。十一歲出家於本州定水庵智巒座下，十九歲受具，先後師事廬山歸宗自寶、棲賢澄湜、泐潭懷澄、福巖審承等，景佑三年（1036）入石霜慈明室，蒙其印可。後應洪州太守程師孟之請，入主黃龍寺（在江西修水縣黃龍山），〔註31〕直到圓寂。慧南是臨濟宗自五代以來一位影響巨大的弘法大師。當時名士如程師孟、潘延之、王安石及南昌九江諸多官員都入寺聽法，「天下有志學道者皆集南公」，〔註32〕「法席之盛，堪比泐潭馬祖、百丈大智。」〔註33〕

慧南禪學以性空緣起為基礎，認為「道不假修，但莫污染；禪不假學，貴在息心。」強調參禪要「一念常寂」，便可「三際杳忘」，隨處作主。他說：「智海無風，因覺妄以成凡；覺妄元虛，即凡心而見佛。」〔註34〕關於體用、理事

〔註30〕永明延壽《萬善同歸集》，卷中。

〔註31〕關於黃龍寺所在地，佛界多有異說，黃君有專門考證，見黃君《黃龍宗史稿》一書。

〔註32〕惠洪《禪林僧寶傳》卷二十五。

〔註33〕惠洪《禪林僧寶傳》卷二十二。

〔註34〕宋惠泉集《黃龍慧南禪師語錄》，《卍續藏》第120冊第87～209頁，下引此書，不再標出處。

關係，他說：「法身無相，依智海以為源，含源之流，總法身而為體，只為情生智隔，於日用而不知，想變體殊，趣業緣而莫返。……法身無相，就物現形，般若無知，隨緣即照。」法身為體（體），就物現形（相），隨緣即照，成為他別具一格的見性成佛理論和修持特色。他以日月不易之道詮釋「法身」，說：「古之天地日月，猶今之天地日月，古之萬物性情，猶今之萬物性情。天地日月固無易也，萬物性情固無變也，道何為而獨變乎？」〔註35〕當不假言詮而體道。道無形相、不假修持，又要盡力踐行（用），才能得其高遠：「道如山，愈升而愈高；如地，愈行而愈遠。學者卑淺，盡其力而止身，惟有志於道者，乃能窮其高遠，其他孰與焉？」其道，即佛性，與老莊自然本體和本原的道十分接近，而體道方法則有臨濟門風峻烈之特色：「夫出家者，須稟丈夫決烈之志，截斷兩頭，歸家穩坐，然後大開門戶，運出自己家財。」「截斷兩頭」，杜絕分別心、差別相，是不分別而分別的中道辯證思維；「歸家穩坐」，返本見性，則是明心見性；「運出自己家財」，即按照清淨自性，弘法利生。其禪定工夫，與老子虛靜無為，「損之又損」〔註36〕的修行方式，雖相通而大異其趣。他說：「夫人語默舉措，自為上不欺天，外不欺人，內不欺心，誠可謂之得矣。然猶戒謹乎獨居、隱微之間，果無纖毫所欺，斯可謂之得矣。」〔註37〕慧能倡自見本心，皈依自性佛，慧南則變為對天、人、自我三者的皈依，自性不離天理、天道和社會倫理道德，與後來理學家「存天理，滅人慾」旨意相通。無怪乎理學開山周敦頤曾自道其「無極而太極」的妙悟──「吾此妙心實啟於黃龍」〔註38〕。慧南還說：「夫長老之職，乃道德之器。先聖建叢林，陳綱紀，立名位，選擇有道德衲子，命之曰長老者，非苟竊是名也。慈明先師嘗曰：『與其守道老死丘壑，不若行道領眾於叢林。』豈非善守長老之職者，則佛祖之道德存歟！」〔註39〕將修道與積極入世結合，成為慧南思想的落腳點，這是其社會責任感之所在，也是其思想特色所在。

最能代表慧南禪法典型風格的，當然是名重叢林的黃龍三關。《建中靖國續燈錄》卷七記載：「師室中常問僧出家所以、鄉關來歷，復扣云『人人盡有

〔註35〕 《黃龍崇恩禪院傳燈譜》卷上，乾隆二十七年（1762）所修，海內孤本。下稱《黃龍宗譜》。
〔註36〕 《老子》第48章。
〔註37〕 慧南《答王荊公書》，《黃龍宗譜》卷上。
〔註38〕 明朱時恩輯《居士分燈錄》卷下，《卍續藏》第147頁。
〔註39〕 慧南《與翠巖真書》，見《黃龍宗譜》。

生緣處，那個是上座生緣？」又復當機問答，正馳鋒辯，卻復伸手云『我手何似佛手？』又問諸方參請宗師所得，卻復垂腳云『我腳何似驢腳？』三十餘年示此三問，往往學者多不湊機。叢林共目為三關。」〔註40〕

慧南第一問，從進門寒暄，問鄉關來歷，進而發問：你的本來面目在何處？（「上座生緣在何處」），單刀直入，切入本體的實際，所謂「無事起事，好肉上割瘡」（慧南語）。第二問，逆水行舟，以「佛手」、「我手」是一是二，再次提起眾生與佛同異的疑情。第三問，就「我腳與驢腳」同異即行履處發問，勘驗學者對佛法體悟後是否踏實踐行。從本來面目的佛性（體）—生佛異同（相）—行為踐履（用），正是慧南從體、相、用詮釋佛性和修持門風的真實寫照。

關於「三關」的旨趣，慧南曾以偈頌解釋。第一問，「生緣有語人皆識，水母何曾離得蝦。但見日頭東畔上，誰人更吃趙州茶？」〔註41〕以是否具有吃趙州茶的本領，體究學佛者的根機。第二問，「我手佛手齊舉，禪流直下薦取。不動干戈道處，自然超佛越祖。」〔註42〕把眾生與佛齊舉，從「相」上設問，試探學者對法相是否執著。第三問，「我腳驢腳並行，步步踏著無生。會得雲開日見，方知此道縱橫。」〔註43〕緊扣行履是否踏實，去除我法二執，脫盡生死牢關，於涅槃無生境界才能縱橫自在。

慧南以體、相、用詮釋見性成佛之旨，不僅從哲學高度體現了儒釋道哲學本體論、認識論和修證實踐論的理論色彩，帶有很多文人氣息，更可貴的是鍛盡凡聖、培育英才的作略和真修實參的體悟。惠洪說慧南的「門風壁立，雖佛祖亦將喪氣，故能起臨濟於已墜之道。」〔註44〕黃庭堅則把「三關」比作大熔爐，說「自為爐鞴熔凡聖之銅。」〔註45〕

（3）楊岐方會殺活自在的禪風

楊歧方會（992～1049），袁州宜春（江西宜春）人，是光大臨濟法門楊岐派的創始人。二十歲在筠州（江西高安）九峰山出家，曾到潭州（湖南長沙）隨石霜楚圓習禪，後到袁州楊歧山和潭州雲蓋山開闢道場。古德評之曰：「楊

〔註40〕宋惟白《建中靖國續燈錄》卷七，《卍續藏》第 136 冊第 116 頁。

〔註41〕《五燈會元》卷十七，黃檗惟勝章。

〔註42〕《五燈會元》卷十七，黃檗惟勝章。

〔註43〕《五燈會元》卷十七，黃檗惟勝章。

〔註44〕宋惠洪《林間錄》卷下，見《續藏經》第 148 冊。

〔註45〕黃庭堅《山谷全集‧正集》卷二十二。

歧天縱神悟，善入遊戲三昧，喜勘驗衲子，有古尊宿之風。」〔註46〕臨濟宗從楊歧方會開始，影響和地位始超過雲門、曹洞，成為禪宗主流。

方會法語稱：「百千諸佛、天下老和尚出世，皆以直指人心見性成佛。若向這裡明得去，盡與百千諸佛同參；若向這裡未能明得，楊歧未免惹帶口業。」〔註47〕認為祖師教人明心見性，對心性深有體悟，必然以種種方便指導學人，從而形成獨具特色的禪風。僧問如何是佛，方會答：「萬法是心光，諸緣惟性曉。本無迷悟人，只要今日了。山河大地有什麼過？山河大地、目前諸法，總在諸人腳跟下。自是諸人不信，可謂古釋迦不前，今彌勒不後。楊歧與麼，可謂買帽相頭。」〔註48〕萬法是心光，指自心是諸人與山河大地同根處，是生命的本原、萬物的本質。此心超越時空，無時不在，無處不有，故古釋迦不前，今彌勒不後。學人破除我執、法執，達到萬物一體、物我一如的光明境界，即能理解「無邊剎境，自他不隔於毫端；十世古今，始終不離於當念。」〔註49〕因為此「心」是萬法統一的基礎，證得此心，即一通百通，一了百了。

方會上堂法語云：「心是根，法是塵，兩種猶如鏡上痕。痕垢盡時光始現，心法雙忘性即真。」〔註50〕心法雙忘，即心物無分別、無對待、無執著，亦即《金剛經》所云「以無所住而生其心。」是以一種超功利、超越的心態和眼光去觀照世界和人生。禪悟的最高境界不在耽空落寂、只求無事、無憂，而是於十字街頭知轉身處，在荊棘叢中進退自如，不是像「貧家女子攜籃去」那樣，自身是寶卻向外乞求，而是「牧童橫笛望源歸」，向內觀照，回歸自性。

對於佛法的體悟，方會說：「舉步也千身彌勒，動用也隨處釋迦。」「繁興大用，舉步全真。即立名真，非離名而立，立處即真。」但是，「立處即真」的道理，並不是人人能夠理解並得受用的。禪不是具體的物品，但也不是如虛空般不可把捉。禪就在飲茶吃飯、接人待物等倫常日用中。佛祖觀根逗機，應病與藥，以種種方便善巧度化眾生，一切法皆是佛法，然種種法門皆是度人邊事，本身並不具有終極意義。有外道問佛：「不問有言，不問無言。」世尊良久，外道讚歎：「世尊大慈大悲，開我迷雲，令我得入。」外道去後，阿難問

〔註46〕宋仁勇編《楊歧方會和尚語錄》，《大正藏》第 47 卷。
〔註47〕《楊歧方會和尚語錄》，第 646、647 頁。
〔註48〕《楊歧方會和尚語錄》，第 647 頁。
〔註49〕《楊歧方會和尚語錄》，第 646、647 頁。
〔註50〕《楊歧方會和尚語錄》，第 646 頁。

世尊云：「外道見個什麼，便道令我得入？」世尊云：「如世良馬，見鞭影而行。」〔註51〕大根器的人，本於有言無言處索解，而於未有言、未無言處體悟，亦即於師家本心處會取。此心空明澄徹，可謂無言；以其昭昭靈靈，可謂有言。超越言與無言，直追師家本心，於自家本份處用心，即以心會心，心心相印。

方會接引學人的法門，稱「四一」法門。其上堂法語：「楊歧一要，千聖同妙。布施大眾，果然失照。」「楊歧一言，隨方就圓。若也擬設，十萬八千。」「楊歧一語，呵佛叱祖。明眼人前，不得錯舉。」「楊歧一句，急著眼覰。長連床上，拈匙把箸。」〔註52〕「四一法門」其實是從普度眾生的慈悲心、隨方就圓的方便引導、呵佛叱祖的辯證轉化和禪修的實證體悟不同方面，對參禪過程中的體、相、用、了功用所做的說明。「楊歧一要」，並非真有玄妙禪法傳授學人，而是生佛自性平等。其上堂語云：「楊歧無旨的，栽田博飯吃。說夢老瞿曇，何處覓蹤跡？」佛言、祖語與大眾所悟都是平等的，只有根器大小、迷悟遲速不同而已，不要離開本心去覓佛蹤跡。「楊歧一言，隨方就圓」，則是當機的方便施設。方會的弟子五祖法演以兩句豔詩，將「楊歧一言」妙旨傳達了出來：「有兩句頗相近，『頻呼小玉元無事，只要檀郎認得聲。』」〔註53〕禪師的語言和一句佛號一樣，都是傳達內心體悟的方式和工具，禪者不能執著於語言、邏輯去求妙悟，但也離不開語言、邏輯的方便。至於「楊歧一語，呵佛叱祖」，那就不是什麼人、什麼時候、什麼場合都可以亂罵一通，而是就上根利器而言。臨濟義玄說：「夫大善知識始敢毀佛毀祖，是非天下，排斥三藏教，辱罵諸小兒，向逆順中覓人。」〔註54〕只有真正證得空有一如，適機透教，才可「逢佛殺佛，逢祖殺祖」不與物拘，透脫自在。不然，未達究竟，即胡呵亂罵，只會招致口業，難逃惡報。至於「楊歧一句，急著眼覰」，則是在長連床上安禪習定，身無旁鶩的紮實修正工夫，是不可或缺的。方會的「四一法門」，雖是無有法門，不像黃龍「三關」那樣勘驗學人，但無法門本身也有其法門——生佛平等（體）、隨方就圓（相）、呵佛叱祖（用）、安禪習定（了），就是不離語言邏輯，又不拘於語言邏輯，揮灑自如，殺活自在的法門。文政於《楊歧方會和尚語錄序》中稱：「當時謂（懷）海得其大機，（希）運得其大用。兼而得者，

〔註51〕《楊歧方會和尚語錄》，第 642、647、640 頁。
〔註52〕《楊歧方會和尚語錄》，第 642、647、640 頁。
〔註53〕《五燈會元》卷十九，第 1254 頁。
〔註54〕《臨濟錄》。

獨會師歟！」其大機大用、靈活多變的宗風，也是楊歧法系能夠流傳久遠的重要原因；後世臨濟宗正脈，實際上主要由楊歧系來傳承延續，絕非偶然。

（二）宋明禪淨、儒釋的融合

1. 契嵩的儒釋融合與會通

契嵩（1007～1072），字仲靈，自號潛子，藤州鐔津（今廣西藤縣）人。十三歲得度落髮，十四歲受具，十九歲開始遊方參學於江湖、衡廬一帶，「首常戴觀音之像，而誦其號，日十萬聲。於是世間經書章句不學而能。」〔註55〕後至瑞州（今江西高安）嗣法雲門宗僧人曉聰禪師。明道年間（1032～1033），他以佛教五戒、十善比附儒家五常，作《原教》一文，流傳頗廣。慶曆年間入吳中，至錢塘靈隱閉戶著書，著《禪宗定祖圖》《傳法正宗記》。觀察使李公謹得其書，慕其高名，奏賜紫方袍；仁宗皇帝於第二年「詔付傳法院編次」收入《大藏》，並賜他「明教大師」稱號。其著述不脫高古之宗風，「所著書自《定祖圖》而下，謂之《嘉祐集》，又有《治平集》，凡百餘卷，總六十餘萬言。」

契嵩主要貢獻，一是作《輔教編》等書，繼承宗密思想，倡三教融合；二是作《傳法正宗定祖圖》《傳法正宗論》等書，釐定禪宗傳法世系。

契嵩生當宋代朝野上下抑佛排佛聲浪甚高之時，一些儒士追隨韓愈，紛紛著書反佛，如范仲淹、富弼、文彥博、韓琦、歐陽修等。契嵩孤鳴獨發，倡導佛儒一致，三教合一，集中見於《輔教編》。《輔教編》「廣引經籍，以證三家一致，輔相其教。」〔註56〕認為「聖人為教不同，而同於為善也。」它們的區別僅在功用上：「儒、佛者，聖人之教也，其所出雖不同，而同歸於治。儒者，聖人之大有為者也；佛者，聖人之大無為者也。有為者以治世，無為者以治心。」契嵩融合三教的主張，在禪林中影響甚大，佛印了元曾寫過一首詩：「道冠儒履佛袈裟，和會三家作一家。忘卻率陀天上路，雙林癡坐待龍華。」〔註57〕

中國是一個宗法倫理國家，孝道是封建倫理思想的基本出發點，成為世人攻擊、排斥佛教的主要武器。北周武帝廢佛詔書說：「父母恩重，沙門不敬，悖道之甚，國法不容，並退還家，用崇《孝經》。」〔註58〕唐初傅奕反佛，其

〔註55〕《鐔津明教大師行業記》，《大正藏》第 52 卷。
〔註56〕《昭德先生郡齋讀書志》，後志卷一。
〔註57〕《雲臥紀談》卷下。
〔註58〕《敘釋慧遠抗周武帝廢教事》，見《廣弘明集》卷十。

理由也是說佛教「不忠不孝」、「入家破家，入國破國」。〔註59〕韓愈指責佛教「棄而君臣，去而父子，禁而相生相養之道。」〔註60〕契嵩十分清楚儒佛倫理體系的差別，但認為教跡不同並不影響兩教聖人治心的一致性。《輔教編》主旨就在於「推會二教聖人之道，同乎善世利人矣。」〔註61〕在方法上，契嵩側重講儒佛在倫理觀上的相通之處，取五戒十善會通儒家五常：「儒所謂仁義禮智信者，與吾佛曰慈悲、曰布施、曰恭敬、曰無我慢、曰智慧、曰不妄言綺語，其為目雖不同，而其所以立誠修行，善世救人，豈異乎哉。」〔註62〕說明佛家八萬四千行，並未超出儒家五常的倫理規範。契嵩特別推崇孝道，說明「孝」不僅是儒家的倫理準則，更是佛教的倫理核心。他引《孝經》《書經》《禮經》，把孝說成是「天之經也，地之義也，民之行也，至哉大矣。」契嵩以為，孝道比戒律更重要，確立「孝在戒先」的命題：「夫孝也者，大戒之所先也。戒也者，眾善之所以生也。為善微戒，善何生耶？為戒微孝，戒何自耶？故經曰：使我疾成於無上正真之道者，由孝德也。」〔註63〕認為戒律離不開孝道，戒只是從孝發「端」的，是其具體應用，戒律脫離了孝道，也就不成為戒。持戒修善所達到的解脫，實質上也是由「孝道」所致，適應了當時社會的政治需要。正因為如此，契嵩的著作受到了皇帝重臣的賞識和重視。

在倡導儒佛一致的同時，契嵩為確定禪門傳承世系亦殫精竭慮。其時，禪宗已流行兩三個世紀，關於菩提達摩到禪宗六祖慧能之說已成公論，但對禪宗在西土的傳承仍說法不一，針對「雖一圓顱方服之屬，而紛然相是非」的局面，契嵩「慨然憫禪門之凌遲，因大考經典，以佛後摩訶迦葉獨得大法眼藏為初祖，推而下之，至於達摩，為二十八祖。」〔註64〕從此，禪宗「西天二十八祖」的傳法譜系遂成定論，真正起到「扶持正宗，排斥異說」〔註65〕的作用。

此外，契嵩還用了近兩年時間，對《壇經》進行校訂，於至和三年（1056）「果得曹溪古本，校之勒成三卷，璨然皆六祖之言，不復謬妄。」〔註66〕後世流傳的曹溪原本及元代德異本、宗寶本，都是以此為底本，略作增減而成的。

〔註59〕《對傅奕廢佛僧事》，見《廣弘明集》卷十一。

〔註60〕韓愈《原道》，《韓昌黎全集》卷十一。

〔註61〕契嵩《再書上仁宗皇帝》。

〔註62〕《鐔津文集‧中庸解》卷四。

〔註63〕《輔教篇下‧孝論》。

〔註64〕《鐔津明教大師行業記》，《大正藏》第52卷。

〔註65〕《傳法正宗記序》。

〔註66〕《鐔津文集》卷十一，《六祖法寶記敘》。

他在《壇經贊》中闡述自己禪教一致的觀點，認為：「能仁氏之垂教，必以禪為其宗，而佛為其祖。祖者乃其教之大範，宗者乃其教之大統。」〔註67〕教是手段，禪是宗旨，參禪者應藉教以悟宗，習教者應明心而見性，經是佛語，禪是佛意，諸佛心口必不相違，因此，宗門與教下本來是一致無別的。

總之，明教契嵩作為禪門的傳人，面對當時佛教生存發展的現實問題，用畢生的熱誠和精力去著書立說，闡述儒佛不二、禪教一致的思想，挖掘禪宗典籍和禪史的內在精神，從而在禪史和思想史上佔有獨特地位。

2. 明末高僧的禪淨雙修

宋明時期，禪宗思想較之隋唐五代有很大的不同，由各自傳宗立派，向禪宗與淨土的融合；禪宗五家以臨濟、曹洞獨盛，尤以臨濟宗黃龍、楊岐派獨盛；禪宗在其發展過程中重視與儒道的融匯貫通，大大促進佛教的中國化進程。明末禪宗出現雲棲袾宏（1535～1615）、紫柏真可（1543～1603）、憨山德清（1546～1623）、蕅益智旭（1599～1655）四大高僧。袾宏對於華嚴圓融學說和禪悟都有極深的造詣，力主佛教內部的融合，並歸向淨土。真可立志復興禪宗，對儒釋道三家以及教內各宗持調和態度。憨山德清極力提倡宗杲看話禪，認為參禪只有抱住話頭，發起疑情，才能大疑大悟，同時強調禪教一致。蕅益智旭深受天台宗學說影響，以一念統攝教禪各家，最終歸於當下之念，把教、禪、律歸入最高的念佛法門之中。晚明在當時三教同歸合流思想下，佛教「性本論」與道教「氣本論」、明心見性與修身煉性的工夫論相融通，出現全真道仙佛同修，儒佛與道家相融並存的新局面。

與雲棲袾宏、紫柏真可、德清憨山、靈峰蕅益相媲美的密雲圓悟（1566～1642）禪師其思想也很有代表性。他認為，達摩到中土傳法，「只為覓個不受惑底人」，就是發明佛法大意，教人做一個有覺悟的人。圓悟禪法繼承達摩、慧能、臨濟義玄以來回歸自性、啟發「人人自證自悟」的自覺覺他法門，並無實法與人。圓悟在批評漢月法藏等對禪法的執著時說：「任汝等弄盡伎倆，總與老僧無法可得、無法與人的一棒不作一棒用，直指人人一念回機，便同本得者毫沒交涉。何以故？若更有寶可得、幢可建、重關可透、悟可認、迷可亡、宗旨可說之實法，豈可謂『一橛頭硬禪』哉！所以道『唯此一事實，餘二則非真。』」〔註68〕佛法至高無上的真理，其實就是回歸人人本有的善良本性而已。

〔註67〕《鐔津文集》。
〔註68〕圓悟《天童和尚闢妄救略說緣起》卷四。

　　至於禪宗法脈傳承，圓悟明確說：「諸佛世尊唯為一大事因緣故出現於世。正如龍樹謂『為明隱顯法，方說解脫理』。一切眾生自迷自隱，自不解脫，因諸佛開示，始自悟自顯，而諸佛初未嘗有別法加於眾生分上。」〔註69〕圓明居士（雍正皇帝）說：「歷代祖師雖更換面目接引世人，總不離世尊拈花、臨濟棒喝之旨。離此者，即為魔說。況此棒喝能具萬法、能消萬法，此棒喝豈有定相？一棒喝何得作一棒喝用？魔藏不識，目為一橛禪。如果言禪，即一橛已屬多設。魔藏意猶未足，不知必待幾橛，方稱其魔意也？」〔註70〕法無定相，法無定法，無實法與人，是說佛法真理及其根本宗旨雖然有其絕對性，有與世間法不共的特殊性，但這種絕對性也是相對的，並無固定不變的「實法」相傳授，只是教人向內觀照、體悟而已。

　　圓悟針對漢月等人「一○為千佛萬佛之祖，又謂五宗各出○之一面，獨臨濟為正，於是妄認三玄三要等名目為宗旨。」嚴厲批評說：「《辟書》引僧問馬祖離四句、絕百非，請師直指西來意者，正欲明西來意無有四句法也。使西來意之外別有四句法，安能免《辟書》外道之呵。乃反謂老僧依文訓義，一以無字銷之。請看世尊付法偈曰：『法本法無法，無法法亦法。今付無法時，法法何曾法！』是蓋人人本法本無名相，故老僧謂世尊以無字銷名相法耳。」〔註71〕祖師西來意是超越「四句、百非」，超越名相、言句，不能用一圓相等實法來表示的，只能靠當人自悟自證，「如人飲水，冷暖自知」的。圓明居士說：「南陽忠國師云，禪宗法者，應依佛語一乘了義，契取本原心地，轉相傳授，與佛道同。不得依於妄情及不了義教橫作見解，疑誤後學，俱無利益。縱依師匠領受宗旨，若與了義教相應，即可依行；若不了義教，互不相許，譬如獅子身中蟲，自食獅子身中肉，非天魔外道而能破滅佛法矣。南陽忠此語直從唐代早為判定。《楞伽經》云：諸天及梵乘，聲聞、緣覺乘，諸佛如來乘，我說此諸乘，乃至有心轉，諸乘非究竟。若彼心滅盡，無乘及乘者，無有乘建立，我說為一乘。」〔註72〕三乘佛教，其實是依據各人自悟的根本義理的一乘教，也可以說是「一法不立、一法不破，無法不立，無法不破」的「無乘」，怎能有實法可執、可傳呢？

〔註69〕《天童和尚闢妄救略說緣起》卷二。
〔註70〕雍正（圓明居士）《御製揀魔辨異錄》卷一。
〔註71〕《天童和尚闢妄救略說緣起》卷一。
〔註72〕《御製揀魔辨異錄》卷八。

圓悟與其弟子漢月法藏之間曾在禪宗宗旨、法脈傳承和佛法真精神等根本問題上發生激烈爭論，其實這場爭論不是師徒名分、意氣之爭，而是明清佛教界對禪宗修持和法脈傳承出現偏差和諸多誤區所致。圓悟禪師「棒喝禪」以一棒不作一棒用，既不即文字，又不離文字、「抽釘拔楔」的善巧方便，力挽狂濤，撥正禪宗修持和法脈弘傳的航向。正因為他得如來正法眼藏真傳，會得祖師西來意，弘揚不迷信、不唯書、不唯上、不為外物所轉，而能以心轉物的精神，展現了辯證思維的高度智慧和不以佛法作人情的高尚風範，才贏得深通佛法與世法的圓明居士（雍正）的首肯和朝野的喝彩。

此外，明末清初卓越的佛學家、思想家方以智（1611～1671）的《東西均》《冬灰錄》等著作，以「無對待在對待之中，然不可不親見此無對待者也」的高度辯證思維，和「處世、立身、歸於造命」的主觀能動精神，大力弘揚和推進禪宗學，融通儒釋道醫學和質測科學，其視野的開闊，辯證思維水平所達到的嶄新高度，堪稱與王夫之（1619～1692）相媲美，值得後人發揚光大〔註73〕。

3. 近代人間佛教的振興

中國佛教到了近代，已漸衰微。這主要是近代帝國主義列強的侵略和欺壓、軍閥混戰的摧殘、資產階級民主革命的影響及寺院經濟的衰落所致。但是，「宗教是被壓迫生靈的歎息。」「是對現實苦難的抗議」，作為世界五大宗教之一的佛教，雖然對現實的抗議很脆弱，但畢竟在努力抗爭，為變法維新、沖決網羅而獻身，在愛國護教、振興道場、革新佛教，與東亞、中南亞佛教友好交往等方面發揚「人間佛教」的優良傳統。

（1）魏源世出世間法相融通

魏源（1794～1856），字默深，湖南邵陽人。魏源一生仕途坎坷，中年學禪，晚年歸淨土，對於禪宗、淨土宗及會通釋儒深有造詣。著有《淨土四經總敘》、《無量壽經會譯敘》、《觀無量壽佛經敘》、《阿彌陀經敘》、《普賢行願品敘》和《觀無量壽經後記》等。

魏源在杭州學佛，學的是大乘佛教。大乘佛教著重於利他，尋求「兼善天下」，把成佛度世，往生西方淨土，作為其追求的人生理想。魏源為了宣揚淨土，把《無量壽經》、《觀無量壽佛經》、《阿彌陀經》以及《華嚴經》中的《普賢菩薩行願品》合刊為《淨土四經》，並「略述指歸，以告持誦是經者。」認

〔註73〕詳見本書末附錄《方以智〈東西均〉與中華民族的辯證思維辨析》一文。

為，「出世之道，又有宗教、律、淨之異。其內重己靈，未修圓頓者，宗教也；有外慕諸聖，以心力感佛力者，淨土也；又有外慕諸聖，內重己靈者，此則宗、淨合修，進道尤速。」

魏源將禪宗、華嚴、天台、淨土等宗派的思想融於一爐，形成廣博而深邃的佛教思想，把「經世」與「出世」融通、統一起來，把改革開放，「師夷長技」與「制夷」、反對帝國主義結合起來，從而弘揚了湖湘文化的經世致用、包容涵攝精神，高揚了愛國主義精神，為中國傳統文化的弘揚作出積極的貢獻。

（2）譚嗣同以大雄之力獻身維新事業

譚嗣同（1865～1898）字復生，號壯飛，湖南瀏陽人，生於清同治四年（1865）。戊戌六君子之一，湖南維新運動傑出的思想家和勇士。甲午戰爭失敗後，目睹北方所見的社會黑暗，譚嗣同認定當時中國政治的腐朽，非靠一種回天之力不可，而只有佛教具有這種力量。譚嗣同在北京認識吳雁舟，深受其講解佛教的影響。正如梁啟超在《譚嗣同傳》中所述：「當君之與余初相見也，極推崇耶氏兼愛之教，而不知有佛，不知有孔子。既而聞南海先生所發明《易》、《春秋》之義，窮大同太平之條理，體乾之統天之精義，則大服。又聞華嚴性海之說，而悟世界無量，現身無量，無人無我，無去無往，無垢無淨，捨救人外，更無他事之理；聞相宗識浪之說，而悟眾生根器無量，故說法無量，種種差別，與因性無礙之理，則益大服。」光緒二十四年（1898），譚嗣同與康有為等在北京推行維新變法，並晉見光緒皇帝，被特授為四品軍機大卿，與楊銳、林旭、劉光弟共參預新政，時號為軍機四卿。同年八月，變法失敗後，與楊銳、林旭、劉光弟、康廣仁、楊深秀等六人一起被殺害，史稱戊戌六君子。譚嗣同遇難時，年僅33歲。

譚嗣同的佛學思想主要表現在《仁學》一書中。他從佛教中吸取積極精進、無畏精神，以「我自橫刀向天笑，去留肝膽兩崑崙」的大無畏氣慨，勇於沖決封建「君主之網羅」、「倫常之網羅」、「全球群學之網羅」，視死如歸。譚嗣同對佛教的輪迴思想有很深的解悟，認為人死後依生前為善作惡的業力，可以轉生地獄、畜生、餓鬼、阿修羅、人、天等六趣，要轉生天堂者，必須為善去惡，信佛者身死後佛性仍在。他相信人雖死（身命）而仍有不死者（佛性）在，就可以除去畏死之心，大無畏地去「成仁取義」。《仁學》指出：「死此生彼……知天堂地獄森列於心目，必不敢欺飾放縱，將日遷善以自兢惕。知身為不死之物，雖殺之亦不死，則成仁取義，必無恇怖於其裏。且此生未及意者，

來生固可以補也,復何所憚而不矗矗?此以殺為不死。然已又斷殺者,非哀其死也,哀其具有成佛之性,強天閼之使死而又生也。是故學者當知身為不死之物,然後好生惡死之惑可祛也。」以「輪迴」思想鞭策自己日遷於善,精進不已,樹立為正義事業奮鬥,成仁取義,無所畏懼的精神。通過學佛,譚嗣同確乎有超人的勇猛和決心。他認為,世界之外無淨土,眾生之外無我,故以大無畏的精神投入維新變法運動。在譚嗣同看來,中國封建社會的極度腐朽如同一「大劫」,非要依靠一種超越尋常的力量來解這個「劫」不可,而佛教曰「威力」,曰「奮進」,曰「勇猛」,曰「大無畏」,曰「大雄」,因此,「善學佛者,未有不震動奮厲而雄強剛猛者也」。譚嗣同不僅認為佛學中有大小輪迴,而且還將唯識思想和華嚴思想融為一體,提出:「三界惟心,萬法唯識,世界因眾生而異,眾生非因世界而異……佛外無眾生,眾生外無佛。雖真性不動,依然隨處現身;雖流轉世界,依然遍滿法界。」

譚嗣同的《仁學》與佛學相融匯思想,高揚了捨生取義的精神信仰和大無畏的奮鬥精神,在戊戌維新的社會變革中起了積極的推動作用,也使湖湘文化的經世致用、融攝貫通與崇尚高風亮節等特色更放光彩。

(3) 敬安「國仇未報老僧羞」

在近代佛教界,以詩僧出名,並為愛國護教作出卓越貢獻的,當推敬安。敬安(1851～1912),字寄禪。俗姓黃,名讀山,湘潭石潭人。十八歲那年,因看到桃花被風雨摧敗,觸景生情,遂投湘陰法華寺東林長老出家。賜名敬安。後從南嶽祝聖寺賢楷律師受戒,赴仁瑞寺參恒志和尚習苦行、參禪,得郭嵩燾之從侄郭菊蓀之助而學詩,於禪定中念念不忘參自己本來面目話頭,冥然入定,至麓山寺參笠雲長老,並嗣其法。後東遊吳越,遍訪叢林名宿大德,於四明山阿育王寺佛舍利塔前燒殘二指供佛,從此被稱為「八指頭陀」。嘗冒雪登天台山華頂峰,嘯鎮虎威,遇巨蟒,念佛號而無怖。與文人雅士遊,有《嚼梅吟》詩集出版。光緒十年(1884),敬安回湘,應邀參加王闓運等名士組織的「碧湖詩社」,任衡陽大羅漢寺、上封寺、大善寺,溈山密印寺、萬福禪林、上林寺等六寺住持。光緒二十八年(1902),應邀任天童寺首座,百廢俱興,夏講冬禪,殆無虛歲。光緒三十二年(1906)為因應廟產「興學」狂潮,首創寧波僧教育會,被推為浙江省僧教育總會會長、長沙僧教育會長。辛亥革命後,邀請冶開、清海、諦閒、太虛等佛教界名僧,在上海成立中華佛教總會,任會長。民國元年九月北上,抵京師法源寺,為反對侵寺廟產,前往內務部禮

俗司交涉，受杜某侮辱，憤而辭歸，當晚示寂於法源寺，世壽六十二，僧臘四十五。有《八指頭陀詩文集》等行世。

敬安「身在佛門，而心縈家國」。敬安生當列強侵吞中華、國家多難之秋，憂國憂民之情，雖入空門，時刻未嘗忘懷。1910 年，他閱報紙，「驚悉日俄協約，日韓合併，屬國新亡，強鄰益迫，內憂法衰，外傷國弱，人天交泣，……全身血熾。」遂寫詩道：「鯨吞蠶蝕各紛爭，未卜餘生見太平。修羅障日晝重昏，誰補河山破碎痕？獨上高樓一回首，忍將淚眼看中原。」光緒十年（1884）八月，法國軍艦侵犯臺灣及福建閩江口。官軍屢為侵略軍的開花炮所挫。消息傳至寧波，當時正臥病於延慶寺的敬安，憤怒之極，三晝夜不眠，欲以徒手奮擊，致敵於死地，為友人所阻止。1900 年「庚子七月，夷兵犯京師」，他與友人吳漁川太守重晤長沙，賦詩曰：「強鄰何太酷，塗炭我生靈！北地嗟成赤，西山慘不青。陵園今牧馬，宮殿只飛螢，太息蘆溝水，惟余戰血腥！」對列強發出血的控訴，蘊含對祖國大好河山深深的摯愛。

1879 年，敬安《付囑續源上人》詩云：「欲續曹溪衣鉢傳，窮源須要識心源。心源識得無餘事，水底泥牛抱月眠。」抒發自己繼承曹溪衣鉢，明心見性的悲願。他運用禪宗的般若智慧，認為「付法原無法」，「本無慧命堪相續」，山僧的正法眼，只在回復自己本性，「無修而修」上，只在「涅槃生死等浮漚」，把窮源識性與超越生死的辯證思維提高到相當的高度。宣統元年（1909），社會上「廟產興學」的浪潮甚高，各學堂有「提請僧產助款之議」、杭州僧人迫不得已，竊取天童寺住持名，以寄禪為首，聯合浙江 25 寺投請日本本願寺僧伊藤賢道，藉此入內保護，以相抵制，寄禪聞訊，「憤不欲生，以為辱國辱教，莫此為甚。」於是，「飛函洋務局，陳竊名之妄，力請嚴行拒絕。聶公電覆外務部，乃飭各郡自辦僧學，以杜闌入。國之有僧學，此之始也。」民國元年（1912），各地有奪僧產、毀佛像之事發生，敬安赴南京謁見臨時總統孫中山，請政府給予保護；後臨時政府遷北京，敬安、虛雲等北上，住法源寺，隨即同弟子道階前往內務部會見禮俗司司長杜關，要求政府下令各地禁止侵奪寺產，杜關以《臨時約法》中有「布施為公，募化為私」之規定相詰難，並下令調查僧產，敬安憤而抗爭，當晚回寺，次日晨即圓寂。

敬安以愛國衛教殉職，大義凜然，實「不惟梵界之奇人，亦文壇之傑士矣！」他的《白梅詩》中「意中微有雪，花外欲無春」之語，被稱為梅花詩絕唱。晚年築「冷香塔苑」，以「傳心一明月，埋骨萬梅花」自況。雖然，他有

「銜石難填精衛愁」，自歎「國仇未報老僧羞」，但他那寒梅傲笑迎春的高風亮節，為近代佛教歷史寫下濃重一筆。

（4）太虛倡人生佛教

太虛（1890～1947），浙江海寧（石門）人，為近代中國佛學之大成者、人生佛教的積極推動者。十六歲於蘇依士達監院出家，法名惟心，往天童寺依寄禪和尚受戒，赴西方寺閱《大藏經》，接觸革命僧棲雲，廣泛涉獵嚴譯《天演論》、康有為《大同書》等進步著作。1912 年與仁山法師於鎮江金山寺成立佛教協進會，後進京謁臨時大總統孫中山先生，創中華佛教總會，倡組織、教產、學理三大革命，鼓吹佛教復興運動。第一次世界大戰爆發後，避關於錫麟禪院，兩年半後出關，隨後，作《整理僧伽制度論》，創《海潮音》，倡《僧自治說》，籌建武昌佛學院，主講《佛教各宗派源流》《印度哲學》。任佛化新青年會導師，於廬山講《佛法略釋》《佛法與科學》等。1924 年在廬山舉行世界佛教聯合會，1926 年作《建設人間淨土論》，倡佛僧、佛化、佛國的「三佛主義」，任廈門南普陀寺住持，兼閩南佛學院院長。1928 年創中國佛學會，並遊化歐美七國，在巴黎大學講《中國禪宗》，論禪宗與神通。1931 年在北平柏林寺教理院倡「八宗平等」之說。「九一八事變」後，起而號召「革日本軍閥政客之命」。次年住持奉化雪竇寺，並於重慶創世界佛學苑漢藏教理院。1935 年作《佛法一味論之十宗片面觀》融通顯密。1939 年 11 月訪問歐州、北美諸國，達五個月。1942 年，組織中國宗教徒聯誼會，在漢藏教理院講《中國佛學》，隨後任中國佛教整理委員會主任等職，受宗教領袖勝利勳章。1947 年 3 月 17 日寂於上海玉佛寺，有《太虛大師全書》行世。

太虛佛學主要倡諸宗平等論，融匯臺賢禪淨，而以禪宗為中華佛法之特質。1926 年夏，太虛作《評寶明君中國佛教之現勢》，說：「晚唐來禪講律淨——中華佛法，實以禪宗為骨子。禪衰而趨乎淨，雖若有江河日下之慨，但中華之佛教，如能復興也，必不在乎真言密咒或法相唯識，而仍在乎禪。」〔註74〕他把中國禪學分為依教修心禪、悟心成佛禪、超佛祖師禪、越祖分燈禪，後列宋元明清禪，既重視禪宗之特勝，又著眼於中國佛教的重建與振興，大力融會禪教。他在《佛法一味論之十宗片面觀》一文中，除重視禪宗外，也對於密宗加以讚歎。〔註75〕印順法師在論述太虛撰《唐代禪宗與社會思潮》一文時說：

〔註74〕《本人在佛法中的旨趣》，《太虛法師年譜》，第 119 頁。
〔註75〕《太虛法師年譜》，第 200 頁。

太虛「極力發揚禪者之風格，誘導僧眾以趨向；務人工以安色身，則貴簡樸；修佛學以嚴法身，則貴真至。」並說大師以「反信教的學術精神」、「反玄學的實證精神」、「反因襲的創化精神」等說明禪宗學術思潮，以「虛無主義的精神」、「布爾什維克主義的精神」，「德謨克拉西主義的精神」，說明禪林與社會思潮。於唐代禪者之風格，頗多深入獨到之見。〔註76〕

　　1923 年太虛在武昌佛學院即主張：「學佛之道，即完成人格之道，第一須盡職業，以報他人資吾身命之恩；第二乃勤志業，以淨自心進吾佛性之德。必如是，佛乃人人可學；必如是，人乃真真學佛！」〔註77〕在科學日益發達、物質日益豐裕而個人慾望日益熾盛的新時代，大力倡導暢佛本懷的「人生佛教」。太虛說：「以今日征服天然，發達自我之科學的人世，已打破向神求人天福德，及向未有以前求外道解脫之印度群眾心理；正須施行從佛本懷所流出之佛的人乘，以謀征服天然後欲望熾盛，及發達自我後情志衝突之救濟，且可施行此佛乘，俾現時科學的人世，基之以進達人生究竟，以暢佛教本懷，以顯示佛教之真正面目！」〔註78〕

　　「人生佛教」以求人類生存發達，以大悲大智普為群眾，以圓漸之大乘法為中心。〔註79〕弘傳「人生佛教」根本在重整禪門宗風，同時有賴於世學之融通和國際大環境之改善。印順說太虛 1924 年作《大乘與人間兩般文化》，「大師自謂，其時發生兩種新覺悟」，「一曰，中華佛化之特質在乎禪宗。欲構成住持佛法之新僧寶，當於律義與教理之基礎上，重整禪門宗風為根本。二曰，中國人心之轉移繫乎歐化：於正信佛法之新社會，當將佛法傳播於國際文化，先從變易西洋學者之思想入手。」〔註80〕1940 年作《復興中國佛教應實踐今菩薩行》，指出：「革新中國佛教，要洗除教徒好尚空談的習慣，使理論浸入實驗的民眾化。以現社會的情形和需要來說，今後我國的佛教徒，要從大乘佛教的理論上，向國家民族、世界人類，實際地去體驗修學。這大乘理論的行動，即所謂新菩薩行，……也可名為今菩薩行。……我們想復興中國的佛教，樹立現代的中國佛教，就得實現整興僧寺、服務人群的今菩薩行。」〔註81〕

〔註76〕《太虛法師年譜》，第 61 頁。
〔註77〕太虛《學佛者應知應行之要事》，見《太虛法師年譜》，第 93 頁。
〔註78〕《太虛法師年譜》，第 102 頁。
〔註79〕《太虛法師年譜》，第 139 頁。
〔註80〕《太虛法師年譜》，第 103 頁。
〔註81〕《太虛法師年譜》，第 258 頁。

太虛大師以人本哲學、實踐哲學和世界佛教的廣闊視野，開闢了明清佛教哲學的新風貌和發展新機。

（5）虛雲別具特色的禪學思想

虛雲和尚（1840～1959），是近現代中國禪門泰斗，名古岩，又名演徹、性徹、法號德清。湖南湘鄉縣肖氏子。咸豐八年（1858），賦《皮袋歌》，潛至福州鼓山湧泉寺，禮常開法師披剃，於妙蓮和尚座下受具。此後，習苦行，住岩穴，外出參學。曾自普陀山起香，三步一跪拜朝五臺；隻身入藏地，遠至緬甸、錫蘭（今斯里蘭卡）等地。清光緒二十一年（1895）在揚州高旻寺禪七中悟透禪關。〔註82〕此後，數十年如一日，恒守戒律，深入禪境，精進不懈，同時，於極端艱難困苦之中修復雞足山祝聖寺、昆明雲棲寺、鼓山湧泉寺、韶關南華寺、乳源雲門寺等祖師道場。新中國成立後，當選為中國佛教協會名譽會長，1953 年 9 月，遷錫於江西雲居山真如禪寺，挖土拋磚，墾荒耕地，修復千年祖師道場。1959 年農曆 9 月 13 日，示寂於真如禪寺。

虛老一生百餘年如一日，潛心於禪，自行化世，至老不移，恒以《楞嚴經》為圭旨。認為，參禪目的在於明心見性，去掉自心的污染，顯現自性的光明，徹見自己的本來面目。教誨弟子，發長遠心、堅固心、勇猛心、慚愧心，恒久如一，「萬緣放下，一念不生。」〔註83〕才能斷除妄想，悟道了生死。修行要一門深入，以其為正行，諸門相助，恒常如一，專心致志，千萬不能今日朝秦暮楚，聽說學教好，就棄禪學教；學教不成，又去持咒，這樣頭頭不了，賬賬不清，更不能急功近利，「病來知念生死，病好道念就退了。」〔註84〕只有發長遠心，腳踏實地，以戒定慧三學除貪嗔癡三毒，收拾六根如牧牛一樣，「不許它犯人苗稼」，久久工夫純熟，則任他天堂地獄，隨緣不變，不變隨緣，無掛無礙，靈明妙用，隨處自在，識自本心，清清白白，明見無疑，就能見道，也可以在「忙碌中，是非中，動靜中，十字街頭，……都好參禪。」〔註85〕

虛老於參禪方法承歷代祖師教誨，有自己的體悟和獨特的創發。曾反覆教誨門人「把六根門頭收攝起來，萬念放下。」以此為先決條件。「單單的照顧

〔註82〕淨慧編《虛雲和尚法彙續編》，河北佛教協會 1990 年版，第 6 頁。下引此書，只注頁碼。
〔註83〕《參禪的先決條件》，第 627 頁。
〔註84〕《參禪的先決條件》，第 363 頁。
〔註85〕《參禪的先決條件》，第 326 頁。

話頭。」「看父母未生前的本來面目就是觀心。」〔註86〕參禪要在這有疑難的地方去追究，看這話到底由哪裏而來，是什麼樣子，微微細細地去反照，去審察，就是「以我們一向向外馳求的心回轉來反照。」〔註87〕反聞自性，以期開悟。對話頭的咬緊，要緊到剎那不放鬆，如老鼠啃棺材相似，咬定一處，不通不止，「以一念抵制萬念」，以毒攻毒。

其次，主張「楞嚴會上憍陳那尊者說『客塵』二字，正是我們初心用功下手處。」〔註88〕他說客塵喻妄想，空喻自性。參禪初用功要先認清「主、客」，才能「自不為妄想遷流」進一步明瞭「空」和「塵」的辯證統一，則妄想就不能成為阻礙了。知道用功下手處，就要精進猛往，切不可鬆懈，要時時「痛念生死，如救頭燃。」他曾多次指出，有不少人一生總是執言句名相，在話尾上用心，誤入生滅法，以致即使苦參終生，到頭來總是空過一世。他告誡弟子要認真參學，戒定慧結合，「因戒生定，因定發慧，定慧相資，其道乃成。」〔註89〕

再次，虛老要求學人有三樣好：第一，有一對好眼睛；第二，有一雙好耳朵；第三，有一副好肚皮。好眼睛就是金剛正見，凡一切事物能分是非，辨邪正，識好歹，別聖凡。好耳朵就是順風耳，什麼話一聽到都知道其中有否名堂。好肚皮就是要和彌勒菩薩的布袋一樣，一切好好醜醜，所見所聞，全都裝進袋裏，遇緣應機，化生辦事，就把袋裏所裝拿出來分析比較，擇善而從，這樣才能有所成就。

虛老和尚強調參禪時最要不得的禪病就是空亡無記，把話頭亡失了，空空洞洞，糊糊塗塗，什麼也沒有。只要「把一句話頭，靈明不昧，了了常知的，行也如是，坐也如是。」〔註90〕就可以對治此病。他對常見的禪病一一剖析：其一，路頭搞不清，話頭看不上，弄得糊糊塗塗，隨眾打盹，以致妄想紛飛，或是昏昏沉沉。第二，話頭看上了，也有些把握，但把功用在話尾上，把看話頭當成敲門瓦子，成了念話頭，墜入生滅法的陷坑。第三，有的會看話頭，能照顧現前一念無生，或者知道念佛是心，並且逐漸過了寂靜，粗妄既息，得到輕安，於是有種種境界出現，而參禪者把握不當，產生貪戀甚至執著，以致著魔生病。第四，則業障較輕，理路明白，用功恰當，走上了正軌，但卻於此停

〔註86〕《參禪的先決條件》，第 629 頁。
〔註87〕淨慧編《虛雲和尚法彙續編》，第 642 頁。
〔註88〕淨慧編《虛雲和尚法彙續編》，第 639 頁。
〔註89〕《示眾禪人》，第 490 頁。
〔註90〕《示眾禪人》，第 248 頁。

滯不前，或昏沉停住，或是所得點滴慧解，醉心於作詩為文，起貢高我慢之心。對於這四種禪病，虛老針鋒相對，授以對治之方。對第一種，堅持看「念佛是誰」的「誰」字，看到妄想昏沉少，「誰」字不能忘了時，就看這一念起處，待一念不起時即是無生，也就是無雜念、妄念，甚至任何念頭都不生起而入定，真正的看話頭。對第二種，認為也只有照前述方法去對治。對第三種，不管遇到何種境界，千萬不能執著與貪戀，只要一心照顧話頭，一念不生，「佛來佛斬，魔來魔斬」，〔註91〕就可以繼往前進。對第四種，主張遵古德「萬法歸一，一歸何處」的教導，「由一向至極處邁進，直至高山頂立，深海底行，再撒手縱橫去。」〔註92〕對於參禪「自不具眼耳，失於善調」之病態，要如古德所說「入息不居陰界，出息不涉眾緣」，「不可尋語言隨人舌根轉，弄盡精魂」也不要「坐上蒲團，瞌睡昏沉。放下腿來，閒談雜話。遇著境界，毫無主宰。」〔註93〕至於有損色身，染疾吐紅，虛老認為，當時習慣多以生漆治之的方法欠當，因為「生漆不可多用，用多損多益少。」〔註94〕

虛老和尚強調參禪以明心見性、了脫生死為目的，不能追求神通。「神通屬用功之過程，豈可立心希求。」一旦用心追求神通，則與「無住真理」背道而馳，若「專為求神通而修行，是魔見」。〔註95〕因為「神通一層，不但天魔外道有之，即在鬼畜俱有五通。」可以說，神通是「性中本具」的，故對其「不必注意」。〔註96〕

虛老和尚堅持弘揚百丈祖師所倡導的「農禪並重」家風。在主持祖庭時，率眾參禪，嚴守禪堂規矩，坐長香，其餘人每日有四至八支養息香，每年於因緣具合時舉行禪七；與此同時，率眾出坡勞作，實踐「一日不作，一日不食」之祖訓。在雲門寺，虛老從對當時社會環境的觀察分析出發，教導僧眾「今後佛教要不被淘汰，僧伽經濟必須在『勞動生產』之條件下，自給自足，以謀解決，始克有濟。」〔註97〕晚年駐錫真如寺，更以百十餘歲的高齡，率眾從事農禪，組建「僧伽農林場」，打地挑磚，重建梵剎，經數年艱辛，終於使祖師道場再現雄姿。

〔註91〕 《參禪要旨》，第 646 頁。
〔註92〕 《參禪要旨》，第 649 頁。
〔註93〕 《虛雲老和尚論禪書》，見《禪》1995 年第四期。
〔註94〕 《虛雲老和尚論禪方》，見《禪》1995 年第四期。
〔註95〕 《復星洲卓義成居士》，第 680 頁。
〔註96〕 《在重慶慈雲寺開示》，第 601 頁。
〔註97〕 《在重慶慈雲寺開示》，第 185 頁。

虛老身為禪門泰斗，禪定工夫造詣精深，常勸人老實念佛。認為，「參禪、念佛、持咒等一切法門，皆教眾生破除妄念，顯自本心。佛法無高下，根機有利鈍。其中以念佛法門比較最為方便穩妥。」〔註98〕認為禪淨雙修，效果更佳，「於動散之時，則持名念佛。靜坐之際，則一心參究『念佛是誰』。如斯二者，豈不兩全其美。」〔註99〕他對來參叩者，往往先是試以禪，若不契則示以念佛三昧。當年在韶關南華寺重建禪堂後，又別立念佛堂，以方便學人習修淨土，其「禪淨不二」觀點得到廣泛實踐，而且產生了深遠的影響。

小結

從印度佛教到中國佛教的發展歷史看出，佛教哲學是立足於緣起性空，以空有不二、洞察中道實相的辯證思維為核心，以明心見性、轉識成智、普度眾生為目的，是充滿般若智慧和人文主義關懷的人生哲學。

中國佛教雖然有宗門、教下之分，但其根本特質在禪宗。禪有祖師禪、如來禪、念佛禪之分。如來禪是循序漸進的，祖師禪則是一超直入的，雖同證入般若，但方法完全不同，禪宗是不藉言教，直入般若的，又是與言教不離不即，致力於透過言教而頓悟的最上乘教法。

佛法的根本在般若，般若就是佛法。佛教各宗各派，無論教義修持都離不開般若。若從達摩祖師而上，推求佛法授受由來，則在印土凡有二十八傳，而最初一傳，即在靈山會上佛陀拈花示眾，大眾不解其意，獨有迦葉尊者破顏微笑，這是禪宗得法的起源，也是佛法以心傳心、開啟人生智慧的表徵。達摩開宗以來，因為當機施教的方便不同，其不立文字迥絕言思的教法分出許多派別，如五家七派，「南頓」、「北漸」等，各派禪風不同，其宗義仍然離不開般若。禪宗又稱佛心宗，其宗義、行證當然也依著般若。宗密說頓悟成佛，一超直入，即佛也不立，更無位次可言，這便是從般若的本體上立言。至於修行方法，或看話頭，或專默照，但令疑情真切，卻不許於文字言說、見聞覺知、心緣智解上求。若果工夫精純，疑情不斷，一旦磕著撞著，匝地一聲，自然打破漆桶，心花發明，由是而破初參、透重關，乃至末後一關，一經徹悟，天下太平，身心輕安、灑脫自在。

縱觀隋唐以後禪宗獨盛和南北頓漸之爭的歷史，可知北宗是漸修，南宗是

〔註98〕《復星洲卓義成居士》，第680頁。
〔註99〕《致馬來亞麻坡劉寬正居士函》，第679頁。

頓悟；北宗重在行，南宗重在知；北宗主由定生慧，南宗主以慧攝定，這是兩宗最大的差異。其實，北宗與南宗、漸修與頓悟、戒定與慧，如同塔基與塔頂的關係一樣，是兼容互補、辯證統一的。塔頂雖高於塔基，假令將塔基拆去，塔頂不就懸空了麼？

在印度和中國佛教歷史上，本來有許多菩薩，為著當機施教，對於教義義理在不同場合不免有些偏重。譬如龍樹菩薩，因當時學者執「一切有」，便廣弘「畢竟空」為對治；無著菩薩因學者執「一切空」，便廣弘大乘「如幻有」為對治，實際上「畢竟空」不離「如幻有」，「如幻有」也未嘗抹煞「畢竟空」，不過有所側重罷了。不幸後人不善於學，在廣大純淨的教海裏面，釀成空有、頓漸、顯密之爭，乃至捨難趣易，棄實從虛，積習相承，每況愈下，只能怪後學者過於偏執，不能圓融，不能把責任推到前人頭上。

從歷史實相的辨別來說，用考據的方法研究佛學，這是中外學者所擅長，並且千百年來不斷運用卓有成效，於佛學研究不為無功，但有許多地方單純依靠考證，無法顯出當時的真相，且印土素無完備的歷史，文獻既不足徵，佛法微妙艱深，若拘執、迷信歷史，偏重考據，便多所障蔽，故紙徒鑽，時感誤謬，難免「執其小而失其大」。禪是在人類歷史中發展的，當然可以運用歷史考據、邏輯的方法去研究，但如果只有歷史考據、邏輯推理，缺乏「同情的默應」（湯用彤語），就很難契合其客觀真實性，就其實質而言，則確如鈴木大拙所說，單用歷史和考據方法，是無論如何也難以體會其內在生命世界的。

佛教的般若智慧包括辯證思維、德性修持和理性直覺的證悟，貫穿於經律論和佛教的一切行持中。以禪宗所依經典而論，從達摩初傳時所依據的《楞伽經》，到慧能之後依據《金剛經》，神秀在武則天內道場參修《楞嚴經》，後來《楞嚴經》《圓覺經》也成為禪宗的根本經典，都以辯證思維和德性修持相貫穿。天台智者大師五時八教說，論世尊教法，從初成道時說《華嚴》、鹿苑時倡《阿含》（遊於般若性海），到三時倡《維摩》、四時說《般若》（中觀、世出世間圓融），再到五時說《法華》《涅槃》（三乘歸於一乘圓教），也無非以理性直覺證悟為主線。從佛教行持看，印度佛教有空有（體）、大小乘（相）、世出世間法（用）之爭，中國佛教有空（無神論）有（有神論）、佛性本覺與本寂（體）、頓漸、宗門與教下、禪密淨（相）、儒釋道、心性命（用）三足鼎立之爭，都是體（如來藏體性）、相（唯識認識論和轉識成智的實踐論）、用（中觀辯證思維）的般若智慧的體現；借用道教的術語，也可以說體、相、用的對立

統一，就是煉精化氣（體、理性直覺）、煉氣化神（相、道德證悟）、煉神還虛（用、辯證綜合）的對立統一。因此，無論從佛教經典解讀、歷史發展邏輯還是祖師實證修持的理論和實踐來看，佛教哲學的實質在於般若，在於般若智慧，這當是理論與實際、歷史與邏輯相統一，信、解、行、證相統一，持之有故、言之成理的科學結論。

三、緣起性空——理性直覺之一

　　佛教哲學，就是佛陀為解決人類、人生的生死大事這一根本問題而創立的做人、成聖的學問和人生智慧。佛教宇宙觀、世界觀，包括宇宙生成論、本體論、認識論和價值觀，著重講人生和宇宙是如何生起，萬物的本原是什麼，本體和現象是什麼關係，人生的真諦和價值究竟何在。佛教研究生成論、本體論、認識論、價值論，目的是為超越生死輪迴，走向解脫自在服務的。

（一）緣起論是佛教理論的基石

　　緣起論即佛教關於事物間因果關係的理論，是佛教理論的基石，也是佛教區別於其他理論的基本思想特徵。

　　《緣起偈》：「諸法從緣起，如來說是因。彼法因緣盡，是大沙門（佛陀）說。」

　　《雜阿含經》卷十二：「此有故彼有，此生故彼生。此無故彼無，此滅故彼滅。」

　　緣：是幫助事物產生的次要的、間接的條件和力量。緣可以分為四種：1. 因緣，認識依五根結合外塵而起，從而產生對萬物的真實性的客觀認識；2. 等無間緣，主客觀密切結合而產生對事物平等、客觀的認識；3. 所緣緣，由自心的感覺、分析、判斷所引起的對事物的推理和認定；4. 增上緣，有增進、推動向上之作用的因素，如善知識的教導、父母的教育、朋友的勸勉等。

　　因：是事物產生的主要、直接原因、條件，如種子、基因的遺傳與變異等。因含有種子（原因）、親生（根源）、造作（起始）、作用等涵義。

　　沈行如《般若與業力》指出：「世界萬事萬物都是緣起緣生的，而緣起緣

生之萬法，是無自性的，是無常的，是要按照它自身的規律而成、住、壞、空和生、住、異、滅的。所以佛教學說簡要概括，即緣起性空。緣起由於業力，性空就是般若。」佛教認為，世界萬事萬物都是因緣聚合而起，因緣消散而滅的。這緣生、緣滅的萬法，就是虛幻的、相對的、有條件的存在，不是永恆不變的，沒有永恆不變的實體，所以是「空」的。世間萬物按照自己的因緣，按照自己的規律而生、住、異、滅，成住壞空的，所以是緣起性空的。緣起是業力的和合、產生和了結，性空是運用智慧，對業力作用的包容、引導、轉化和終極解脫。由此，宇宙生成的問題、人的生死問題，就與佛教的修持、道德修養、德性的提升和靈性關懷息息相關，空有、善惡、迷悟，就和業力與般若的對立統一密切相聯繫了。

佛教堅持緣起論，反對無因論、偶因論、第一因論。《攝論》說：「無始即是顯因，若有始則無因。以有始則有初，有初則無因；以其無始則是有因，所以明有因者，即佛法是因緣義。」無因論，是無因緣而生，屬於否定事物產生的必然性的虛無主義。偶因論，執著於事物的偶然性，有永恆不變的「造物主」、「主宰物」，反對事物有其必然聯繫，把一切歸於運氣、時運等偶然因素的作用，希冀非分的意外收穫、偶然的機遇，屬於真常、「常見」外道；第一因論，則把事物的產生歸於最初的原因，是從事物及其相互聯繫之外，去尋找事物存在的主宰因素和神秘力量，即梵我、神我、造物主的作用，這兩者都屬於「斷見」（絕對化之說）。

佛教主張，世界一切事物無一不是因緣和合而生，任何結果都有其產生、存在的必然性、必然條件和必然聯繫，並且輔以另外的一些次要條件。此即緣起說。「緣起論的哲學意蘊，主要在於深刻抓住了諸法之間的普遍聯繫和深刻揭示了事物發展變化的條件性。」〔註1〕這一理論對於把握世界的生、住、異、滅，和成、住、壞、空，轉變種種逆緣，轉識成智，由迷誤走向解脫奠定了堅實的基礎，所以是佛法的理論基石。

（二）八種緣起論

1. 業感緣起論

是小乘佛教最初的緣起理論。佛教認為，業力是一切生物及其所居世界

〔註1〕賴永海《緣起論是佛法的理論基石》，《中國佛教與哲學》，宗教文化出版社 2004，第 7 頁。

（佛及其所居世界）的生因、根源，所以，業感緣起論具有宇宙生成論色彩。

「業是受身因緣」。業，指內心的活動（意業）和由內心的思維所發動的言語（口業）和行為（身業）。佛教把意業稱為無表業，把口、身業稱為表業；尤其重視出心動念的無表業，認為一念之間，善惡懸殊，能引發將來感召其結果的果報，是眾生輪迴流轉、涅槃寂靜的直接原因。所以，佛教主張「諸惡莫做，眾善奉行，自淨其意，是諸佛教。」業分善、惡、無記三性。無記是善惡性質不確定，雖勢力微弱，也應該警惕，慎重鑒別。

（1）業力與果報的必然聯繫

從時間上說，有三世因緣（過去、現在、未來）的果報。宿業：過去所造，今生受用者。順現業：現世所造，現世受用者。順生業：現世所造，來世受用。順後業：一切所造，過去現在，順沿來世，以後受用者。

從空間來說，業報關係及其性質各有區別〔註2〕。引業：依其招感，受六道輪迴的果報。滿業：依其所造的業因，而分別出壽夭、美醜、貧富、病健等果報。定業：依所造善惡的業，必定感受苦樂的果報。不定業：所造業非善非惡，不一定受果報。黑業：依其所造惡業，感受穢惡不淨的果報（如遭受屈辱之人與畜生）。白業：依其所造善業，感受淨妙快樂的果報。

從普遍性與特殊性來說，有共業（人我共通所受果報）與不共業（個己受用的果報）之分。

從必然與偶然來說，有確定性與不確定的區別。定業，是所作善惡與受苦樂的果報之間有必然聯繫。「善有善報，惡有惡報。不是不報，時候未到。時候一到，一切都報。」這種時候一到必受報應的必然性，就是定業。不定業，也叫無記，不是故意而為，且不確定是善是惡，是否遭報應、報應的時間不確定。

（2）業報的主客體

正報：指有情眾生主宰自身言行、生死的主體。分為四種：本有，從托胎而生至死亡的主宰體。死有，即死亡最後一刻的身心自體。中有（中陰身），即現生與死後托胎轉生之間的果報主宰體，作為眾生由此到彼投胎的中介和聯繫者，佛教又稱神識，但不是一般所說的靈魂。生有，是初生時刻的五蘊（色，有形的物質；受，感受；想，思維，分別作用；行，行為、功效；識，認識、了別）和精神主宰體。由於行為各不相同，所以正報是不共業所招業報。

〔註2〕參白雲禪師《佛法哲學概論》第21頁。

依報：客體，指眾生所依止的國土、世界。世界是極微的積集，由微到著，由細到粗，逐漸積集為金石草木和山嶽江河等萬物，形成無邊無際的世界。世界經歷成（體用的完成）、住（體用的存在）、壞（體用的毀壞）、滅（體用的消亡）四期的循環運動，是極微的聚合、離散的表現。依報是有情眾生共同業力所致，所以是共業所招果報。

（3）認識因果聯繫的現實意義

A. 有利於實事求是地對待客觀事物，不以物喜，不以己悲，與時俱進，逆來順受，處變不驚。因緣果報是有如是因，必有如是果。重視因果聯繫，重視原因，種瓜得瓜，種豆得豆，重視防患於未然。世人畏果，佛教慎因，只問耕耘，不問收穫，就在於防微杜漸。世界由極微積集而成；五蘊（物質）的變化來自業力，業力來自緣境，循著因果律的軌範而預測其作用和後果，防患於未然，這是一種立足於唯物主義之上的主觀能動精神的體現。

B. 因果報應絲毫不爽，有其必然性；不問最初的主宰體、「第一因」，不把責任推給別人、神或上帝。《勝鬘經》《起信論》《攝論》均有論述。《攝論》：「無始即是顯因，若有始則是無因」。認為世界沒有第一因（無始，沒有最初、最終極的原因），反對世界有造物主在主宰，強調眾生業力的作用，這是佛教宇宙觀的一大特色。不把責任推給他人、上帝，強調要敢於承擔，對自己的思想行為負責，共業則同體大悲，共同承擔；強調提升精神、發揚道德對於變革現狀、順應客觀世界變化的能動作用。

C. 辯證法：一切皆遷流變化，故區別對待。人們常問：「世界到底最早是雞生蛋，還是蛋生雞？」這個問題看似弔詭，其實，因果聯繫需要具體確定那一個因（雞），那一個果（蛋），不能脫離具體分析；而且因生果，果生因都有一定的時間、空間次第、層次，所謂定業難移是也。以明末圓悟法師與其弟子法藏等就「千佛萬佛之前是否有一實在的圓相、實法傳授下來」，是否「圓相早具五家宗旨」的爭論來看，正如雍正（圓明居士）所述：「從上古德種種施設，有時行棒行喝，有時瞬目揚眉，或時架箭張弓，或時吹毛豎指，雖時節因緣不同，偏圓頓漸各異，折合歸來，究是學人自了自心，何嘗舉起一絲毫與人，何嘗於自性自度外有甚奇特秘密？」〔註3〕在雍正看來，學人真實參悟，大死大活，也不過與佛祖同一鼻孔，只為自己本分元辰本來如是，或佛祖如是，我亦如是，豈得別有一法可宣可秘，可受可傳？法藏、弘忍輩妄定五家宗旨，

〔註3〕《御選語錄》，見《禪宗宗派源流》中國社會科學出版社1998，第567頁。

不特塗污古德，亦且貽誤後學，因為它誘使學人依文生解，逐語分宗，只求高手阿師的口傳面授，而不去反求己躬，真參實悟。對任何東西都不執著的辯證法，反對最初的神創說，高揚了自性、自度的主觀能動精神，是很有見地、很科學的。

2. 中道緣起論

是大乘中觀學派以否定有無、生滅的絕對對立，用不偏不倚的觀點解釋萬物的緣起，說明世界萬象實質的學說。龍樹強調中道就是真正把握一切事物現象的實相的方法和途徑，是綜合真諦和俗諦兩個方面，不偏於一方，來看待世界萬物。僧肇、吉藏繼承發展此說。

3. 自性緣起論

印度大乘佛教學者無著、世親一系的瑜伽行派主張，世界一切現象皆由各個不同自性的阿賴耶識（即含藏有一切現象的自性的名言種子的根本識）而引起的，即阿賴耶緣起說。他們把對自性的認識分為三個階段，即遍計所執性（普遍計度、執著的錯誤認識，如認繩為蛇）、依他起性（在一定範圍內的真實認識，如繩依靠蔴、稻草等諸多因緣和合而生），到圓成實性（絕對真實的全面的認識）。人們的經驗認識遺留在阿賴耶識里，成為種子，種子變現諸八識，真正能變現心外的實有事物的是第八識——阿賴耶識。把阿賴耶識作為宇宙一切現象的根源，帶有本體論的意義，但阿賴耶識畢竟屬於現象、有為法，和無為法所講的真如無為的理體不同，因此不完全屬於本體論。

4. 六大緣起論

七世紀印度大乘佛教部分派別與婆羅門教相結合而成密教，宣揚六大緣起論，認為世界由地、水、火、風、空、識六大基本元素（即物質和精神的統一）造成，眾生的六大與佛的六大是相入無礙的。至於密教說六大即是大日如來（即十方三世諸佛的總體，以秘密咒語、手印、觀想說法，三密加持等殊勝因緣，從理事兩方面幫助眾生即身成佛），其緣起論堅持金胎不二（物質與精神的統一），也帶有某些依賴他力信仰的神秘主義色彩。

5. 真如緣起論

也稱如來藏緣起論，是佛典《大乘起信論》提出的緣起理論。《大乘起信論》說：「三界虛偽，唯心所作，離心則無六塵境界」。「一切法如鏡中像，無體可得，唯心虛妄，以心生則種種法生，心滅則種種法滅故」。心，指真心，

又名真如，是完滿具有佛教一切功德的實體，是一種極高的境界，是宇宙一切現象的本原、本體，也是眾生得以成佛的主體、依據。宇宙的心（一如真心、心真如）是宇宙生起和顯現的根源。由不生不滅的常住真心與有生有滅的妄心和合而成的阿賴耶識，為開展一切現象的源泉。真心為淨、為覺，妄心為染、為迷。迷與悟，染與淨，無一不是阿賴耶識所具有。阿賴耶識是一切現象緣起的總體，宇宙萬物的根源。這種思想對中國佛教影響很大。天台宗、華嚴宗都是以真如緣起論來構築自身的哲學體系的。淨土、密宗也含有真如緣起論的成分。禪宗神秀一系（息妄修心宗）後和洪州、菏澤等宗（直顯心性宗）與真如緣起論也有極密切的關係。唐代天台、華嚴和禪宗都重視把握「真心」，提倡返本還源，這也是後來佛教發展的基本路子，並且深刻地影響了中國哲學，尤其是宋明理學、陽明心學的發展。

6. 性具實相論

天台宗繼承真如緣起論，主張一念之中，一切現象、一切境界本來具有，本來如此，不須更有依持，即性具實相（真如、真理）論。其義理有兩方面：「一念三千」（一心之中具三千大千世界）、「圓融三諦」（認識一切現象和事物，同時具有無自性的「空」性、顯現幻化相貌的「假」性及體現其本質的「中」性三種互相聯繫、包含的情況）。智顗《摩訶止觀》卷一下說：「一念心起，即空、即假、即中。」「雖三而一，雖一而三，不相妨礙。」這是對印度大乘佛教空宗二諦說的發展，是別具一格的佛教理論和方法論。

7. 法界緣起論

是華嚴宗的基本理論，認為世間和出世間的一切現象，都由如來藏自性清淨心生起，也就是由先天的真如法性生起，由此也稱為「性起緣起」。法界，法是事物，界是分界、類別。法界指萬物的本原、本體和眾生具有的佛性。法藏在《華嚴一乘教義分齊章》中，依據《攝論》的種子六義，立緣起因門六義說，把一切現象緣起的原因（種子）歸結為六種特徵：（1）剎那滅，即不斷變化，無永恆不變的自性，為空，有力，不待緣；（2）果俱有，由俱而有，是不有、空，是有力，不是孤立，是待緣；（3）待眾緣，是無自性，是空，是無力，也是待緣；（4）性決定，善、惡、無記的性質，始終不變；由自類不改，不是空，是有；能不改而生果，是有力，自類不改，也是不待緣；（5）「引自果」，種子能生引自類的果，是有，能生果，是有力，也是待緣；（6）恒隨轉，永遠

與藏識共存,是有,不能違抗,是無力,也是待緣。他以「因門六義」來說明緣起現象之間的渾然圓融關係。由有空和有,而有事物的相即關係;由有力和無力,而有事物的相入關係;由有待緣和不待緣,而有同體、異體的區別;而在異體上,又有同一和包含的關係;顯示千差萬別的事物,融通無礙,重重無盡的原理。法藏把一真法界視為「自性清淨圓明體」,所以又稱「真心」、「淨心」、「如來藏」,認為一切眾生本來藏有清淨的如來法身,即先天具有「佛性」,是為眾生成佛的根據。法藏力主一心為萬物的本原(根據《華嚴經》:「三界虛妄,但是一心作」之說,提出「塵為心緣,心為塵因,因緣和合,幻相方生」。)澄觀強調萬物即是一心。宗密又把理法界歸於本心(《注華嚴法界觀門》:把法界歸於一心,「理法界也,原其實體,但是本心」),似乎以靈知之心作為法界的本原,實際上是在物質與精神統一的基礎上,強調對這個世界一切都不執著,即能轉無明為智慧,得到解脫。宗密《原人論》:「一切有情(眾生)皆有本覺真心,……但以妄想執著而不證得。若離妄想,一切智、自然智、無礙智即得現前。」強調破除虛妄,才能恢復本來就有的覺性和智慧而得到解脫。

雖然華嚴宗借助自我意識來解決矛盾、化解矛盾,有過分張揚心力的作用的唯心主義之嫌,但其中閃爍著辯證的思想火花,不應被忽視:華嚴宗哲學把宇宙視為物質與精神相統一的整體,強調萬物存有的相對性,突出了意識、精神、主觀能動性對於解脫的指導作用,二者彼此相資相待,相入相即,曲折地反映了客觀的辯證法;還運用和闡述一系列哲學範疇(理事、體用、本末、一多、相入相即),揭示了本質與現象、一般與個別、同一與差別、相對與絕對、整體和部分、原因和結果等對立範疇的內涵,豐富了古代哲學範疇史。華嚴哲學實質上是佛教哲學理事圓融、物質與精神辯證統一達到相當高度的歷史性總結。

8. 自心頓現論

是禪宗慧能從宇宙觀的高度提出的佛、佛理以及萬事萬物都在自心即真如本性中的理論。敦煌本《壇經》說:「一切萬法,盡在自心中,何不從於自心頓現真如本性」,「一切法在自性,名為清淨法身」,明確以自心為宇宙的實體、世界的本原。自心的顯現即真如本性的顯現,就能派生萬物。其自心、自性既是宇宙的本體、世界的本原,又是眾生的本性、成佛的根據。惠能《六組

壇經》說：「心地無非自性戒，心地無亂自性定，心地無礙自性慧。」〔註4〕他把人的本性與宇宙的本體統一起來，把宗教道德實踐與體認宇宙本體結合起來（重點在宗教道德實踐），即通過道德修持、頓悟心性，回歸清淨本性，並開啟自度、度他的人生智慧，深受中國儒道人性論的影響，又反過來深刻影響了宋明理學的思想軌跡。

（三）緣起說的宇宙觀及其應用

1. 緣起理論是全部佛教哲學的理論基石

佛教緣起理論的各種不同形態

分　類	側　重	主要範疇	共同點
業感緣起論	人生 宇宙	心性 業力 果報	1. 事物都由因緣和合而成，都不是單一的獨立存在，而是與其他事物相依相待的。 2. 物質與精神的統一。 3. 心靈淨化（無我）、道德修持、精神提升是佛教哲學的根本。 4. 緣起性空、空有不二，是佛教哲學區別於其他宗教派別的根本之點。
中道緣起論	人生	中道 真諦 俗諦	
自性緣起論	人生	阿賴耶識 心性	
六大緣起論	宇宙	六大 地水火風空識	
真如緣起論	宇宙	真如 心 如來藏	
性具實相論	人生	性具心性	
法界緣起論	宇宙	法界 一多 理事圓融	
自心頓現論	人生	心性 萬法 明心見性	

佛教緣起理論有各種不同的形態（見上表）。

這八種緣起論不是平行、各自孤立、相互對立的，而是以空與有、般若與業力的對立統一為中心，從事物的自性（自性、自心緣起）、存在（六大、性具緣起）、辯證思維（中道、法界緣起）和價值判斷（業感、真如緣起）諸方面展開完整、全面、有相當科學性的系統論述。正如梁武帝與達摩參禪得出的感悟所說：「心有也，曠劫而滯凡夫，心無也，剎那而登妙覺。」在緣起性空問題上，如果我們陷入空或有的絕對性思維，就會到這個世界來過、見過，卻蹉跎而錯過，滯於凡夫的無明而冥頑不悟；只有堅持四大皆空，連空也空去的否定之否定的辯證思維，才能頓悟成佛、人成而佛成。

建立在緣起理論基礎上的人無我和法無我，「人法皆空」，「空有不二」，即任何事物都是相對與絕對的辯證統一，是佛教哲學區別於其他宗教派別的

〔註4〕《六祖壇經》，第49頁。

根本之點。正因為緣起論強調事物的因果聯繫和中道辯證思維，佛教哲學才能與當今社會的辯證唯物主義相協調，從而為社會主義現代化和人類命運共同體構建作出自己獨特的貢獻。

2. 心性、善惡、頓漸、凡聖，是佛教倫理哲學的中心觀念

佛教為了眾生的解脫，強調對人生和宇宙的本質（實相）要有真實的體悟與把握，關鍵是心性本覺，心靈淨化，心淨則國土淨，從而把解脫痛苦的重點確立在回歸自性，即個人的宗教道德觀念和行為修證上面。心的善惡觀念和行為必然產生果報。心的善惡與境的淨染、國土的盛衰息息相關。人生離苦得樂、從善棄惡的價值取向和成就理想人格的追求，與把握生命、宇宙萬物的實相、真諦完全一致。心靈淨化、無我利他是道德證悟最重要的理念，不僅貫穿於倫理學中，而且體現在佛教宇宙觀、認識論、辯證法、解脫論等領域，構成了充滿道德色彩的佛教哲學體系。無論是印度佛教還是中國佛教，都高度重視心性道德修養、理性直覺和辯證思維，並在中國與傳統文化結合，得到最充分的發展。

3. 理性直覺是心性修養和道德修持的認識論基礎

佛教認為，要把握人生和宇宙的真實本質，就必須摒棄、超越一般的思維活動（記憶、比較分析與邏輯推理），通過持戒、念佛、誦經、禪觀，由有分別思維進入無分別思維，轉識成智，獲得般若智慧（或稱「第三種思維」、創新思維）從而直觀心性而證悟。般若智慧有文字般若、觀照般若、實相般若之分，最根本是掌握實相般若，才能洞悉生命、人生、宇宙的真諦。與此相關，小乘佛教有的流派主張名言概念是實在的，也有認為不實在；大乘佛教認為名言概念是虛假的，瑜伽行派認為是實在的。大乘中觀學派以二諦說、中道說來融匯二者，由此展開佛教的一套比較全面、系統、科學的認識論、真理論和方法論體系。

4. 追求解脫是佛教哲學的根本目的

佛教理性直覺、辯證分析以及德性證悟，都是為了解脫自在服務的。只有通過修持和證悟，才能把握、體驗佛教哲學，才能獲得解脫，得到切實的受用。法雲法師在一次旅遊中不幸胳膊骨折受傷，面對這突如其來的橫禍，她用「3c」即「變遷—挑戰—機會」〔CHANGE（變遷）、CHALLENGE、（挑戰）AND CHANCE（機會）〕的辯證思維，在積極醫療，同時給人們布施歡喜和歡樂，

努力改善、提升自己，轉化逆境，一周內就康復了。她在《Three C 的感悟》一文中寫到：「在日常生活中，一旦出現負面的人、事、物，即變遷發生，我們首先要用佛法觀照，一切皆因緣業報，外境不可改變，我們心中有佛法，可改變內在的心態，即接受挑戰並改善之。若心中停止對負面外境的排斥，其（逆境）強大的作用就會逐漸消失。這應該是讓自己提升、成長的良好機會吧。」〔註5〕這是善於讀書、運用緣起性空理論化解危機、提升心性修養，改善生命質量的一個範例，值得發揚光大。

〔註 5〕釋法雲《呵護心靈之光》，宗教文化出版社 2015，第 44 頁。

四、空有不二[註1]——理性直覺之二

佛教史是由對事物性質的正—反—合，即肯定、否定，否定之否定的辯證思維發展史。在肯定無形有理的本體（肯定）基礎上，進而認識其否定性（否定）、變異性、包容性、統一性（否定之否定）的理體，太極就是陰陽和合的實體，是具有誠實無妄、確定不移、生生不已的創新精神和豐富多彩的多樣性的和合體。無極、太極的辯證統一，其實就是空、有的辯證統一。佛教摒棄對物我表相的種種執著和絕對對待，從大本大源處建立內在圓融高妙的勝義，即是通過否定之否定，化否定為肯定，於相對中體認絕對，透過個性而把握共性，從出世到入世，變消極為積極，卻重玄而重實踐，回歸真實的自性。這樣，才能轉身踏破虛空，返顧宇宙萬有，於了生死中得常樂我淨的大涅槃、大自在。體悟空有不二的哲理，才能更好貫徹創新、協調、綠色、開放、共享的科學發展觀；豁達對待成敗得失、功名利祿；把握緣起性空的殊勝因緣和機遇，促進交好交往、社會和諧與世界和平。

（一）佛教史上空有觀念的變遷

1. 原始佛教、小乘佛教的空有觀念

婆羅門主張吠陀天啟、婆羅門至上、祭祀萬能，崇拜有一個主宰世界的絕對物——梵天神，主張神我。

緣起論：「若有此則有彼，若無此則無彼；若生此則生彼，若滅此則滅彼。」萬物因緣而生，緣散而滅。

五蘊論：主張世界由色（有質礙之物）、受（感受）、想（思想）、行（意志

〔註1〕參姚衛群《佛學概論》，宗教文化出版社2002，第253頁。

一類心的作用、行為)、識(意識)和合而成,即世界是物質和精神的和合體。

空定:《中阿含》:修習禪定,「內空、外空、內外空」,觀想心念、外物都是不實在的,不是永恆不變的存在物。修習禪定,就是排除物、我絕對對立的執著,達到對自性的覺悟。

小乘部派佛教時期,說一切有部主張「我空法有」,犢子部主張「我法都不空」,大眾部主張「過去、未來空,現在不空」。

方廣部:惡趣空,「一切法常無」,是一種割裂事物聯繫、絕對否定緣起論的虛無主義。

對涅槃與世間的辯證關係的認識:小乘把兩者絕對隔絕,「如燈涅槃……更無所有」,帶有虛無主義的片面性。相空,指人生現象是無常的、發展變化的,沒有永恆不變的主宰體。相空是本來空、本質空,不僅僅是實體消亡後的體性空。萬有為諸要素積聚而成,對萬有的分析結果,看到其中沒有永恆不變的實性,故稱分析空。犢子部認為:補特伽羅(本體的我)與蘊(外物、客觀世界)非一非異,但實有。

白雲禪師說:「佛法中說,假我是產生問題的對象,實我是愚昧計執妄想者,真我是出離世俗的結果;不過,這些都不是究竟的我。在佛陀的思想中,所主張的是無我,也就是絕對的法樂自在,住於如如不動的境地,在佛法中稱之為如來。」〔註2〕在一定程度上肯定「本體的我」存在的實有性,不是永恆存在的。這種對世界本原和實質的認識有部分的真理性,但是不徹底的。只有體性空的「無我」利他,只有空有不二、真空妙有,甚至連「空」也空去、無分別、無絕對對待的世界,才是最圓滿究竟的覺者的世界。

2. 大乘佛教的空有觀念

方立天教授根據他對中國佛教哲學範疇的系統考察,認為「空」含有體空(體)、空理(相)、空觀(用)、空定(用)、空性(了)等涵義。

空定,指在禪定狀態下,能體悟空理,進入生命的澄明境界,也可以稱為空境。空境,如涅槃與世間不一不二,「涅槃與世間,無有少分別」,就是覺者入定達到很高的精神境界。

空理,即認識世界萬物都從因緣和合而生的道理。《中論》卷四:「未曾有一法,不從因緣生。」從認識論說,空是真理認識,認識空理,即把握萬物及

〔註2〕白雲《佛法哲學概論》,白雲廣播事業有限股份公司1980版,第144頁。

其構成因素的實質。

體空，從存在論說，萬物體性從本質上說都不是永恆不變的，而是發展變化的。《心經》說：「色即是空，空即是色」。般若類經典對萬物體性有系統的認識和體認。萬物就是色與空、有與非有，即物質與精神的統一。

空觀，從方法論說，是對「一切都不執著」的觀想和修持方法〔註3〕。《成唯識論》卷二說：「諸心、心所依他起故，亦如幻事，非真實有。為遣妄執心、心所外實有境故，說唯有識。」〔註4〕瑜伽行派認為「相」是空的，沒有永恆不變的東西，而「心識」是實有的。其實，「一切唯識」，只是說對外界的一切認識都是第八識的種子所變現的，種子及其變現出來的認識、概念是虛幻的、相對的，但不是永恆不變的。對「識有」不能執著為虛無，也不能執著為實有，就是說對一切事物的認識既是絕對的，也是相對的。

空性，是對萬物客觀實在性的真理性認識，是事物發展連續性與間斷性的統一的科學表述。在佛教裏面，「空」和「有」是不容易表達的意境，而且聽講的人也不容易深入哲學「空」、「有」之中。在一般人的觀念裏，「空」和「有」是截然不同的兩種境界，「有」就不是「空」，「空」絕對不可能「有」。用絕對對立的「二分法」把「空、有」之間的關係一刀兩斷，是很膚淺的觀念。佛陀時代有一種外道認為，世間的一切常有不滅，和「空」完全無關，這就是執著事物發展連續性的「常見外道」；另外有一種外道認為，宇宙萬象一切皆歸於幻滅，和「有」沒有關連，這是執著事物發展間斷性的「斷見外道」，相當於現代的虛無主義者。這種絕對「空無」，並不是佛教哲學所體認的真正的「空」，只不過是「斷滅空」、「頑空」的偏見而已。

（二）空有不二的辯證統一關係〔註5〕

「空、有」是事物的一體兩面，兩者相需相求、相反相成，從「有」之中可以體悟到「空」的妙諦，從「空」裏面又可以認識「有」的義蘊。「空有不二」、「真空妙有」，是佛教對空有辯證關係的如實詮釋和高度智慧。從客觀真理的角度來看，「有」側重於事物的實在性、確定性、創造性和多樣性；「空」側重於事物本質的否定性、變異性、包容性和統一性；執持事物發展的連續性的「常見」固然是錯誤的，執持事物發展的間斷性的「斷見」也是不正確的。

〔註3〕參考方立天《中國佛教要義》，第13頁。
〔註4〕《成唯識論校釋》，卷二，第86頁。
〔註5〕參星雲法師《人間佛教書系──佛法與義理》第十五章空有。

1.「空」的涵義

佛教講明心見性，不在形體、名相上明，而是在本體自性中，明瞭自己的本來面目，得到大解脫、大自在。瞭解「空、有」是求得解脫之道，但「空、有」的真諦並不容易理解。真正的「空」是超越有無對待的，是相對中的絕對。事實上世間所認識的「有」也不是真有，「空」也不是真空。譬如我們以為有自己、有他人，但自我、他人的生命，乃至山河大地、田園財產，一切不過是虛幻的、暫時的現象而已。在我們面前的空間好像空空如也，其實空間充滿了太多的事物。要瞭解「空、有」的意義，不能在表相上打轉，而要深入分析。

「空」，大乘佛教有多層涵義。星雲法師指出：「空」是因緣，是正見，是般若，是辯證統一的不二法門。

（1）空，是事物實有的否定性

空，是指事物沒有永恆不變的存在，是一種能透過現象界存有之表面，發覺其虛幻、不實在的真諦的正見。世間萬象，如同《杯弓蛇影》的酒杯裏面的蛇影一樣，是不實在的。如果執著不放，硬要以凡夫迷情起分別，就很容易以假亂真。《金剛經》上說：「凡所有相，皆是虛妄」，我們應該從這個角度來認識萬有的否定性、虛幻性。《分別緣起初勝法門經》說：「性無常義是緣起義。」無常，不是恆常不變的，而是發展變化的；事物發展是以不斷的否定為動力的。世間沒有恆久不變的東西，一切現象只不過是相對的存在，無時無刻不在剎那生滅之中。譬如我們身體細胞的新陳代謝，不斷地進行否定、更新；心念變異迅速，前念後念相連，如同瀑流，奔瀉不息；世間上的人事更替，所謂「長江後浪推前浪，世上新人換舊人」，說明事物是在不間斷的否定中完成的。正因為不間斷的否定而更新，所以事物沒有永恆不變的實體。通過對相續不斷的現象的分析，可以瞭解「空」的真諦，在於其否定性。

（2）空，指萬物存在因緣的變異性

「空」是因緣，指萬物相聯繫而存在的原因和根據都是發展變化的、相對的。諸法都是緣聚而生、緣散而滅，故無所有，沒有永恆不變的實體。「諸法究竟無所有」，是空義。人我、自他、山河大地、田園財產，乃至階級、國家、政黨、民族、世界，一切都是發展、變化、暫時的。

事物的變異性，是通過因果循環不止而實現的。《分別緣起初勝法門經》說：「因果相續無間義是緣起義。」相續無間即否定之否定循環不已，是原因

與結果相互作用的體現。事物發展的連續性就存在於不斷的否定之否定之中。譬如一粒種子種植下去，經過陽光、空氣、水分、灌溉等外緣，開花結果，由種子的因緣結成了果實；再把果實作為種子播種下去，又會生長出新的果實……，如此循環不已，因可以成為果，果又可以成為因，果中有因，因中有果，這個循環不止進而發生變異的因果現象就是空。

（3）空，指了悟宇宙人生真相，正確對待世間萬象的包容性

事物的性質、相狀千差萬別，人們對是非、好醜、善惡、苦樂的判斷也是千差萬別、相對的。《分別緣起初勝法門經》說：「離有情義是緣起義」。有情指有感情的一切動物，主要是人類，也包括其他低等動物。人們對事物性質及其美醜、好壞的價值判斷，往往是從自己的好惡出發的，不能超出有情世間的眼光。這種價值判斷，是相對的、有局限的，不是絕對的、究竟的。世間的美醜、好壞隨個人的喜憎不同，沒有絕對的標準。美醜、善惡之分，見仁見智，標準不一，尺度不同，所得出的結論也只是相對而已。認識這種差異性、相對性，就能包容各種人和事，求同存異，和睦相處。

（4）空，是辯證統一的不二法門

「空」是無和有、亦無亦有、非無非有的統一。空就像數字中的「0」一樣，單獨看，「0」似乎什麼都沒有，把「0」放在「1」的後面，它就組合成「10」；把「0」放在「10」的後面，它就組成「100」；把「0」放在「100」的後面，就組成「1000」……，可以無限地增加至天文數字。「空」既是無實在性，又無所不包、無限廣大。虛空孕育萬有，如同空氣孕育了大地萬物一樣。空，遍布人間萬事萬物，如如不動。「空」橫遍十方，也豎窮三際。我們表面上所執著、認定的一切，從實質上看並不是永恆不變的真有，只是一個虛妄的假相而已。所以說，「空」是無在無不在的，它在五彩紛繽處，也在一塵不起時。

空、有是不二的，即對立統一的。《心經》說：「空即是色，色即是空」，「空不異色，色不異空」。空，似乎空無一物，卻體現了否定、變異、包容和統一的性質。否定是生長的能源，變異是發展的道理，包容是大度的精神，和諧、圓融、統一是世間萬法的歸宿。佛家「無所住故，則非有、非無、非有無，而為有無之本。」即是說在萬有的上面，有一個無形的理體；在無形的理體中，萬緣和合，顯現有、非有、諸有的各種形態，又歸於無有、無不有。宋代理學家周敦頤先生《太極圖說》受黃龍慧南、晦堂祖心的啟迪，講「太極本無極」，

「無極而太極」，「無極」就是「無形有理」（朱熹語）的理體〔註6〕。在肯定無形有理的本體（肯定）基礎上，進而認識其否定性（否定）、變異性、包容性、統一性（否定之否定）的理體，太極就是陰陽和合的實體，是具有誠實無妄、確定不移、生生不已的創新精神和豐富多彩的多樣性的和合體。無極、太極的辯證統一，其實就是空、有的辯證統一。

更進一步地說，萬法要空了才能有，不空則沒有。一切「有」之前，心須要先「空」，不「空」就沒有了。「空」不是破壞「有」，而是成就、建設「有」的。鼻孔不空就不能呼吸；耳朵不空就不能聽聞，乃至全身的毛細孔、口腔、五臟六腑，如果阻塞了，就無法生存。有了「空」，生命才能延續。心「空」了（虛心），才能」心包太虛，量周沙界」，包容一切萬物。所以，星雲大師說，我們必須從「空」的包容性、建設性的角度來認識「空」，這個「空」才能接納、成就萬有。

真正的空義，不是知識的臆度，更不是了別臆測，而是要透過精進勇猛的修行才能體證到。畢竟真空的境界不但要空去一切有為的執著和對待，空去一切差別觀念，甚至連「空」也要空去，要空到「山窮水盡疑無路，柳暗花明又一村」，證悟到了「空空」，把所有的差別、對待、虛妄的萬法都空除了，「以無所得故」，才能享受到一個大解脫、大自在，空有不二的真實世界。

2.「有」的涵義

佛經上說：「以有空義故，一切法得成；若無空義故，一切法不成。」佛教所說的「有」，是指事物的肯定性，這種肯定性，就存在於對自身的否定性，以及與自身的肯定性相統一之中，並非指萬物沒有自性，而是指事物的客觀實在性、內在規定的穩定性與事物發展的變異性和多樣性的辯證統一。

（1）有，是萬物的客觀實在性

因緣和合、相互聯繫而成就萬物，這是客觀的、實在的。《分別緣起初勝法門經》說：「有因生義是緣起義」。宇宙萬有是由地、水、火、風四大物質元素構成的，廣闊無垠的空間是世上一切有形事物生長不可或缺的條件。譬如：花，必須要有土地來種植，要有水份來滋養，還要有陽光照射、和風吹拂，依靠這些實在的因緣才能產生花草樹木。正是無數因緣相聚而產生、成就了萬有。因為我們遠離種種惡緣、不利因緣，接納、成就諸善因緣，也就建設了人

〔註 6〕見周敦頤《太極圖說解》，宋刻本《元公周先生濂溪集》，卷一，嶽麓書社 2006。

生，建設了宇宙萬有，使萬物不斷勃發生機。密教以「地、水、火、風、空、識」為「六大」緣起，說明世界是發展變化的物質、物質運動的時空（空）與精神意識（識）和合的結果，是物質與精神的統一，其中就包含物質的實在性。佛教的修持不論禪、淨、密，都是色、息、心的統一，是在物質（調整色身、呼吸）基礎上注重心靈（心性）的淨化和精神的提升。

實有離不開因緣和合。《分別緣起初勝法門經》說：「依他起義是緣起義。」世上沒有永恆獨存的東西，佛法說「法不孤起」，「孤緣不生」。儒家說：「德不孤，必有鄰」。《易經》說「孤陽不生，孤陰不長。」譬如說，老師與學生是相比較而存在，相聯繫而發展的。在一定條件下，學有專長的學生可以變成老師，老師也可以成為學生。鳩摩羅什大師最初親近的是小乘佛法，等到他學得大乘之法，反過來對過去的小乘師父傳授大乘佛法，即留下「大小乘互為師」的美談。事物相比較而存在，相對待、相聯繫而成長，這種因緣和合雖然是有條件的、暫時的（「和合假」），但卻是實在的、真實不虛的。唯有依據事物和合的實在性，又超越其條件性、暫時性，在相對中把握絕對，才能體悟萬有的真實意蘊。

（2）有，是事物性質的確定性

事物的產生、發展有其必然的因果聯繫。《分別緣起初勝法門經》說：「因果決定無雜亂義是緣起義」。世間萬物發展有其必然性。蛋生雞，雞生蛋，都是因為蛋和雞有其產生、發展的內在根據和必然聯繫，如果沒有其內在和外在的必然聯繫，如壞蛋、公雞，是絕不會生雞、下蛋的。從這種對事物性質的認識和價值判斷的確定性中，我們可以認識到「有」的真諦；有是因果聯繫，因果聯繫就是事物，事物就存在於種種因果聯繫之中。

《心經》上說：「無眼耳鼻舌身意，無色聲香味觸法。」並非說「眼耳鼻舌身意」、「色聲香味觸法」都不存在，而是說，我們在觀想時，把「四大」所組合的「六根」與所觀的「六塵」都看成是「相狀假」、假相又是有條件的、相對的、發展變化的，只有透過這些假相，才能看到事物發展變化真實無妄、確定不移的實質及其規律，才能燭破無明，轉迷為悟。

（3）有，是事物發展的變異性

隨著事物的不同因緣，事物形狀、種類會有千差萬別。《分別緣起初勝法門經》說：「種種因果品類有別義是緣起義」。事物發展的因緣各有不同，因而種類千差萬別；反映萬物的名相也不斷發展變化。而且，對同一事物在一定條

件下存在、發展的必然性的正確認識、絕對性只有一個，由於主體的能力、角度、體會不同，所產生的認識會有種種差異，存在種種差異性、多樣性和相對性。有一則故事說：一個富家公子在大雪紛飛的早上，推開窗外望，看到白雪皚皚，心情非常高興，就吟了一首詩：「大雪紛紛滿天飄」。當時樓下躲著一個叫化子，正在受凍受冷，飢寒交迫，聽那公子哥兒一念，就接了一句：「老天又降殺人刀」。富家公子不解窮人的困苦，依舊得意洋洋地繼續吟詩：「再下三尺方為景」，乞丐一聽，更覺得淒慘，悲憤地說：「我輩怎得到明朝？」富公子和叫化子因為生活境遇不同，對下雪所體驗的心境、心情也就不同，可見心情是隨境緣而遷化的。我們從事物的變異性，可以理解何以如此不同；也可以借助其名相的變異認識不同事物。比如：從女嬰、女孩、女學生，到女大學生、女幹部、女科學家、女工程師，再到太太、媽媽、老婆婆，其名相和實質都是依因緣聚合的不同階段而產生的。因此，我們既可以從事物的差異性、多樣性來認識、區別事物，在一定意義上也可以借助這些名相的變異性認識事物的某些性質，但都不能單一化、簡單化和絕對化。

（4）有，是對事物發展因緣、必然性及其真相的窮究和洞悉，是認識、創造新事物的必要前提

從科學的道理來看，科學家只有破除一切成見，破除對事物的執著，才能夠通過實驗和實證把物理上極細微深奧的結構推衍出來，窮究事物的實相而有所發明、創造。哲學家只有能「有」，能把握事物發展的因緣及其客觀規律，才能做自己和命運的主人，而不會以先天的主觀臆度來建立絕對的「第一因」，堅持自己的論點，而自是非他，排斥其他正見，或迷信萬物的最高主宰物的意志，而俯首聽命、盲從造業。

有，從因緣聯繫、肯定性、變異性、多樣性到客觀實在性，是對事物真實自性的回歸。佛教哲學，必須摒棄對物我表相的種種執著和絕對對待，同時從大本大源處肯定、建立內在圓融高妙的勝義，即是通過不斷的否定之否定，化否定為肯定，於相對中體認絕對，透過個性而把握共性，從出世到入世，變消極為積極，卻重玄而重實踐，回歸真實的自性。唯有這樣，才能轉身踏破虛空，返顧宇宙萬有，於了生死中得常樂我淨的大涅槃、大自在。

3.「空」、「有」是辯證的統一

「空、有」的關係，就是二而一、一而二的。

（1）從修持看，空有不二，就是借假修真，無心悟道

我們再進一步從六祖慧能和神秀的得法偈來看「空、有」的關係：五祖弘忍為傳佛法衣鉢，命諸弟子呈偈作詩，以印證心性了悟的境界。大弟子神秀作的詩偈是：「身是菩提樹，心如明鏡臺；時時勤拂拭，勿使惹塵埃。」而慧能作的證道偈則別有見地：「菩提本無樹，明鏡亦非臺。本來無一物，何處惹塵埃？」神秀偈是用漸修的工夫去污除垢，是以身求道的境界，是「有」身相，是有為法；慧能倡導頓悟自性，以心悟道，是「空」心相，破除一切執著，是無為無不為的上乘佛法。神秀認為萬法是實有的，萬象是真實的，覺悟如同菩提樹一樣，也是真實的，要使心靈淨化，必須如明鏡去垢生光，以加行的願力和精進的修行，去除種種污染，這其間是有身、有樹、有心、有臺、有拂拭、有塵埃的，是真實實在的修行，是「有」。慧能則不同，慧能認為萬法皆空，法界更是「真空」，什麼身、菩提樹、明鏡臺，乃至修行、覺悟、成佛都是假名，在「即心即佛」的絕對境界裏，毋須修持造作，本來無垢無染、無佛、無眾生的絕對區別，迷即是眾生，覺即成佛；所以悟道之後，應即大休大歇，「不立一法，不破一法，有法皆立，無法不破。」天台德韶說：「若見般若，不名般若；不見般若，亦不名般若。且作麼生說見與不見？所以古人道：若欠一法，不成法身；若剩一法，不成法身；若有一法，不成法身；若無一法，不成法身。此是般若之真宗也。」〔註7〕這其間是身、樹、臺、拂拭、塵埃，有與無有、無身、無執著、無拂拭、「空」的辯證統一，是借假修真，真修實悟，又於無心悟道，無為而無不為。

（2）從本體論上說空有不二，是物質與精神的統一

《心經》指出：「色即是空，空即是色」。色指本體、物質、事物，空是物質的抽象，是精神、無為的表徵。本體、物質、事物表示實在性、質礙性、有所作為的實踐性，空顯示虛幻性、精神意識、無所為的精神境界、無意識的超越性。物質產生意識；精神源於物質，也可以轉化為物質。物質是不以人的意志為轉移的客觀實在，實在之物沒有單一的、獨立的、永恆不變的本質屬性；精神也可以反過來改變物質、改變客觀實在。

（3）從體用關係論，真空妙有是實體運動與靜止，連續性與階段性、偶然性與必然性的統一

空是發展、運動，是物質運動的空間；有是空間一定物質的存在狀態，是

紛紜變化的萬事萬物共同的理則。「無常、無我、涅槃寂靜」的「三法印」所闡揚的，無非是發展變化、無我利他和解脫自在、「空有不二」的精神境界。世間沒有絕對不變的東西，世事變化多端，這是「諸行無常」；世間萬物相互聯繫，相生相剋、相輔相成，這是「諸法無我」；世間一切都是發展變化的，都會經歷成住壞滅的過程，掌握其生住異滅的規律，可以超越空與有、無我和大我、煩惱與覺悟的對立，得到真實自在、寧靜、安祥的體悟，達到胸襟豁達的精神境界，就是「涅槃寂靜」。

世界本來是因緣聚合而成了「有」，因緣散滅而「空」的。事物都是隨著因緣而成、聚、壞、滅，發展變化的，又從否定、可變、非實在、相對性走向實在、穩定、連續、統一和絕對性。「空」與「有」是現象與本質、作用與本體、否定與肯定、相對與絕對的辯證統一。空不離有，有不棄空；絕對不離相對，相對之中有絕對；絕對真理只存在於相對真理之中，相對真理的總和就是絕對真理。這就是空有辯證統一的真諦。

（三）空有不二觀念對當代社會的影響

正確認識「空、有」的辯證關係，應克服虛無主義、唯心主義和形而上學的片面性，堅持「空」的否定性、變異性、包容性、統一性，和「有」的實在性、確定性、創造性、多樣性的辯證統一。如果人人都能把握否定性、變異性、包容性、統一性與實在性、確定性、創造性、多樣性統一的真諦，社會一定會更祥和，國家前途更光明，人生就能隨遇而安、無處不自在了。

1. 體悟空有不二的哲理，對於正確貫徹創新、協調、綠色、開放、共享的科學發展觀有重要的借鑒意義

世間事物千差萬別，人們對事物的本質、真相的認識及其價值判斷都是有條件的、暫時的、相對的，唯有撥開迷霧，從其相對性中體證萬物「如幻有」、「畢竟空」的絕對性，才能如實地認識世間萬物，洞悉人生的真諦，與真理相契合。

把基於緣起性空、強調反觀自性、破除執著、提升人的主觀能動精神的佛法，認為是與唯物主義絕對對立的「唯心主義」，作為逃避現實的根據，是片面的、錯誤的。《金剛經》上說：「一切聖賢皆以無為法而有差別」，虛空本無差異，也沒有聖愚的分別，但是依眾生的根器，證悟的境界卻有淺近、深遠、高低、善惡的分別。空有不二的境界不是一般哲學上的邏輯辯證、理論分析，

而是透過生活實踐和體悟，契入心性，從心靈上不斷提升、證得實相，甚至連「證得」之念也要空掉。古德所謂「兩頭共截斷，一劍倚天寒」，「高高峰頂立，深深海底行」，就是這種非空非有、亦空亦有、空有不二的超越境界的寫照。

「創新、協調、綠色、開放、共享」的科學的發展觀，其實是在改革開放、建設社會主義現代化強國新形勢與面臨百年未有之大變局的國際交往新時代，正確處理繼承與創新、發展與協調、競爭與合作、社會與生態環境、國內與國外、獨立自主與合作共贏的辯證關係的重要共識。空有不二，不二而一，才能一切都不執著，與時俱進，不斷創新；不斷破除自我設限，向他人、社會乃至自然界敞開心扉，敢於擔當，善於共建、共贏、分享成就與喜樂；空有不二，才能堅持競爭與合作的鬥爭性與統一性的辯證統一，既堅持改革開放、一帶一路、多元發展，促進人類命運共同體建設，又勇於面對挑戰，敢於反對帝國主義、霸陵主義和強權政治，努力在維護聯合國憲章、國際秩序的前提下，為謀求各國的獨立自主、主權、平等、和諧、互惠，為人類文明互鑒做出自己應有的貢獻，彰顯國際上負責任的大國的包容、擔當和奉獻精神。

2. 運用真空妙有的般若智慧，豁達對待成敗得失、功名利祿

辯證法揭示任何事物都是發展變化的，都不是一成不變的永恆實在，是立足於實有而又證悟沒有永恆實在性，從而不斷包容、接納、創新、發展，開創新機。「但願空其所有，慎勿實其所無。」的古訓，就是隨緣放下，自在而不執著的智慧。譬如錢財被人倒閉了，有了「拿得起，放得下」的智慧，有了誠信、實在、公正的觀念和氣魄，可以通過合理合法的手段、公正的法律程序，理性處理、化險為夷，或者自覺反思亡羊補牢，就可能東山再起；或者有了空的涵養，「看得破，有得過」，把它當作是前生欠錢，今世還債，或進一步視為行布施供養，給得起別人，表示自己是有辦法的人。如此轉失為得，轉煩惱為菩提，轉迷為悟，轉識成智，便能逆來順受，心平氣和，快樂過日子。能體證既存有又超越、既真空又妙有、相對與絕對辯證統一的般若智慧，達到「高高峰頂立，深深海底行」，其中的妙趣橫生、自在逍遙真是無法言喻。

3. 把握緣起性空的殊勝因緣和機遇，促進交好交往、社會和諧與世界和平

空有不二的生活是超越虛妄對待，泯除人我生死，非空非有、亦空亦有的絕對世界。《金剛經》說「無人、我、眾生、壽者相」，是說空有不二的世界，

是絕生、佛之假名、超生死之對待、泯自他之差異的真理世界，是悟者擯棄空有絕對對立的超越的境界。而人們站在世俗的立場，是充滿是非、人我、有無、善惡絕對對立的世界；即使踏進空門，也是有所學、有所求、有所執、有所得。所以憨山大師說修行要「離心意識參，出凡聖路學。」以平常心廣結善緣，無念、無相、無造作，無凡聖、無生佛、無生死，老實修行，無所得而無盡得。

把佛教的空觀看做「人生如夢，風花雪月，轉眼成空」的消極人生觀、虛無主義，是極大的誤解。懂得過空有不二生活的人，遭遇逆境也不以為忤，一切的苦難困厄是長養信念、增長悲愍心的助緣。無論是商海浮沉、宦途坎坷、情場失意、生活受挫，還是外患內擾，都能轉橫逆為坤順，化坎坷為明夷，「退一步，海闊天空；忍口氣，風平浪靜。」而且「心淨則國土淨」，「環球同此涼熱」。

五、佛性本覺[註1]——理性直覺之三

佛性有精神境界、善良本性、覺性、智慧源泉等涵義。佛性論是探討宇宙實相和人生本質，以求達到與客觀世界相適應、解脫成佛，成就理想人格的理論。

慧能把「本覺」的心性運用到成佛的理論上，使他的心性修養論別開生面，修養的內容和方法，就在於促使內心的覺悟，這樣，解脫論也就成了內在心性的修養論，不是迷信外在的超越的主宰世界的神秘力量，成佛也就是回歸自性。後來陽明心學的「良知論」、太虛大師的「人成即佛成論」、虛雲和尚的「自誓皈依論」，都是從此繼承發展的。這也是中國佛教作為「無神論」的淨化心靈的正信宗教的最集中體現，是佛教流行幾千年永不衰竭的源泉。

（一）佛性觀念的基本涵義

佛性有三種涵義：佛界（覺者的精神世界）、佛種性（覺者本性）、佛藏（覺悟成佛的智慧寶藏）。早期佛典《別譯雜阿含經》：「不應問生處，宜問其所行。微末能生火，卑賤生賢達。」問生處，即是從出生是否高貴區別其種性。小乘佛教主張心性本淨、自性清淨心。部派佛教則討論心性是本來清淨還是受外部影響而清淨的問題。《成實論》：「心性本淨，以客塵故不淨。」主張佛性本來清淨，通過修行，糾正後天的不足，轉染為淨。

《勝鬘經》論佛性、如來藏，指眾生成佛的可能性。「如來藏者，是法界藏、法身藏、出世間上上藏，自性清淨藏。此性清淨如來藏，而客塵煩惱所染，

〔註 1〕參姚衛群《佛學概論》，宗教文化出版社 2002，第 338 頁。

不思議如來境界。」心性清淨，佛性本有。「如來藏者，離有為相。如來藏常住不滅，是故如來藏，是依、是持、是建立。」這裡的佛性即是佛藏、覺悟成佛的智慧寶藏，是眾生修行成功的內因、真實依據和責任擔當的基礎。

《大涅槃經》：一切眾生悉有佛性。「一切眾生同一佛性，無有差別。」「斷善根人有佛性」。

天親《佛性論》強調佛性本身不變。《佛性論》卷一說：「凡聖眾生，皆從空出故，空是佛性。佛性者，即從大涅槃。……一切眾生無有性得佛性，但有修得佛性。」主張佛性不是先天而有的，是後天修行而得的覺性。

佛性指佛界，是修行達到一定果位、一定境界的覺者。《入楞伽經》認為聲聞乘、辟支佛、如來乘、不定乘，均可以修行到一定的佛教果位，而一闡提人「無涅槃性」，不能成佛。《佛地經》則說：為「令不定種性有情，決定速趣無上正等菩提果故」，宣說「一切有情之類皆有佛性」，可以鼓舞眾生增強自信，提升精神，修行成佛。這裡的佛性即覺者本性和境界達到相當高程度的表徵。

（二）中國佛教各派的佛性觀念

佛教的理論軸心是尋求人生乃至宇宙萬象的真實本質，為求得解脫作論證。它從人生現實問題入手，探索人生與社會交涉問題，擴展和深入到人性、世界萬有、宇宙本體，著力探索人生真義、宇宙實相。佛性論正是以探討宇宙實相和人生本質，以求達到與客觀世界相適應、解脫成佛，成就理想人格的理論。

1. 佛性論以解脫成佛為目的

解脫成佛，首先涉及佛性論，即成佛的本性和可能性何在？地論師南北二道分別對此進行論述。北魏地論師就佛性「當常」（後來修行才有）和「現常」（本來就有）發生爭論，促進對佛性論的探討。

攝論師認為，人的認識和成佛的本體是阿賴耶識。阿賴耶識有污染的一面，也有清淨一面，應對治其中的污染，轉污染為清淨，而證入第九識阿摩羅識（無垢識、白淨識）。第九識才是純淨無垢的佛性。圓測《解深密經疏》第三說：「真諦三藏依《決定藏論》立第九識義。……第九阿摩羅識，此云無垢識。」

晉宋之際的竺道生，孤明先發，首倡一切眾生皆有佛性，眾生都有成佛

的可能,「一切眾生皆當作佛。」〔註2〕但由於他的理論所依據的《般若經》當時沒有完整翻譯出來,在現有經典上找不到直接的依據,所以一問世便受到很多責難,被作為異端邪說。不久,《大般涅槃經》足本譯出,經典上載明「一切眾生悉有佛性」,「一闡提人」〔註3〕也具有佛性,可以成佛,道生獨立思考的佛性論才為佛教界接受。隋唐時代,佛性論仍然是一個懸而未決的問題。隋吉藏在《三論玄義》中談到「佛性」時,總結過去各家說法共有十二家之多。唐玄奘和尚西行求法,從一定意義上說也是為了解決佛性如何證悟問題。〔註4〕

2. 人人具有的本性與真如佛性統一的心性論

慧能禪學作為一種直接為解脫實踐服務的佛教哲學,它關心的不是世界的本原是物質與精神的問題,而是人解脫成佛何以可能,如何解脫成佛,以及達到解脫的心理體驗。

慧能從宇宙的高度闡發了解脫成佛的根據問題,認為永恆絕對、靈明不昧的「真如本性」是宇宙的實體,是世界的本原,是永恆不朽的宇宙終極存在。慧能說:「一切萬法,盡在自心中,何不從於自心頓現真如本性。」〔註5〕「如是一切法,盡在自性。自性常清淨,日月常明,只為雲覆蓋,上明下暗,不能了見日月星辰。忽遇惠風吹散,卷盡雲霧,萬象森羅一時皆現。世人性淨,猶如清天,慧如日,智如月,智慧常明;於外著境,妄念浮雲蓋覆,自性不能明。故遇善知識,開真正法,吹卻迷妄,內外明徹,於自性中萬法皆見,一切法在自性,名為清淨法身。」〔註6〕宇宙萬物都是由自性派生的,世人由於「妄念浮雲」覆蓋本心而不能顯現,如果去掉妄念,就能顯現山河大地、森羅萬象的本來面目,明確以自性為世界的本原。認為自性即佛,自心的顯現,也就是真如本性的顯現。這是對「真如緣起論」的肯定。從佛教思想源流上說,慧能禪學屬於如來藏思想系統。真如緣起論也稱如來藏緣起論,是《大乘起信論》提出的緣起理論。所謂如來藏,是說真如佛性藏於一切眾生心中,產生一切染淨、

〔註2〕 竺道生《妙法蓮華經疏》,《卍續藏》第150冊。
〔註3〕 意為「不具信」,「斷善根」,斷絕一切善根的人。
〔註4〕 關於佛性問題,參見呂澂《中國佛學源流略講》,中華書局1979年版,第119～123頁;方立天《佛性述評》,《求索》雜誌1984年第3期;賴永海《中國佛性論》,上海人民出版社1988年版。
〔註5〕 《六祖壇經》第31頁。
〔註6〕 《六祖壇經》第21～22頁。

善惡的分別，雖然自性清淨，但由於客塵的障蔽而生煩惱不淨，只有去除客塵的障蔽，顯現清淨的自性，才能得到解脫。《大乘起信論》著重闡明這一思想，對當時佛教各派的思想有很大的影響。慧能也接受了這一思想，認為真如佛性是一切意念的本體，「真如是念之體，念是真如之用。自性起念，雖即見聞覺知，不染萬境而常自在。」〔註7〕「真如佛性」論不是慧能禪宗所獨有，而是除三論宗、唯識宗之外其他各宗所共有的。但慧能不僅將這一觀念與宇宙的本原相聯繫，而且同解脫論和修行觀密切聯繫起來。在那個佛教盛行的年代，生活貧苦、不識字的慧能對於佛教的皈依和信仰，並不是通過對佛教義理的鑽研，而是基於現實生活中對自我解脫的追求和體悟。慧能這一本體論的構築，極力論證人的本性與如實而來、永恆的「真如佛性」冥然契合，主要是探索和建立覺悟成佛的理想人格和理想境界，充分體現了原始佛教人生哲學的基本精神。慧能禪學作為直觀自性以求解脫的心性之學，它的獨特成就就在於對絕對自由和無限超越的人格本體的建構。

慧能心性論的起點，即是將自心與本性聯繫起來。達摩祖師啟發弟子「深信含生同一真性」，體悟「無自、無他，凡聖等一」〔註8〕的性淨之理。慧可也說：「無明、智慧等無異，當知萬法即皆如，……觀身與佛不差別。」〔註9〕五祖弘忍依據《楞伽經》提出「境界法身。」〔註10〕慧能以《大乘起信論》的「一心二門」說為根據，進一步發揮了這一思想。《壇經》講「性」，稱「佛性」、「自性」、「本性」、「法性」、「真如」等，也就是說「真如佛性」與人的「自性」是同質的。「自性能含萬法是大，萬法在諸人性中」，「本性是佛，離性無別佛」，〔註11〕「識自本心，是見本性」。〔註12〕佛、心不二，自性即佛。自性就在人性中。只要能體認心中的本性，識心見性，就體現了真如佛性。慧能說：「佛是自性作，莫向身外求。」〔註13〕「我心自有佛，自佛是真佛。」〔註14〕真如佛性既與自性合一，又超越於自性，是修行解脫的終極理想。人只要明心見性，與此理想相契，自性與真如合一，就是「自性即佛」。慧能後學進一步

〔註 7〕　《六祖壇經》第 17 頁。
〔註 8〕　《續高僧傳・菩提達摩傳》。
〔註 9〕　《續高僧傳・僧可傳》。
〔註10〕　《楞伽師資記》。
〔註11〕　《六祖壇經・般若品》宗寶本，《大正藏》第 350 頁。
〔註12〕　《六祖壇經》第 16 頁。
〔註13〕　《六祖壇經》第 41 頁。
〔註14〕　《六祖壇經》第 68 頁。

發揮了這一思想，黃檗希運說：「祖師直指一切眾生本來是佛」，「即心即佛，上至諸佛，下至蠢動含靈，皆有佛性，同一心體。」〔註15〕

在慧能禪學中，自性又與「心」相通。《壇經》中，「心」大致有二層含義：第一，是通常所說的人心、精神、意識活動，也指人的具有意識功能的生理器官（肉團心）。第二層含義，是所謂「本心」、「真心」，是對第一層含義的進一步抽象，與「性」的意思相同。慧能對人心作了表象和本質、作用與本體、形而下與形而上的區別。慧能以後的禪宗，常用「心」來代替「自性」。由上可知，所謂「自性」，一是指眾生先天具有的成佛本性，又稱「佛性」；二是指能夠包含、變現宇宙間一切萬有的精神實體，它普遍存在於每個人的心中，又稱「真如本性」。「自性」既是宇宙的實體、世界的本原，又是眾生的本性。正如《永嘉證道歌》說的「一切圓通一切性，一法遍含一切法，一月普現一切水，一切水月一月攝。諸佛法身入我性，我性同共如來合。」這樣，二位一體的「佛性」將現實的人與理想的「佛」（覺者）統一起來，進而把「佛國」與「塵世」統一起來。

佛性是源於自性又超越自性的覺性，不等於神性。佛性高於自性，但不同於至高無上的主宰物的「神性」。因此，佛教是有佛論，但絕不是有神論，不能把有佛論與有神論的迷信等同、混淆起來。慧能融匯了中國傳統的「天人合一」的思維格式，把自性與真如佛性統一起來，並不是把人生看作虛幻，把個體本性、成佛的覺性看成荒誕，反而肯定了它們的存在，只是要求一種「我與萬物合而為一」的理想人格觀念。慧能把個體的內在本性與超越的理想人格合而為一，貫通內外，從而使以解脫自在為目的心性論廣為流播成為可能。

（三）心性本淨與本覺統一的修養論

「真如緣起」的思想並非慧能所獨有。在對本體和現象的抽象思辯分析上，「不立文字」的慧能禪宗一派遠不如唯識宗、華嚴宗。慧能禪宗真正著力的是心性修養。隋唐佛家多講心性之學，只是禪宗更突出地發展了這一方面。馮友蘭先生指出：「中國所謂禪宗，對於佛教哲學中之宇宙論，並無若何貢獻，惟對於佛教中之修行方法，則辯論甚多。」〔註16〕

〔註15〕裴休集《黃檗斷際禪師宛陵錄》，《大正藏》第48卷第386頁。
〔註16〕馮友蘭《中國哲學史》，商務印書館1936年版，第772頁。

　　自晉末宋初以來，思想界把本體論和心性論的研究統一起來，並由探討宇宙的本體轉為著重研究人的本體，即人的真實本體。南北朝時有關「神滅」與「神不滅」的大論戰，刺激了這一課題的研究；隋唐時，佛教各宗競相辯論，教相判釋，更推動了這一問題的探討。慧能正是在這種思想背景下，重點闡發了心性理論。

　　佛性，意譯為如來性、覺性、如來藏，原指佛陀本性，後來發展為眾生覺悟之因、成佛的可能性，這是中國佛教界對佛性的最一般的理解。印度佛教中講「佛性」，一是指心（認識的主體）；二是指境（認識的客體）。眾生具有「性淨之心」，便有成佛的可能，但「性淨之心」還要「待緣而起」，與「境界緣」結合，即通過對外境的認識、觀想和自心的感悟，才能構成「佛性」；三是覺悟的境界。佛教傳入中國以後，特別是南北朝時，佛學從對般若的探討轉到佛性論，形成了巨大的佛性思潮。從竺道生倡一切眾生皆有佛性，「一切眾生皆當作佛。」〔註17〕到隋吉藏總結各家說佛性共有十二家，以及唐玄奘通過唯識論的三性（善、惡、無記）、見分三性（圓成實、依他起、遍計所執）、轉識成智等問題的探討，對佛性的認識日益深入。〔註18〕價值判斷的三性與認識所達到的三種覺悟境界，都是指精神境界，不同於外在認識對象的境界。

　　慧能繼承發揚「人人皆有佛性」的思想，反覆強調佛性無南北之分，「經中只言自歸依佛，不言歸依他佛，自性不歸，無所依處。」〔註19〕他對「自性」、「佛性」作了「性體清淨」的根本規定。他說：「世人性淨，猶如清天，慧如日，智如月，智慧常明。」〔註20〕說明自性是清淨的，清淨代表佛（覺悟），也是最高人生境界的體現，實際上是一種人性本善觀點。要想成佛，就要息除塵世一切妄念，擺脫外在客體的束縛，不受現實中五光十色生活的誘惑，「於一切法上，無有執著。」〔註21〕「自心歸依覺，邪迷不生，少欲知足，離財離色，名兩足尊。」〔註22〕只要對外界的聲色財物視而不見，充耳不聞，人能轉物而不為外物所轉，就能得到至純至善的真如本性的認識和體悟，復歸於清淨

〔註17〕竺道生《妙法蓮華經疏》，《卍續藏》第 150 冊。

〔註18〕關於佛性問題，參見呂澂《中國佛學源流略講》，中華書局 1979 年版，第 119 〜123 頁；方立天《佛性述評》，《求索》雜誌 1984 年第 3 期；賴永海《中國佛性論》，上海人民出版社 1988 年版。

〔註19〕《六祖壇經》第 26 頁。

〔註20〕《六祖壇經》第 22 頁。

〔註21〕《六祖壇經》第 15 頁。

〔註22〕《六祖壇經》第 26 頁。

本性。宗密曾說：「迷起一切煩惱，煩惱亦不離此心；悟起無邊妙用，妙用亦不離此心。妙用、煩惱，功用雖殊，在悟、在迷，此心不異，欲求佛道須悟此心。」〔註23〕自性與佛性體一不二，所以體認到這一點，就是悟得清淨本性。至於神秀倡導對「本自清淨」、「本自具足」的佛性，要「時時勤拂拭，莫使惹塵埃」等長期的漸修過程，實際上對於根性遲鈍的廣大眾生來說是完全必要的。雖說利根之人可以頓悟，頓悟後也還要漸修、保任；鈍根之人必須漸修，頓悟也是指日可待的。

中國佛教「心性本淨」還具有「心性本覺」的特色。「心性本覺、妄念所蔽」的新命題，是說眾生的心性本來是覺悟的，是昭昭不昧、了了常知的。這是南北朝時期中國佛教僧人依託印度馬鳴之名而著的《大乘起信論》首先提出的。〔註24〕它不同於印度佛學「心性本淨」、「客塵所染」的傳統論斷，提出「真心本覺說」，為建立中國式的佛學提供理論基礎。慧能接受了這一理論，高揚「真心本覺說」。《壇經》云：「菩提般若之智，世人本自有之」，〔註25〕「自色身中，……自有本覺性。」〔註26〕本覺，就是本來覺悟。佛性原指成佛的可能性，然而在慧能這裡，它已成了佛的同義語。「佛者，覺也」，〔註27〕「自性覺，即是佛」。〔註28〕佛在心裏頭，只須自我覺悟，就可在自心中體認佛性，指明了修養的主體和方法。「心中眾生，各於自身，自性自度。」〔註29〕覺悟是對自身本具的善良本性的自覺、體悟。只要自心求得徹悟，便可達到理想境界，成就理想人格。慧能肯定通過自身努力可以達到覺悟的理想境界，突出強調了個體修養的主觀能動性、自覺性。

將「心性本覺」和「心性本淨」進行比較，不難看出，慧能強調自力、突出自我在修養過程中擁有的主動性和自覺性，在禪學發展史上引起了重大變革。心性不僅是清淨的，更根本的是本覺的，既肯定了人們所存在的善良本性，也確立了心性修養、覺悟的內在根據和內在動力，肯定了個體精神的解脫和昇華只要經過自身的努力，就能達到，「一悟即至佛地。」〔註30〕

〔註23〕宗密《中華傳心禪門師資承襲圖》，《大正藏》第48卷。
〔註24〕見呂澂《大乘起信論考證》，載《中國哲學史論》，山西人民出版社1981年版。
〔註25〕《六祖壇經》第14頁。
〔註26〕《六祖壇經》第24頁。
〔註27〕《壇經·疑問品》宗寶本。
〔註28〕《壇經·行由品》宗寶本。
〔註29〕《六祖壇經》第24頁。
〔註30〕《壇經·般若品》宗寶本。

　　慧能把「本覺」的心性運用到成佛的理論上，使他的心性修養論別開生面，修養的內容和方法，就在於促使內心的覺悟，這樣，解脫論也就成了內在心性的修養論，不是迷信外在的超越的主宰世界的神秘力量，成佛也就是回歸自性、自心善良本性。後來陽明心學的「良知論」、太虛大師的「人成即佛成論」、虛雲和尚的「自誓皈依論」，都是從此繼承發展的。這也是中國佛教作為「無神論」的淨化心靈的正信宗教的最集中體現，是佛教流傳幾千年永不衰竭的源泉。

六、涅槃寂靜——理性直覺之四

　　涅槃、佛性、淨土是最典型、最集中、最形象地表述人生解脫、歸宿，達到理想境界的核心概念。妙悟玄理，泯滅主客體對立，達到「天地與我同根，萬物與我一體」，像菩薩那樣「不厭生死，不樂涅槃」，這種追求生死與涅槃不一不異、不即不離、處於中道的解脫，特別重視轉染為盡，使生命淨化和境界昇華，已超越道家無為的思維路數，進入無為、無不為的辯證思維新高度。

　　把涅槃四德解釋為：恒常不變之理，度生的無盡悲願，本際無生與眾生相融的大我，原始覺性本來如此、當下即是。這不僅有獨特的見解，也是超越的智慧，達到很高的精神境界，可以說是把中國佛教對涅槃學說的體悟提到新高度，值得人們隨喜讚歎。

　　佛教是富於理想主義和超越精神的宗教。王維《歎白髮》詩曰：「一生幾許傷心事，不向空門何處銷？」〔註1〕意思是說，人生的種種煩惱、糾結和問題，只有到佛門請教、徹底放下，才能走向圓滿解脫和回歸自在的本性。涅槃、佛性、淨土是最典型、最集中、最形象地表述人生解脫、歸宿，達到理想境界的核心概念。

（一）印度佛教的涅槃學說

　　涅槃，意為滅、滅度、寂滅、圓寂，指滅除煩惱、痛苦及其原因所達到的圓滿、快樂、自在的精神境界。

1. 部派佛教的兩種涅槃說

　　《雜阿含經》卷18：「涅槃者，貪欲永盡，瞋恚永盡，愚癡永盡，一切煩

〔註1〕王維：《王右丞集》第六卷，四部叢刊影印本。

惱永盡，是名涅槃。」有餘涅槃雖斷除煩惱，但作為過去業報所造成的肉體仍然殘存，還活在世間，因此這種涅槃是不徹底的。而無餘涅槃不僅滅了煩惱的因，還滅了煩惱、生死的果，生死因果一起滅盡，一切歸於寂靜，是獲得徹底解脫的理想境界。

2. 中觀學派的涅槃與世間無差別論

在實相為空性的基礎上，把涅槃和世間統一起來：《中論觀涅槃品》：「涅槃與世間，無有少分別；世間與涅槃，亦無少分別……涅槃之實際，及與世間際，如是三際者，無毫釐差別」。涅槃的實際與世間的實際，兩者的本來面目、狀態是有分別的，但是在覺者看來都是性空，無絲毫差別；涅槃寂靜與生死輪迴也沒有根本的區別。這種觀點否定了把涅槃視為實體，並把二者絕對對立的看法，強調生死固然是虛妄，涅槃的真相也是空性，都不能執著；同時否定部派佛教把涅槃與世間對立起來，要離開世間去追求涅槃的錯誤。其實，要實現涅槃與世間的轉變，必須把修行的目標定在把握世間實相即空性上；修持的重心轉向對事物實相的認識和體認；強調涅槃是空的，也不能執著。這樣，確立涅槃與世間無差別論，填平理想與現實的鴻溝，拉近佛教與人的距離才能使涅槃寂靜成為具有現實生活內容的理論。

《大般涅槃經》在般若空論的基礎上，發展了部派佛教的涅槃理想，提出常樂我淨四種屬性的理想境界說：「二乘所得非大涅槃，何以故？無常（永久）、樂（快樂）、我（自我、自由）、淨（清淨高潔）故；常樂我淨乃得大涅槃也。」（卷 23）「涅槃實非是有，諸佛如來隨世俗故說涅槃有。……隨世俗故說佛有大涅槃。」凡夫以無常為常，以苦為樂，以無我為我，以不淨為淨，是四顛倒的邪見；小乘雖然追求無常、無我、苦、空的真實，卻否定常樂我淨超越性的存在，所以也不究竟；如來則把小我融入大我，以眾生的大樂為快樂，以國土的大淨為淨，在短暫性、相對性中把握其常住性、絕對性。常樂我淨不能以世俗的有無論之，不是眾生與佛、心物、善惡、世間出世間二元絕對對立、有分別的境界，而是超越絕對對立、不可思議的崇高境界。

3. 唯識的涅槃即真如離障說

《佛地經論》說：「涅槃即是真如體上障永滅義。」《成唯識論說》：「此依真如離障施設，故體即是清淨法界。」即在離障滅障的努力中，真如清淨法界自然顯現，從而達到涅槃境界。唯識學派還把涅槃分為四種：本來自性清淨、

有餘涅槃、無餘涅槃、無住涅槃。本來自性清淨，即真如本體（體）；有餘涅槃（相）、無餘涅槃（用）同前，即真如之相和應用；無住涅槃是真如的了脫和超越境界（了）。大乘菩薩為了利樂有情，即使已覺悟成佛，也不執著、滿足於自我的解脫，體現了佛教普度眾生的無盡悲願。四種涅槃由體、相、用、了四個不同層次組成，由淺入深，覺性不斷提升，直到無住涅槃，如同地藏王菩薩一樣，「度盡眾生，方證菩提，地獄不空，決不成佛。」充分體現了佛教普度眾生的博大胸懷，為大同世界的人生理想的實現展現了廣闊的天地。

（二）中國佛教的涅槃思想

漢魏晉時代，中國佛教學者安世高側重以黃老「無為」來比附闡揚涅槃思想；慧遠以神不滅觀念闡釋涅槃；僧肇以般若中觀貫通涅槃；南北朝涅槃學說與心性論結合；隋唐則大力闡揚涅槃佛性──自性學說。

1. 以道家無為闡釋涅槃佛性思想

安世高譯《陰持入經》卷下：「欲度世，是為尚有餘無為滅度；已無為竟，命已竟畢，便為苦盡，令後無苦。」郤超《奉法要》：「泥洹者，漢曰無為，亦曰滅度」。這是從有餘無為、無餘無為來闡釋涅槃的涵義，帶有道家大道無言、自然無為的色彩。

慧遠《沙門不敬王者論》說：「反本求宗，不以生累其神；超落塵封者，不以情累其生。不以情累其生，則生可滅；不以生累其神，則神可冥。冥神絕境，故謂之泥洹。」對於外界無所憎愛，無境可對，也就是把灰身滅智，形盡神存、冥然不可知的超然狀態作為涅槃的最高境界。僧肇《肇論·涅槃無名論》：「泥曰、泥洹、涅槃，此三者前後異出……秦言無為，亦名滅度。」把虛無寂滅、妙絕有為、大患永滅、超度四流作為涅槃。《注維摩詰經》「解滅，涅槃之異稱。」涅槃是出離生死、煩惱、自我的境界。「於外無縛，於內無心，彼此寂滅，物我冥一，泊爾無朕，乃曰涅槃。」關鍵在於妙悟玄理，泯滅主客體對立，達到「天地與我同根，萬物與我一體」，像菩薩那樣「不厭生死，不樂涅槃」（《注維摩詰經》卷5）的超越境界。顯然，這種追求生死與涅槃不一不異、不即不離、處於中道的解脫，特別重視轉染為盡，使生命淨化和境界昇華，已超越道家無為的思維路數，進入無為、無不為的辯證思維新高度。

2. 把般若學與涅槃學結合起來

南北朝涅槃學的特色，是把般若學與涅槃學密切結合、辯證統一起來。

竺道生（355～434）就是其傑出的代表，被稱為「涅槃聖」。他主張：（1）涅槃與生死不二。涅槃佛性就是眾生本性，不應捨離生死，另求解脫。《妙法蓮華經疏》說：「一切眾生莫不是佛，亦皆泥洹。」（2）得性便是涅槃：「苟能涉求，便返迷歸極，歸極得本」（《大般涅槃經集解》）「若必以泥洹為貴而欲取之，即復為泥洹所縛。」《注維摩詰經》卷2）就是說，覺者的境界是涅槃與生死統一；要達到此境界，必須向內觀照，返回自己的善良本性，並且對涅槃的境界亦應空去，不可執著。

僧肇（384～414），京兆人，家貧，以傭書為業。遂因繕寫，乃歷觀歷史，備盡墳籍，志好玄微，每以老莊為心要。嘗贊《老子》「美則美矣……猶未盡善」，後見舊《維摩經》，「始知所歸」。其著《涅槃無名論》曰：「會萬物為己者，其惟聖人。」又說：「《淨名》曰：不離煩惱而得涅槃；《天女》曰：不出魔界而入佛界。然則玄道在於妙悟，即真則有無齊觀，齊觀則彼己莫二，所以天地與我同根，萬物與我一體。」對於涅槃實相的認識（玄道）不同於道家的絕對性的「無」，而是超越有無、彼此、物我、天人對立，達到天地萬物的辯證的統一。

傅大士的禪學，大抵歸於般若空宗，深受僧肇的影響。其《行路難》等二十篇，立非斷、非常、真照無照，心相實相，般若無諍，本際不可得，三空無性等，與《肇論》之旨相符。他曾上書梁武帝說：「雙林樹下當來解脫善慧大士白國王：救世菩薩今欲條上中下善，希能受持。其上善，以虛懷為本，不著為宗，亡相為因，涅槃為果；其中善，略以治身為本，治國為宗，天上人間果報安樂；其下善，略以護養眾生，勝殘去殺，普令百姓俱稟六齋。」〔註2〕其所謂上善，就是以不執著於相為根本，以般若智慧達到涅槃境界為目的，這是出世間的大德們所追求的崇高境界；中善就是指按照儒家治身、治國、平天下之道努力修養道德之人，也能得好的果報；下善指能遵守某些禁戒，持齋利生之人。為善雖有上、中、下之差別，各人盡其所能，努力去做，卻是共同的；闡述涅槃佛性的共性，也強調其不同層次各自不同的境界，堅持共性與個性的統一。

3. 堅持體相用相統一的涅槃論

最富理論創造、最具典型意義的是天台宗。認為一切事物當體即是實相，並以法身（達到涅槃清淨的本體）、般若（實現涅槃清淨的途徑和智慧）、解脫

〔註2〕《大藏經》第30套第10冊第4頁。

（實現涅槃的道德踐履）三德來說明涅槃思想。智顗《金光明經玄義》說：「云何涅槃？性淨、圓淨、方便淨是為三，不生不滅名涅槃。」性淨涅槃，指一切事物的實相和本性是常住不滅的，相當於真如理體。圓淨涅槃，指努力修持，達到妄惑不生、智慧不滅的境界即圓淨，相當般若。方便涅槃，是應化身隨機示現以度眾生，相當於應身，滅而不滅，不生不滅。認為性淨、圓淨、方便淨三種涅槃不是互不相關，而是體、相、用三者既對立又統一的。

法相宗將涅槃分為四種：1. 自性清淨涅槃；2. 有餘依涅槃；3. 無餘依涅槃；4. 無住處涅槃。其實與天台宗三分之說相近，只不過將圓淨涅槃細分為二而已。《成唯識論》卷十說：「涅槃義別略有四種：一、本來自性清淨涅槃，謂一切法相真如理，雖有客染而本性淨，具無數量微妙功德，無生無滅湛若虛空，一切有情平等共有，與一切法不一不異，離一切相一切分別，尋思路絕，名言道斷，唯真聖者自內所證，其性本寂故名涅槃。二、有餘依涅槃，謂即真如出煩惱障，雖有微苦所依未滅，而障永寂故名涅槃。三、無餘依涅槃，謂即真如出生死苦，煩惱既盡，餘依亦滅，眾苦永寂故名涅槃。四、無住處涅槃，謂即真如出所知障，大悲般若常所輔翼，由斯不住生死、涅槃，利樂有情窮未來際，用而常寂，故名涅槃。」一切有情皆有初一；二乘無學，容有前三；唯我世尊可言具四。自性清淨涅槃，指法性真如清淨不變，無生無滅，湛如虛空，具無量微妙功德，為一切有情萬物所平等共有，與一切法不一不異，不假外求便可證得。有餘依涅槃雖然已經斷滅三界煩惱，更不起惑造業，卻還餘留過去業力所招感的肉體存在，但是不會受飢寒苦樂等影響，能平靜地面對人生世事。無餘依涅槃不但斷除所有煩惱，而且由過去業力所招感的色身也滅亡，無有餘遺，一切微苦皆已離盡。無住處涅槃，斷除所知障，證悟生死涅槃不二的真理，所以不厭生死，不住涅槃，悲智雙運，窮未來際，利樂有情。這四種涅槃也是由淺入深，覺性不斷提升，直到無住涅槃，得到究竟解脫，無住而無不住。

此外，華嚴宗法藏、澄觀以圓寂界定涅槃，功德全圓為圓，煩惱斷盡名寂。禪宗反對在自心之外另求清淨解脫的涅槃境界。宗密以涅槃為解脫的最高境界，而把通過修持達到最高境界的一切法門也視為夢幻，不應執著。《禪源諸詮集都序》說：「泯絕無寄宗者，說凡聖等法，皆如夢幻，都無所有，本來空寂，非今始無，即此達無之智亦不可得。平等法界，無佛、無眾生，法界亦是假名。心既不有，誰言法界？無修不修，無佛不佛，設有一法勝過涅槃，我說

亦如夢幻，無法可拘，無佛可作，凡有所作皆是迷妄。如此了達本來無事，心無所寄，方免顛倒，始名解脫。」

慧能《壇經》說：「煩惱即是菩提。前念迷即凡，後念悟即佛。」認為菩提生於煩惱，眾生與佛的區別在一念之差。神秀繼承《大乘起信論》的真妄二心說，以妄心不起，真心不失為解脫，從而強調息妄修真的「觀心」法門。他說：「其淨心者即是無漏真如之心，其染心者即是有漏無明之心。此二種心，自然本來俱有，雖假緣和合，互不相生，淨心恒樂善因，染心常思惡業；若真如自覺，覺不受所染，則稱之為聖，遂能遠離諸苦，證涅槃樂。若隨染造惡，受其纏覆，則名之為凡，於是沉淪三界，受種種苦。何以故？由彼染心障真如故。」〔註3〕

黃檗希運《傳法心要》：「前際無去，今際無住，後際無來，安然端坐，任運不拘，方名解脫。」認為真心本性能超越一切時空，保持自身的絕對不變，而又能隨緣任運，自由自在，是為解脫。臨濟義玄把「羅漢、辟支猶如廁穢，菩提、涅槃如繫驢橛」，強調對涅槃境界也不能執著。

（三）努力修持常樂我淨的涅槃境界論

隋唐以後中國佛教學者對涅槃學的研究，主要轉到如何達到常樂我淨的涅槃境界的修持上，也有人以此描繪大同世界的藍圖，對後人設計社會理想有重要的影響。

神秀的弟子義福（658～736）盡心開演神秀禪慧之業，在當時以禪慧名世。其門下所行是「攝念慮，棲榛林，練五門，入七淨，毀譽不關於視聽，榮辱豈繫於人我？或處雪霜，衣食罄匱，未嘗見於顏色有厭苦之容。」〔註4〕從此記載中可看出，義福仍保持了苦樂隨緣、任運自在、無所怨行的禪者風範。其禪修內容大致為「練五門、入七淨」。所謂「練五門」，即是宗密於《圓覺經大疏鈔》中所述北宗的「五方便門」：1.總彰佛體門，坐禪「看淨」，反歸本覺；2.開智慧門，通過身心不動的禪定而證得佛之知見；3.顯不思議解脫門，六根不起，身心離念，不思不議，現一切法正性；4.明諸法正性門，心識不起而得智慧之用，即成佛道。5.見不異門，心無分別起見，法法相即相入，自然得無礙解脫。所謂「入七淨」，出自《維摩詰經·佛道品》鳩摩羅什注。「七淨」

〔註3〕神秀《觀心論》，《大正藏》第85卷。
〔註4〕見嚴挺之《大智禪師碑銘》。

為：（1）戒淨，即身口所作，無有微惡；意不起垢，亦不取相，亦不願受生。
（2）心淨，三乘制服煩惱心、斷結心，乃至三乘漏盡心。（3）見淨，即見法
真性，不起妄想。（4）度疑淨，即見解深透而斷除疑惑。（5）分別道淨，即善
能分別是非，合道宜行，非道宜捨。（6）行斷知見淨，證得無學盡智、無生智
者，能知見所行、所斷，而通達分明。（7）涅槃淨。從義福所修「五門」「七
淨」來看，他倡導精進修行，依然繼承了乃師神秀「拂塵看淨」、去妄存真的
禪法，如《碑銘》所說「苦身勵節」、「律行貞苦」。嚴挺之評價說：「苦己任真，
曠心濟物；居道訓俗，不忘於忠孝。」〔註5〕稱讚他把佛家修持與儒家的仁義
道德修養相融通。

佛光山星雲大師認為，不管是性淨涅槃，還是圓淨涅槃、方便涅槃，都是
為了找回、回歸清淨自性，《涅槃寂靜》說：「涅槃的境界並不一定等到死亡才
能證得。例如：佛陀三十歲時，在菩提樹下金剛座上早已證得涅槃，只是還有
色身的依報存在，是為『有餘依涅槃』；八十歲時，在娑羅樹下入滅，則是『無
餘依涅槃』；佛陀在五十年間行化各地，接應群機，過的是無染無著的『無住
涅槃』生活。佛陀曾在《法華經》中自述：『我於塵點劫前早已成佛，自是已
來，常在此娑婆世界說法教化，亦於餘處百千萬億餘那由他阿僧祇國導利眾
生。』所以，佛陀在此娑婆世界的誕生、出家、降魔、成佛、說法、入滅等諸
相，都是『方便淨涅槃』的運用，也是『無住涅槃』的境界。我們之所以要求
證涅槃，就是要找回清淨的自性涅槃。」

佛教本身就是「人間佛教」，佛學本身就是經世致用之學。但是，長期以
來，人們往往以世俗的眼光看待佛教，認為佛教徒「遁入空門」，消極避世，
似乎不食人間煙火，與世無緣，涅槃寂靜更被誤解為消極的「死人哲學」。太
虛大師、明真、星雲法師等有力地糾正這種偏見。他們精闢地論述涅槃學是人
們在日常生活中受用不盡的般若智慧，是提升理智質量和人生境界的南針。

（1）從生佛一體、生死與涅槃無二論精神境界

佛法的根本宗旨，在於普度眾生，同登彼岸。太虛從熔冶基督教、伊斯蘭
教、佛教於一爐，建設全人類瑰瑋爛燦的新文化的高度倡導生佛平等的「人生佛
教」〔註6〕。明真法師也從體現諸經根本精神的《心經》，闡述涅槃與生死、修行
與生活不一不異的根本道理。他說：「《心經》在闡揚『色即是空，空即是色』的

〔註5〕見嚴挺之《大智禪師碑銘》。
〔註6〕太虛《佛學ABC》，見《太虛法師年譜》，第166頁。

不二法門，我們應從中學到煩惱與菩提無二，生死與涅槃無二，眾生與諸佛無二的正知正見，亦即《妙法蓮華經》所說的佛知佛見。」〔註7〕「大乘認為生滅者，當體即是不生不滅的寂滅，不須在浩浩的日常生活外而去別求涅槃。」

（2）一刀斬斷末那識，證悟菩提涅槃至理

佛知佛見，是眾生本來具有的，不是離眾生別有什麼佛知佛見。眾生與佛、煩惱與菩提、生死與涅槃、世間與出世間既相對待，又相統一，不二而一，不即不離的。明真把佛菩薩喻為大樹的花果，眾生喻為樹根，根深葉茂，才能花果飄香；沒有眾生，沒有世間，也就沒有佛菩薩。正是從眾生與佛，世間與出世間相統一的觀點出發，明真十分強調佛學的經世致用，在於破除我法二執，尤其是破除末那的根本識。他說：「（王船山）先生在《相宗絡索》中點出『末那執八識一段靈光之體相為自內我』，是『流轉生死的禍根』，必須『一刀斬斷』。是意書中累見，實《相宗絡索》內的關鍵問題。為什麼？因為第六意識是以末那為根而生起的，吸取了末那毒液，於是就固執身即是我，與我貪、我慢、我嗔、我癡相應，處處形矛盾，自苦苦人。不擒賊擒王，對末那迷執斬草除根，是不能根本解決人生問題的。」〔註8〕

船山把第七末那識作為污染真如自性，生起思想、感情、意志、欲望等「我執」的禍根，認為相宗顯標漸教，密示頓宗，是唯識秘密法門，確有卓見。明真認為，人們之所以把屬於你、我、他之身執為「我」，把名相執為實相，惟一己之利益是圖，陷溺其中而不能自拔，就在於末那識對真如本性的污染、執著。人們對世間萬法採取形而上學的絕對化的思想方法，明明身非是我，卻執為我；明明五蘊皆空，卻執為實；明明名利、地位都是相對的，卻以為是絕對的，死死抓住不放，欲海難填，最後在現實面前難免碰得頭破血流，甚至自我毀滅，陷入生死輪迴之中，永無了期。所以明真反覆說：「第七末那識執第八見分為自內我則是迷，則將流轉五趣生死。悟得此末那為第八流轉根本，一刀斬斷，即將證得菩提涅槃。」這就為後學的修證指引了迷津。

明真法師認為佛教追求涅槃寂靜的境界，不僅是為了自我解脫，根本目的在於提升人類的精神質量。他在《精神的試析之二》中說：「之所以獨尊識為心王，是要人們把思想認識擺在日常生活中的第一位，通過對客觀事物的不斷觀察研究，能夠逐漸把認識磨治成智慧，成為清醒明徹的認識。……佛教最終

〔註7〕明真《心經的探討》，《佛學研究》1992年（創刊號）。
〔註8〕明真《相宗絡索初探》，見《船山佛道思想研究》，第268頁。

目的，就是要轉識成智。不能轉智，是無法轉染成淨、轉凡成聖的。人類的精神生活既然有理智，也有感情、有欲望，如何不斷提高理智的質量，使之對情慾具有調御、疏導的能力，發揮自他俱利的正常作用，不致泛濫成災，自苦苦人，這應該是人類今後共同努力的一個方向。」〔註9〕王選院士說：「院士不是當前所在領域的權威」，院士的名稱只能說明過去，應對名譽了無執著，把握當下，有新的開拓貢獻，與此正同。

（3）追求常樂我淨的超越境界

涅槃有常樂我淨四種境界，稱為涅槃四德。常，是堅定不移的覺悟。樂，是超越一切苦樂的大樂。我，是勇於擔當，自由自在，毫無拘束。淨：是湛然清淨，沒有煩惱。所以，涅槃是止滅一切痛苦，去除貪愛、執著等煩惱，達到圓滿、自在的超越境界。

吳立民先生在對趙樸初遺囑所體現的崇高精神境界的詮釋中指出：「『生固欣然，死亦無憾』：這不但不是一般世俗上的把生死置之度外，也不是出世勝義諦上講的一般了生脫死，而是『常樂我淨』之『樂』。『花落還開，水流不斷』：花開花落，這是世俗常見的無常現象，……但樸老認為，正是無常，它就是常，『花落還開，水流不斷』啊，這是涅槃境界『常樂我淨』之『常』。『我今何有，誰與安息』：我在何處，前際的我，沒有源頭，沒有第一因，沒有獨立自主的存在。中際的我住在何處，何有，哪裏有呢？後際的我，又趨何處，到哪裏去了呢？我都沒有，又有誰在安息呢？難道真的有一個能安息的靈魂，和有一個所安息的處所嗎？那安息的人和安息的處所又是誰呢？緣起性空，法爾性空，生死是性空，涅槃也是性空，心性自解脫，法性亦自解脫，生死一如，生佛平等，唯一平等，本際也是性空，也自解脫。『我今何有，誰與安息』，這才是本際的真我，無我的大我，這是涅槃境界『常樂我淨』之『我』。『明月清風，不勞尋覓』。一切都是清淨的，心性是清淨的，法性是清淨的，平等性也是清淨的，明月清風，內在光明如此，原始覺性如此，本來面目如此，你還尋覓什麼，有什麼可以尋覓的呢？『明月清風』，現前境界，當下即是，一切都是輪迴涅槃兩界的『名相』顯現，就在眼前。『明月清風，不勞尋覓』，多麼清淨啊！這是涅槃『常樂我淨』之『淨』」。〔註10〕

〔註 9〕明真《感情、欲望、意志：精神的試析之二》。
〔註10〕拙文《吳信如居士的佛教生死觀和生命哲學》，2009.02.09，見《辨析與融通》（未刊稿）。

　　吳立民先生把涅槃四德解釋為：常，恒常不變之理；樂，度生的無盡悲願；我，本際無生與眾生相融的大我；淨，原始覺性本來如此、當下即是。這不僅有獨特的見解，也是超越的智慧，達到很高的精神境界，可以說是把中國佛教對涅槃學說的體悟提到新高度，值得人們隨喜讚歎。

七、揚善祛惡——德性自證之一

　　事物實相及其因果聯繫有其客觀規律。善惡報應就是佛教闡明的因果聯繫客觀規律之一，是揚善棄惡、轉識成智、成就理想人格的關鍵所在。行為結果產生苦樂的感受和對善惡的判斷是客觀的；行為與結果的客觀聯繫的必然性，決定了人們對行為善惡的判斷必須是客觀的。這就是善惡報應客觀性的基本涵義。佛家善惡觀正是從道德本體（善良本心、性具善惡、真如）立足，如同儒家「誠無為，幾善惡」「定之於仁義中正而立人極」（周敦頤《通書》）一樣，都是以「誠信」為本，以破除對自我的執著，而成就無我利他的高尚人格，奉獻社會、服務大眾的。善惡因果報應，對於啟發道德自律的自覺性，遵循法治的他律，更是與現實社會道德和法治相輔相成，甚至有世間法所無法替代的警醒和監督作用。

（一）何謂善惡？

　　《阿毘曇毘婆沙論》引經說：「何故名善？答曰：有愛果、妙果、適意果、可意果，故名善，報果說亦如是。何故名不善？答曰：有不愛果、不妙果、不適意果、不可意果，故名不善，報果說亦如是。與此相違是無記。」〔註1〕對眾生的行為所產生的結果之好壞作出判斷，就是佛教的善惡觀。「生愛果、生樂受果是善，生不愛果、生苦受果是不善，與此相違是無記。復次，生可愛有種子是善，生不可愛有種子是不善，與此相違是無記。復次，生可愛趣中是善，生不可愛趣中是不善，與此相違是無記。復次，於寂靜分中體性輕舉者是善，於增盛分中體性重沒者是不善，與此相違是無記。」〔註2〕行為的結果有

〔註1〕《大正藏》第 28 冊，204 頁，迦旃延子造《阿毘曇毘婆沙論》卷二十八。
〔註2〕《大正藏》第 28 冊，203 頁，迦旃延子造《阿毘曇毘婆沙論》卷二十八。

苦與樂，可愛與不可愛，未來出路好壞，心境輕安或沉重等不同感受，就會產生善、惡或非善非惡的不同判斷。所以，《成實論》卷七說：「善、不善相，謂損、益他」；「於他眾生無益無損，是名無記。」〔註3〕善惡的標準在於是否利益眾生，以及身心有何等感受而定。

善惡的判斷雖然離不開主觀的感受和認定，但它是以事物因果聯繫的客觀規律為根據的，因而是客觀、公正的。釋迦牟尼佛說：「緣起法者，非我所作，亦非餘人作。然彼如來出世及未出世，法界常住。」〔註4〕萬物因緣而生，緣起而滅。善惡的因果聯繫是客觀的、不以人的意志為轉移的；其客觀規律也不以誰來「製造」、發明為轉移，而是如實存在、如如而來、法爾如是的，只不過發現者有先後而已。《大般涅槃經》說：「三界諸苦，皆從煩惱業因緣生。」〔註5〕《阿毗達摩順正理論》說：「諸樂果生，由善非惡。」〔註6〕行為結果產生苦樂的感受和對善惡的判斷是客觀的；行為與結果的客觀聯繫的必然性，決定了人們對行為善惡的判斷必須是客觀的。這就是善惡報應客觀性的基本涵義。

對善、惡及其果報不確定性（無記）的判斷，以及果報與身、口、意等行為的聯繫，是複雜的、多樣性的，非單一的、直接的、直線性地產生的。《成唯識論》卷八說：「所說因緣必應有果。此果有幾？依何處得？果有五種：一者異熟，謂有漏善及不善法所招自相續異熟，生無記。二者等流，謂習善等所引同類或似先業，後果隨轉。三者離系，謂無漏道斷障所證善無為法。四者士用，謂諸作者假諸作具所辦事業。五者增上，謂除前四餘所得果。《瑜伽》等說習氣依處得異熟果，隨順依處得等流果，真見依處得離系果，士用依處得士用果，所餘依處得增上果。」〔註7〕行為的果報分為異時、異地或變異而成熟的，稱為「異熟果」，其善惡果報帶有不確定性。《成唯識論述記》卷二說：「言異熟者，或異時而熟，或變異而熟，或異類而熟，或異熟因所招名異熟果。」〔註8〕異熟指事物發展、成熟因果關係的不確定性。因果報應是必然的，而其因果聯繫的顯現視其力量大小、聯繫緊密程度而有時間、地點、

〔註3〕《大正藏》第32冊，293～294頁，訶梨跋摩《成實論》卷七。
〔註4〕《大正藏》第2冊，85頁，《雜阿含經》卷十二。
〔註5〕《大正藏》第12冊，585頁，《大般涅槃經》卷三十七。
〔註6〕《大正藏》第29冊，529頁，眾賢《阿毗達摩順正理論》卷三十三。
〔註7〕玄奘《成唯識論》卷八，見韓廷傑《成唯識論校釋》，中華書局1998年版，第530頁。
〔註8〕《大正藏》第43冊，300頁，窺基《成唯識論述記》卷二。

種類的區分。在同樣條件、同類性質的情況下所產生的因果聯繫稱為「等流果」，其善惡果報是確定的；而超越於特定的條件所產生的因果聯繫，稱「離繫果」，是無所為而為，其善惡果報是不確定的；憑主觀感覺、判斷等主觀原因，有意利用一定工具、手段所造成的因果關係，稱為「士用果」，其善惡果報的判斷帶有主觀性、不確定性；除了上述原因之外，另有附加、疊加原因而成的「增上果」，其善惡果報也是不確定的。因此，從因緣和合的角度看，根據其給眾生帶來的感受與情感、情緒欣厭等不同因緣，對行為善、惡、無記（非善非惡、亦善亦惡）及因果報應可以得出不同的判斷。依據《瑜伽師地論》卷五，從習氣所依來看，偏於習氣、隨順習氣得異熟、等流果；不隨順習氣，離開習氣而依於真實的因緣，得離繫果；有意而為的，得士用果；其餘一切，得增上果。因緣果報絲毫不爽，是必然的，而果報的形成，其產生的後果的顯現，有直接不直接、確定不確定等，因時節因緣（時間、地點、場合、方式）而各有不同。因此，不能單從某一方面斷然作出善惡的判斷，而應綜合考察：「行為的結果有著多種情況，形式複雜，它們綜合起來才能成為判斷行為善惡的客觀標準。」〔註9〕

善惡報應的因果聯繫是必然的、確定無疑的。「善有善報，惡有惡報。不是不報，時候未到。時候一到，一切皆報。」歷來如此。因此，佛陀對於否定善惡業報，否定因緣果報的言論提出嚴厲批評。《增一阿含經》卷五中，提婆達多主張「無善惡之報」的斷滅空見，認為「何處有惡？惡從何生？誰作此惡而受其報？……無善惡之報，為惡無殃，作善無福。」〔註10〕這種見解受到釋迦牟尼的批判，認為善無善報，惡無惡報，為善無益，為惡無害，導致肆無忌憚、無惡不作，甚至人不像人、嚴重墮落的嚴重後果。《大乘大集地藏十輪經》即批評持這種見解的人道：「如是撥無一切因果斷滅論者，雖在人中實是羅剎，於當來世無數大劫難得人身。……於諸惡趣輪轉往來，受諸苦惱，難可救濟，多百千劫難復人身。」〔註11〕

因此，善惡報應是基於因緣和合、因果聯繫的客觀必然性而評價人們的行為後果的正當性與合理性的理論。判斷善惡，以利益或損害他人的行為後果及其所引起的苦樂、禍福等感受為客觀依據。善惡報應的客觀必然性，因各人的時節

〔註 9〕參付映蘭博士論文《佛教善惡思想研究》，2012.11。

〔註10〕《大正藏》第 2 冊，570 頁，《增一阿含經》卷五。

〔註11〕《大正藏》第 13 冊，754 頁，《大乘大集地藏十輪經》卷六。

因緣和習氣的不同，有很大的差異，有異熟、等流、離系、士用、增上五種不同的類型。正確認識善惡報應及其因果聯繫的客觀必然性，克服「無善惡之報」的斷滅空見，對於加強社會道德建設，提升人的精神境界，有其重要的現實意義。

（二）如何評價善惡？

1. 以自他對苦樂的感受判斷善惡

《中阿含經》卷五十三中，具體分析了善惡行為在現實生活中所造成的憂苦與喜樂。那些思惡、說惡、作惡的「愚癡人」，「於現法中，身心則受三種憂苦」：（1）是對自身的惡行，擔憂社會的道德輿論對自身的譴責；（2）是害怕國家法律對自身的嚴懲；（3）是臨終時反省一生的罪惡，擔心自己會墮落三惡道，生悔不已，以「不賢死，不善命終」，不能得到終極解脫。〔註12〕。而那些思善、說善、作善的「智慧人」，「於現法中，身心則受三種喜樂」：（1）是自信自身的善行符合社會的道德要求，必然會得到社會的認可和輿論的稱讚而心安理得、舒心愉悅；（2）是相信自身行為合乎法律制度，不擔心會遭到國家法律的懲罰；（3）是臨終時反觀一生的善行，知道自己會投生到人天善道，終不生悔，終究得到「賢死，善命終。」〔註13〕以現實對苦樂的感受判斷人們的行為是否利益他人和社會，是否符合社會的道德準則和法律，是否能善死善終，從而決定其行為的善惡，這是主客觀相統一、行為與動機相一致的評判標準，是辯證的兩點論。

2. 從心意識的染淨考察行為善惡的根源

善惡根源於心，以心為準。《增一阿含經》卷五十一說：「心為法本，心尊心使，心之念惡，即行即施，於彼受苦，輪轢於轍。心為法本，心尊心使，中心念善，即行即施，受其善報，如影隨形。」〔註14〕強調心是萬法的根本，心處於主導的地位，心意識的善惡決定身、口行為的善惡以及結果的苦樂。《本事經》卷一說：「諸不善法生，為因能感苦，皆意為前導，與煩惱俱生。意為前導法，意尊意所使，由意有染污，故有說有行。苦隨此而生，如輪因手轉……諸淨善法生，為因能感樂，皆意為前導，與善法俱生。意為前導法，意尊意所使，由意有清淨，故有說有行，樂隨此而生，如影隨形轉。」〔註15〕心的染污

〔註12〕《大正藏》第 1 冊，762 頁，《中阿含經》卷五十三。
〔註13〕《大正藏》第 1 冊，759 頁，《中阿含經》卷五十三。
〔註14〕《大正藏》第 2 冊，827 頁，《增一阿含經》卷五十一。
〔註15〕《大正藏》第 17 冊，664 頁，《本事經》卷一。

引發惡的言行，造成苦的結果；心的清淨，引發善的言行，造成樂的結果。善惡的行為、苦樂的果報，是以心的染淨為前提的。這是在主客觀相統一的基礎上凸顯心意識的主觀能動性和主導作用的評價標準，是善惡評判的重點論。

3. 從本性染淨和修持，認識惡業與善業、修善與修惡的辯證關係

中國佛教天台宗從「一念三千」「性具實相」，即本性具足世界實相的心性論出發，主張「性具善惡」。慧思《大乘止觀法門》卷一說：「一一眾生，一一諸佛，悉具染淨二性。法界法爾，未曾不有。」〔註16〕從眾生到諸佛都有染淨、善惡二性。智顗《觀音玄義》也說：「性之善惡但是善惡之法性不可改，歷三世無誰能毀，復不可斷壞。」指出決定善惡的本性雖經過生生世世，不可移易，不可改變。雖然善惡的本性不可移易，善惡的體現——善性相和惡性相卻是密切相連、相比較而存在，可以相互轉化的。智顗《妙法蓮華經玄義》也說：「凡夫心一念即具十界，悉有惡業性相，只惡性相即善性相，由惡有善，離惡無善，翻於諸惡，即善資成。」善惡的本性是根本對立、相互區別的，但善惡的相狀密切相連，相比較而存在，可以通過修行而相互轉化，相輔相成。

由此，就必然牽涉善惡與先天本性和後天修持的關係問題。智顗《觀音玄義》說：「闡提既不達性善，以不達故，還為善所染，修善得起，廣治諸惡。佛雖不斷性惡，而能達於惡，以達惡故，於惡自在，故不為惡所染，修惡不得起，故佛永無復惡。」〔註17〕性善、性惡為先天本性所決定的善惡種子和產生行為果報的可能性，修善、修惡為後天修持而成的善惡。一闡提人雖有性善，不通達性善，可以通過修善棄惡從善；佛雖無法斷除本性中的性惡，卻能通達惡的道理，在惡業面前不被污染，自覺修持，永遠不會造惡業。明代天台學者傳燈著《性善惡論》對修善和修惡的辯證關係作了新的論述：「蓋臺宗之言性也，則善惡具；言修也，而後善惡分。乃以本具佛界為性善，本具九界為性惡；修成佛界為修善，修成九界為修惡。」〔註18〕先天善惡本性人人具有，後天善惡，都由修持而劃分。元代懷則《天台傳佛心印記》說：「諸宗既不知性具惡法，若論九界，唯云性起，縱有說云圓家以性具為宗者，只知性具善也。不知性具惡故，雖云煩惱即菩提，生死即涅槃，鼠唧鳥空，有言無旨。必須翻破九界修惡，證佛界性善，以致直指人心，見性成佛，即心是佛果，乃指真心成佛，

〔註16〕《大正藏》46卷，646頁下，《大乘止觀法門》卷一。
〔註17〕《大正藏》34卷，882頁下，《觀音玄義》卷上。
〔註18〕《續藏經》第1輯第2編第6套第5冊，420頁，《性善惡論》卷1。

非指妄心。」強調性善、性惡可以成佛，修惡、了達惡的根源，惡即成善，妄心即成真心，妄心也能轉變為成佛的因緣，不是妄心也能成佛。這種性惡說與性善說既相對立、又相統一的學說，「是天台宗心性學說的主要特徵，是區別於其他佛教宗派思想的重要標誌。」〔註19〕

4. 以真如的覺照作用洞徹無明，遠離諸苦，不受諸惡，體證涅槃常樂

善惡的行為根源於心性是否覺悟。禪宗北宗神秀主張：「一切諸善，以覺為根。因其覺根，遂顯現諸功德樹，涅槃之果因此而成。」〔註20〕南宗慧能也主張：「不思量性即空寂，思量即是自化。思量惡法化為地獄，思量善法化為天堂……自性變化甚多，迷人自不知見。」〔註21〕眾生迷誤時所思所作即成地獄，覺悟時所思所作就能化為天堂。不是眾生有淨心與染心兩個心性，而是「一心開二門」：迷與覺各不相同，迷則思量惡法、作惡，悟則思量善法、為善；迷則染心覆蓋真如清淨本心為凡，覺則清淨本心不受污染而成聖。真如不受污染，時時自我覺照，就能行善而成聖；真如理體受污染，就會陷於迷誤、墮落，造種種惡業而為凡。

禪宗啟發人們覺悟，不是單純的就事論事，也不是就理論事、就事論理，而是反觀自性，從根本上提升覺悟。慧能說：「善惡雖殊，本性無二，無二之性，名為實性。於實性中不染善惡，此名圓滿報身佛。自性起一念惡，滅萬劫善因；自性起一念善，得恒沙惡盡……念念起惡，常行惡道。回一念善，智慧即生，此名自性化身佛。」〔註22〕善惡的根本在於心，在於心能否自控，自己能否作主。只有明心見性，才能找回自己的覺性、善良本性，才能為善棄惡，即使行於非道，也能通達正道。《壇經》中，惠能大師在啟發前來搶奪衣缽的慧明時，先讓他「屏息諸緣，勿生一念」，良久之後說：「不思善，不思惡，正與麼時，那個是明上座本來面目？」慧明於此「言下大悟」〔註23〕。慧明頓悟

〔註19〕 參方立天《中國佛教哲學要義》，第十二章，中國人民大學出版社2002年版，第316頁。

〔註20〕 神秀《觀心論》，見伯希來4646《敦煌寶藏》第134冊，新文豐出版公司，1986，第218頁。

〔註21〕 敦煌寫本慧能《壇經》，見石峻等編《中國佛教思想資料選編》第2卷第4冊，第20頁。

〔註22〕 《大正藏》第48冊，354頁，宗寶本《六祖大師法寶壇經》。

〔註23〕 《大正藏》第48冊，349頁，《六祖大師法寶壇經》。

的關鍵，在於心不緣外境，內心一念不生，內外皆不緣慮，再反觀離善離惡的當下，直指人心：誰來做主，自己的本心是什麼，從而打破善惡、是非、眾生與佛的二元對立，悟入實相，辨別善惡、成佛做主也就不在話下了。

明末高僧德清憨山大師認為，所謂直指，就是出離妄想及善惡、聖凡的種種計度，歸依自性的直心正念，也就是法光法師所說「離心意識參，出凡聖路學。」《憨山大師傳》載：「時伏牛山法光禪師在王所，示以『離心意識參，出凡聖路學。』師深領其旨，每歎曰，光師談論，如天鼓音。一日搜師詩讀之，笑曰：『何自得此佳句？』復笑曰：『佳則佳矣，那一竅欠通在。』師問：『和尚通否？』曰：『三十年來拏龍捉虎，今日草裏走出兔子來嚇一跳。』師曰：『和尚不是拏龍捉虎手。』光拈拄杖作打勢，師把住，以手捋其須曰：『說是兔子，恰是蝦蟆。』光笑休去。」〔註24〕這則公案就是直指通透祖師關的訣竅，在於出離妄念，歸於直心正念，甚至無念。憨山說：「若要透得此關，自有向上一路，只須離心意識參，離妄想境界求。但有一念起處，不管是善、是惡，當下撇過，切莫與之作對；諦信自心中本無此事，但將本參話頭著力提起，如金剛寶劍，魔佛皆揮。此處最要大勇猛力、大精進力、大忍力，決不得思前算後，決不得怯弱，但得直心正念挺身向前，自然巍巍堂堂，不被此等妄想纏繞。如脫韝之鷹，二六時中，於一切境緣，自然不干絆，自然得大輕安、得大自在，此乃初心第一步工夫得力處也。」〔註25〕離心意識參，拋開善惡的分別心、成佛作祖的功利心，是修行初始工夫得力之處，循此前進，就能於二六時中，於一切境緣得大自在。

總之，以對苦樂的感受是否利於他人、社會和人的終極解脫為標準，從心意識的染淨考察行為的根源，以真如覺照中道實相，悟諸法本來面目，就能辨別善惡，棄惡揚善，行於正道、通達非道，離苦得樂，走上解脫大道。

（三）佛教善惡觀的歷史影響及其現實意義

1. 佛教善惡觀對儒家心性之學的影響

「性」指人生所稟賦的本性，俗稱「天性」。《中庸》說：「天命之謂性。」性指先天賦予人類的自然不可移易的稟性。儒家把人性視為倫理道德和社會教化的最終依據。孔子說：「性相近也，習相遠也。」肯定人類有生來相近的

〔註24〕陸夢龍《憨山大師傳》，《憨山老人夢遊集》卷第五十五·附錄。
〔註25〕憨山《答鄭崑岩中丞》），《憨山老人夢遊集》卷第二·法語。

共同人性，受後天環境的影響，各有種種不同。孟子認為人性本善，具有仁義禮智之四端，君子保持之而成善，小人因不修養而作惡。荀子、韓非子等主張人性本惡，需用政治管理、社會教化來改造，使之為善。告子則認為人性本無善惡，猶如湍水可善可惡。

　　宋張載分人性為天命之性與氣質之性，前者至善，後者為各人稟賦的素質，或有不善。周敦頤從「無極而太極」的辯證關係出發，提出「誠無為，幾善惡」，仁義中正以立人極，以誠為本體，通過「無欲故靜」的修持，把握善惡變化的微末徵兆（幾），高揚聖賢人格。王陽明從體用的角度，說「無善無惡心之體，有善有惡意之動，知善知惡是良知，為善去惡是格物」，認為心之本體無善無惡，心之作用有善有惡，倡導為善去惡而返回良知、善良本性。周敦頤、張載、王陽明的思想，都受到了佛教心性論的啟發。陽明「致良知」的工夫論，與佛家「言語道斷」的神秘妙悟相通，乃是道德證悟的必由之路。陽明《答顧東橋書》說：「區區格、致、誠、正之說，是就學者本心日用事為間體究踐履實地用功，是多少次第、多少積累在，正與空虛頓悟之說相反。聞者本無求為聖人之志，又未嘗講究其詳，遂以見疑，亦無足怪。」〔註26〕陽明站在儒家立場，強調實地用功，向內體究，積以時日，與佛家密室傳心的冥悟相通。「天理原自寂然不動，原自感而遂通，學者用功，雖千思萬慮，祇是要復他本來體用而已，不是以私意去安排思索出來。」〔註27〕這些靜處體悟、事上磨練工夫，其實與禪宗達摩祖師從理、事兩方面契入修行的「二入四行」並無二致。致良知、做人的心性道德之學，尤其是道德的證悟，不是一般的學問探究，不是尋常文字工夫、理性思維和邏輯推理，必須在現量、實踐證悟上下工夫，捨此沒有他途。良知本體無動靜，是道德本體的本然；於靜處體悟、事上磨練，屬於道德修持的工夫、道德的應然；兩者相輔相成，並無內在矛盾。陽明以此援佛入儒，在周敦頤「無極而太極，太極本無極」的基礎上進一步闡述致良知的「四句教」，是儒佛心性之學相融會的範例，也是明末清初佛教中國化碩果的一個集中體現。《傳習錄》說：「後儒祇在分兩上較量，所以流入功利；若除去了比較分兩的心，各人盡著自己力量精神，祇在此心純天理上用功，即人人自有，個個圓成，便能大以成大，小以成小，不假外慕，無不具足，此便是實實落落明善誠身的事。後儒不明聖學，不知就自己心地良知良能上體認擴

〔註26〕《王陽明傳習錄》卷中「答顧東橋書」。
〔註27〕《王陽明傳習錄》卷中「啟周道通書」。

充,卻去求知其所不知,求能其所不能,一味祇是希高慕大,不知自己是桀、紂心地,動輒要做堯、舜事業,如何做得!終年碌碌,至於老死,竟不知成就了個什麼,可哀也已!」「自己良知原與聖人一般,若體認得自己良知明白,即聖人氣象不在聖人,而在我矣。」

2. 揭示善惡因果聯繫的客觀規律,為社會的淨化、道德的提升提供依據

星雲大師在《佛教道德觀》一文指出:「道德的價值:偉大,是多少辛苦,多少努力換來的讚美詞句。世間往往有好人難做,善事難為的現象,所謂『道高一尺,魔高一丈』,但是我們必須站穩腳根,堅定信念,正義必然勝過邪惡,黑暗一過,光明必定到來。善有善報、惡有惡報,這是道德價值的定律。有這樣一首極為通俗的詩:『善似青松惡似花,看看眼前不如它;有朝一日遭霜打,只見青松不見花。』唯有善的道德,才能像永遠不枯萎的青松,所以有朝一日遭霜打,只見青松不見花。我們必須肯定道德價值的見地,為了自己,進步再進步;為了真理,奉獻再奉獻;為了世間,服務再服務。道德是善的,不道德是惡的;善的畢竟是芬芳的,惡的終歸是臭穢的,這是道德的價值論,是千古不變的定律。」

3. 佛教善惡觀融入當今社會核心價值觀,為現代和諧社會的構建與國際友好交往提供價值支撐

佛家善惡觀與當代核心價值觀

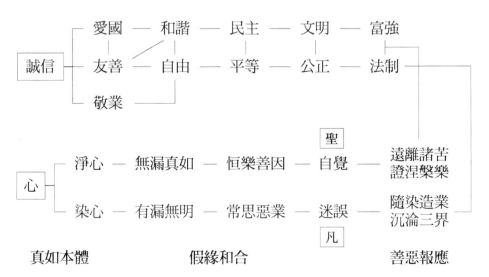

　　社會主義核心價值觀的內容為「富強、民主、文明、和諧；自由、平等、公正、法治；愛國、敬業、誠信、友善。」其中富強、民主、文明、和諧，是國家層面的奮鬥目標；自由、平等、公正、法治，是社會層面的價值取向；愛國、敬業、誠信、友善，是公民個人層面的道德準則。個人層面的道德準則，以誠信為本，以自利利他為半徑，對國家則愛國，對事業則敬業，對他人則友善，其他國家、社會層面的道德由此展開。佛家善惡觀正是從道德本體（善良本心、性具善惡、真如）立足，如同儒家「誠無為，幾善惡」「定之於仁義中正而立人極」（周敦頤《通書》）一樣，都是以「誠信」為本，以破除對自我的執著，而成就無我利他的高尚人格，奉獻社會、服務大眾的。至於善惡因果報應，對於啟發道德自律的自覺性，遵循法治的他律；更是與現實社會道德和法治相輔相成，甚至是有世間法所無法替代的警醒和監督作用。湖南大學一位院士稱自己從小至今不敢做壞事，得益於母親一再教導「抬頭三尺有神明」的警示；陳毅外長當年在 60 年代的中外記者招待會上，用「善有善報，惡有惡報……時候一到，一切都報」警告多次侵犯我國領土領空的美國帝國主義侵略行徑，都是人們熟知的。無論持家、治國、平天下，善惡因果報應的規律都是人們的價值支撐，不可或缺，無一例外。

八、因果報應──德性自證之二

　　生死、苦樂有其必然的因果聯繫，必須洞察因果聯繫的客觀規律性，斬斷生死輪迴的鏈條，才能證得涅槃，得到解脫和快樂。至道無言，不離言說，不即言說；現在法與將來果報，現在果與前世因是密切聯繫，不一不二的；現識與彼相、因與果也是不一不二；對於這些對立的兩邊，都不要執著。認識心與境、因與果、真假中的辯證統一，緣起與性空的辯證統一，相對與絕對的辯證統一，才能把握事物發展、因果乃至生死的實相，不為任何假象所迷惑，達到終極的覺悟和解脫。佛教之所以宣揚「輪迴」，目的是警惕世人棄惡從善，不墮輪迴的果報之中。在天人關係上，人不是受「命運」的擺佈，也不是由什麼神秘的力量決定的，而是由自己的思想行為（善惡）決定的。肯定「佛氏超出乎造化、色相之外，其視萬化萬生旋轉於二氣氤氳之中而不能脫離跡象，是以謂之輪迴也。」

（一）佛教因果觀念的最初形態

　　佛教緣起理論指明人的生死、苦樂是由一定的因緣、因果關係而產生的果報，必須斬斷生死輪迴惡性循環的鏈條，才能使眾生得到解脫和快樂。《佛說緣起經》指出：「云何名緣起？初謂依此有故彼有，此生故彼生，……有緣生，生緣老死，起愁歎苦憂惱，是名為純大苦集，如是名為緣起初義。」[註1] 生死、苦樂是種種因緣匯聚而成，這就闡明因果關係的緣起論和四聖諦。至於解

〔註 1〕《大正藏》，第 2 卷，547 頁中。

脫生死輪迴的原因，主要針對婆羅門教信奉最高的主宰物「梵我」論，並利用和改造婆羅門思想的合理因素，提出因果報應論。四聖諦和十二因緣論，否定了婆羅門教關於世間事物來自於一個根本原因或最高實在的觀念，否定了婆羅門教關於有常恒不變的「梵我」的觀念，把人的生死、苦樂看成是由精神要素和物質要素相互作用而形成的狀態和過程，說明只有破除無明，擺脫因果輪迴，才能脫離痛苦，得到永生的快樂。

印度最早的因果報應思想，如《廣林奧義書》：「行善者成善，行惡者成惡」〔註2〕；《歌者奧義書》：「此世行善者將得善生，或生為婆羅門，或生為剎帝利，或生為吠舍。此世行惡者將得惡生，或生為狗，或生為豬，或生為賤民。」〔註3〕

早期佛教經典《中阿含》：「隨人所作業則受其報……若使有人作不善業，必受苦果地獄之報」。《成實論》：「善業得樂報，不善業得苦報，不定業得不苦不樂報。」

婆羅門教與佛教因果論都主張種什麼因，必得什麼果，因果報應有必然的聯繫。其相異處在於：（1）在因果報應的內容上不同：婆羅門教以遵守婆羅門教的宗教規定、盡各種姓應盡的義務、符合種姓要求的善業為因；早期佛教則反對極端的享樂和片面的苦行，以梵行苦修的善業、苦樂中道為因，謂捨除苦樂二邊，「有取中道，成明成智，成就於定，而得自在，趨智趨覺，趨於涅槃」〔註4〕。（2）因果報應發生作用的主宰體不同：婆羅門教主張外在的「梵我」對人們果報起主宰作用；早期佛教則主張自作自受的「無我論」：「一切行無常，一切法無我」〔註5〕，內在的業力起決定作用，或如犢子部那樣主張「補特伽羅是否實有，不可說」，是一種變相的「有我論」〔註6〕。（3）輪迴解脫必經的途徑和結果不同：婆羅門教認為需要領悟「梵我合一」才能達到，《廣林奧義書》說：「智者即梵的認識者，在身體衰亡後，直昇天界，達到解脫。」〔註7〕早期佛教否定婆羅門教關於有常恒不變的實在（「我」）的理論，把「我」看成物質和精神要素的聚合體，說明只有消除無明即對我、法的執著，斷除輪迴，

〔註2〕《廣林奧義書》3，2，13。
〔註3〕《歌者奧義書》5，10，7。
〔註4〕《中阿含經》卷第《廣林奧義書》3，2，13。五十六。
〔註5〕《雜阿含經》卷第十。
〔註6〕參姚衛群《印度宗教哲學概論》，北京大學出版社2006年版，154頁。
〔註7〕《廣林奧義書》4，4，8。

才能脫苦，達到涅槃狀態。

說一切有部是部派佛教中影響較大的一派，主張法體恒有，三世法都是實在的，「我空法有」，「法體恒有」，認為有實在的因果關係。

六因，說明善惡果報的條件和作用，分為能作因、俱有因、同類因、相應因、遍行因、異熟因。

四緣，說明認識產生的原因和條件：因緣、等無間緣、所緣緣、增上緣。

五果，指因果聯繫的具體形式和性質：異熟果（前世修因後世所得果報）、等流果（同類因得同類果報）、士用果（人為力用而得果報）、增上果（對善惡、因果行為有促進或阻礙作用的果報）、離系果（擺脫一切煩惱的束縛達到涅槃的狀態）。

（二）大乘佛教的因果觀念

1. 中觀派的因果觀念

強調事物有無、因果、生滅都是辯證的，都是無自性而空，也否定絕對虛無，講假有，突出中道。《中論》論述「八不」（不生不滅、不常不斷，不一不異，不來不出）。《十二門論》論述諸法皆空，對一切都不應執著：「生住滅空，故有為法空；有為法空，故無為法亦空；因有為故有無為，有為、無為法空，故一切法皆空。」[註8] 中觀派批判數論派「因中先有果論」、勝論派「因中先無果論」以及「因中先有果、無果生」，說明三種生都不能從因生、不能從緣生，進而證明因果關係中存在最初的原因是不實在的。《十二門論》：「果不生故緣亦不生。」龍樹：「先有則不生，先無亦不生，有無亦不生，誰當有生者？」「先因中有果亦不生，無果亦不生，有無亦不生。理極於此，一切處推求不可得，是故果畢竟不生。果畢竟不生故，則一切有為法皆空。」否定事物有最終極的主宰物，主張畢竟不生，以證明空觀。

2. 瑜伽行派的因果觀念

瑜伽行派極強調識的作用，在以阿賴耶識為根本的前提下，承認事物中存在著因果關係，特別在人的生死輪迴的因果關係，但並無真實的永恆不變的實體在起主宰作用。

〔註8〕轉引自姚衛群《印度宗教哲學概論》，北京大學出版社 2006 年版，第 183 頁。

（1）因果報應的實質，在於唯識無我，沒有永恆不變的實體

《成唯識論》卷一：「我若實無，誰於生死輪迴諸趣？誰復厭苦求趣涅槃？所執實我既無生滅，如何可說生死輪迴常如虛空，非苦所惱？何為厭捨求趣涅槃？故彼所言常為自害。然有情類身心相續煩惱業力輪迴諸趣，厭患苦故求趣涅槃，由此故知定無實我，但有諸識無始時來前滅後生，因果相續，由妄薰習似我相現，愚者於中妄執為我。」〔註9〕無始以來因果相續的現象似乎存在，但其中只有「識」體，並無真實不變的實體「我」、「神我」在起作用。如果執著這種「識體」為實，也如同執著外境為實一樣，是錯誤的。《成唯識論》卷二：「為遣妄執心心所外實有境，故說唯有識。若執唯識真實有者，如執外境，亦是法執。」〔註10〕

（2）以「本性住種」和「習所成種」解釋因果報應的主體

作為輪迴報應主體的「識體」是本來具有的，也是後來薰習才有的，如此，則因果報應絲毫不亂。《成唯識論》卷二：「諸有情既說本有五種姓別故，應定有法爾種子不由薰生。又《瑜伽》說地獄成就三無漏根，是種非現。又從無始展轉傳來，法爾所得本性住姓，由此等證無漏種子法爾本有，不從薰生；有漏亦應法爾有種，由薰增長不別薰生，如是建立因果不亂。」若果只承認先天本有種子，不承認後天「習所成種」，這樣就與婆羅門教五種姓論沒有區別了。其實，佛教畢竟與婆羅門教有別，不僅承認「本性住種」，也承認「習所成種」，從而真正把握了「識種」和因果聯繫的實質。《成唯識論》卷二繼續說：「有義種子各有二類。一者本有，謂無始來異熟識中法爾而有生蘊處界功能差別，世尊依此說諸有情無始時來有種種界，如惡叉聚，法爾而有。餘所引證廣說如初，此即名為本性住種。二者始起，謂無始來數數現行薰習而有，世尊依此說有情心染淨，諸法所薰習故，無量種子之所積集。諸論亦說染淨種子由染淨法薰習故生，此即名為習所成種。若唯本有，轉識不應與阿賴耶為因緣性，如契經說。」

（3）以阿賴耶識與雜染法互為因緣的辯證觀點詮釋因果報應

《成唯識論》卷二：「阿賴耶識與諸轉識，於一切時展轉相生互為因果。

〔註9〕《成唯識論》卷一，見《成唯識論》，第20頁。

〔註10〕《成唯識論》卷二，見韓廷傑校釋《成唯識論》，中華書局1998年版第86頁。

《攝大乘論》說：阿賴耶識與雜染法互為因緣，如炷與焰展轉生燒，又如束蘆互相依住，唯依此二建立因緣，所餘因緣不可得故。」〔註11〕因果的產生既有本有種子，又有後來新薰成的種子。這正是萬法因緣而生，緣散而滅的根本道理。正因為如此，因果報應才是反映了因果聯繫的必然規律；如此，一切唯識的「識種」、「阿賴耶識」才是非斷滅、非常住不變的，是辯證的，即相對與絕對的統一。《成唯識論》卷三：「阿賴耶識為斷為常、非斷非常，以恒轉故。恒，謂此識無始時來一類相續，常無間斷，是界、趣、生、施設本故，性堅持種，令不失故。轉，謂此識無始時來念念生滅，前後變異，因滅果生，非常一故，可為轉識薰成種故。恒言遮斷，轉表非常，猶如瀑流，因果法爾，如瀑流水非斷非常，相續長時有所漂溺。此識亦爾，從無始來生滅相續非常非斷，漂溺有情令不出離。……謂此識性無始時來剎那剎那果生因滅，果生故非斷，因滅故非常，非斷非常是緣起理。」〔註12〕

這種因果關係因緣而起的理論，與中道實相論是統一的。《成唯識論》卷三：「正理深妙，離言因果等言皆假施設，觀現在法有引後用，假立當果對說現因；觀現在法有酬前相，假立曾因對說現果，假謂現識似彼相現，如是因果理趣顯然，遠離二邊，契會中道。」〔註13〕至道無言，不離言說，不即言說；現在法與將來果報，現在果與前世因是密切聯繫，不一不二的；現識與彼相、因與果也是不一不二；對於這些對立的兩邊，都不要執著認識心與境、因與果、真假中的辯證統一，緣起與性空的辯證統一，相對與絕對的辯證統一，才能把握事物發展、因果乃至生死的實相，不為任何假象所迷惑，達到終極的覺悟和解脫。

大乘佛教瑜伽行派討論因果，還涉及十因、四緣、五果，涉及人的行為作用所產生的種種果，即從佛教的善惡倫理觀念出發所描述的因果報應思想，涉及人的意識的因果變化形態，因果的同時與異時，因果的變化過程的持續性與階段性，因果性質的同一與差別等。其唯識觀強調心識與境緣的密切聯繫以及本識種子與新薰種子的辯證關係，對於破除先天的命定論，高揚主體的能動精神，通過精進的修持，促進終極的覺悟和解脫，有現實的指導意義，值得深入探討。

〔註11〕《成唯識論》卷二，見《成唯識論校釋》，第116頁。
〔註12〕《成唯識論》卷三，見《成唯識論校釋》，第171頁。
〔註13〕《成唯識論》卷三，見《成唯識論校釋》，第175頁。

（三）中國佛教對因果報應論的理論思考及其現實意義

因果報應論自東漢至南北朝成為中國思想界的熱門話題和中國佛教的理論重心。中國佛教學者結合中國固有思想文化，對因果報應作了系統論證，形成別具特色的道德自律、行為自我約束以改變命運的理論。

梁僧佑輯《弘明集》後序總結佛教六大問題，其中第二個即是「疑人死神滅，無有三世」。東晉以來，何承天、范縝、劉峻、韓愈、李翱、歐陽修、程頤、程顥、朱熹先後抨擊因果報應論，佛教學者戴逵、慧琳、楊度也對此有所懷疑。而東晉慧遠，南朝宗炳、顏延之，隋唐以來的徐同卿、靈裕、陽尚善、道世、彥琮、李師政、劉謐、袾宏、宋濂、真可、德清、梁啟超等相繼著文闡發因果報應思想。方立天教授指出，「中國學者主要是從四個方面反對因果報應：一是從人的形體結構，情慾的自然性質，精神對形體的依賴關係來否定因果報應說；二是強調人生的壽夭、賢愚、禍福、窮達的不同命運，都是自然造化，自然命定，或偶然決定；三是殺生受惡報說與自然現象不符，也不符合人類的生活和利益，立論不合常理；四是報應說無法解釋一些歷史人物的德行和命運的關係，輪迴說無法對證驗明，沒有真憑實據。」〔註14〕其爭論的焦點，在於：到底有沒有因果報應？為什麼有因果報應？誰來承受因果報應？怎樣受因果報應？

1. 從境、行、果三位一體，考察判斷因果、善惡、有無的標準

玄奘編譯《成唯識論》，繼承世親《唯識三十頌》，以明境、明行、明果三分，詮釋至精至密的唯識道理，建立了判斷因果、真偽的客觀標準。呂澂《成唯識論序》曰：「本頌者，二十五頌明境，四頌明行，一頌明果。明境有相有性，……由說我法是假非實，但依識變有種種相，而此識變有異熟、思量、了別三能。……由此識種得餘緣而變，以展轉力強遂生分別。由此業種，得識種與俱，以後能續前，遂有生死。由計執乃非有，依、圓非一異，說有三自性，相生勝義無，密說三無性。真如遍於一切，隨相而性說有三，尅實而識性唯一。明行有四位：求住唯識曰資糧，將住唯識曰加行，實住唯識曰通達，修證轉依曰修習。明果有一位，四德法身曰究竟。是之謂三分以成唯識。」

〔註14〕方立天《中國佛教哲學要義》，第四章，上卷83頁。

唯識三十頌

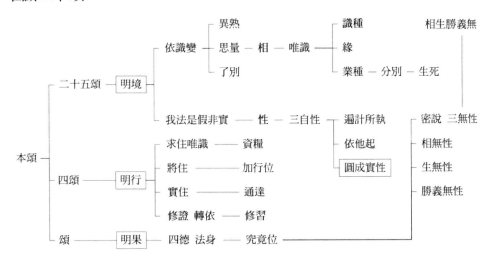

《成唯識論》卷九：「勝義諦略有四種：一、世間勝義，謂蘊處界等；二、道理勝義，謂苦等四諦；三、證得勝義，謂二空真如；四、勝義勝義，謂一真法界。此中勝義依最後說，是最勝道所行義故，為簡前三故作是說。此諸法勝義亦即是真如。真謂真實，顯非虛妄，如謂如常，表無變易，謂此真實於一切位常如其性，故曰真如，即是湛然不虛妄義。」〔註15〕真實就是在一切時空都是真實不虛、客觀的，都有恆常如一的規律性存在。有四層含義：（1）指客觀物質世界和精神世界（如五蘊、一定處所、一定空間）的真實存在；（2）對苦、集、滅、道的道理的真實感受；（3）對宇宙、人生的真諦的切身證悟；（4）覺者的境界、最究竟的實在。這種真實不同於世間單純從物質層面、不以人的意志為轉移的客觀實在性為標準，而是兼從物質、精神、感受、證悟而論其真實性。這四個層面，也是從世間實踐層面（有為法不離物質、精神）、道理層面、證得層面和超越層面（勝義中之勝義）契入真如實性。

《成唯識論》卷八：「心等變似虛空等相，隨心生故，依他起攝。愚夫於中妄執實有，此即遍計所執性攝。若於真如假施設有虛空等義，圓成實攝。有漏心等定屬依他。無漏心等容二性攝：眾緣生故攝屬依他；無顛倒故圓成實攝。如是三性與七真如云何相攝？七真如者：一流轉真如，謂有為法流轉實性；二實相真如，謂二無我所顯實性；三唯識真如，謂染淨法唯識實性；四安立真如，謂苦實性；五邪行真如，謂集實性；六清淨真如，謂滅實性；七正行真如，謂

〔註15〕《成唯識論》卷九，見《成唯識論校釋》，第598頁。

道實性。此七實性圓成實攝，根本、後得二智境故；隨相攝者，流轉、苦、集三，前二性攝，妄執雜染故。餘四皆是圓成實攝。」〔註16〕把真如分為真實流轉、真實本性、真實識體、真實感受、真實集聚、真實清淨、真實悟道，並與三性相關聯，就可以把握心、相、性的內在聯繫的實質，了悟真性而趨於解脫。

三性七真如

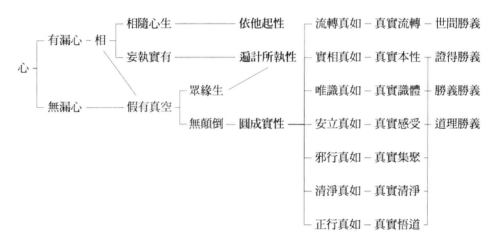

由明境而了別生死根源在於識，發起無我利他的菩提心，是謂願力大；由明行而精進修習，是謂修行切；由明果而歸於究竟的覺悟，是謂見地真。以三十頌之二十五頌明境，四分明行，僅一分明果，說明不問收穫，但問耕耘，一分耕耘，必有一分收穫；只要「願力大、修行切、見地真」，不僅能燭破無明，洞徹因果、輪迴真諦，且能修成正果。這正是《成唯識論》主旨之所在。

2. 從十二因緣證因果、善惡報應的必然性

東晉慧遠《明報應論》：「因緣之所感，變化之所生，豈不由其道哉？無明為惑網之淵，貪愛為眾府之累，二理俱遊，冥為神用，吉凶悔吝，唯此之動。無明掩其照，故情想凝滯於外物；貪愛流其性，故四大結而成形。形結則彼我有封，情滯則善惡有主。有封於彼我，則私其身而身不忘；有主於善惡，則戀其生而自生不絕。於是甘寢大夢，昏於同迷；抱疑長夜，所存唯著。是故失得相當，禍福相襲，惡積則天殃自至；罪成則地獄斯罰。此乃必然之數，無所容疑矣！」〔註17〕因果報應，有其必然的道理，就是由無知、不明事理而造成的。

〔註16〕《成唯識論》卷八，見《成唯識論校釋》，第 584 頁。
〔註17〕見石峻等編《中國佛教思想資料選編》第 1 卷，第 90 頁。

無明—貪愛—執著—有我—有身—有善惡—有報—有吉凶——天堂、地獄。這是必然的規律，也在冥冥之中與鬼神吉凶的業感、報應至理相應。《成唯識論》卷四：「此中俱言顯相應義，謂從無始至未轉依，此意任運恆緣藏識，與四根本煩惱相應。」即無明，由末那識對阿賴耶藏識的執著，產生種種煩惱，由此生死輪迴，造成一切因果、善惡的報應。「無明和貪愛是人生煩惱、迷惑和禍患的根源。……對外界事物發生貪愛、迷戀，也就使善惡報應有了主體，從而人就因貪戀生命而導致生命不斷的輪迴流轉，……使人的得失互相推移，禍福相繼而來，積了惡就有殃禍，有了罪就要進地獄受懲罰。這是必然的定數，是不容置疑的。」〔註18〕儘管此中「冥為神用」幾個字，似乎有某些宗教的神秘色彩，其實是說明無明、貪愛所惑，就如冥冥之中為神明所驅使一樣，失去自我的主宰作用，是在在宗教的外衣下揭示了宇宙人生的根本至理，並非迷信。

3. 以心、識、識神等精神性的實體詮釋輪迴主體

中國佛教據《般泥洹經》「心作天，心作人，心作地獄，心作畜生，乃至得道者，亦心也。」強調「識者，經歷類劫，猶萌之於懷。雖昧其所由，而滯於根。潛結始自毫釐，終成淵岳，是以學者務慎所習」，「行道之人，每慎獨於心。」（東晉郗超《奉法要》）北齊顏之推主張：「形體雖死，精神猶存。人生在世，望於後身似不連續，及其滅後，則與前身猶老少、朝夕耳。」（顏之推《顏氏家訓·歸心篇》）「凡夫蒙蔽，不見未來，故言彼生與今非一體也。若有天眼，鑒其念念隨滅，生生不斷，豈可不怖畏哉！」（同上）也強調心、意識、精神對於因果報應的決定作用，但也多少帶有精神性的實體的意味。這種識神、精神如「老少、朝夕」一樣前後身相續，「念念隨滅、生生不斷」，當然是實體性的存在物、因果報應的承受主體。

明末清初德清憨山大師說：「一切凡聖，善惡因果，依正尊嚴，皆由一心之所造。然此一心非別，乃吾人日用現前，分別了知之心也。」〔註19〕佛陀說：「諸惡莫做，眾善奉行，自淨其意，是名佛教。」楊度《輪迴偈序》說：「離心說前佛，無有是處。生死靈魂，管他作甚。放下此心，輪迴立盡。」〔註20〕其實，對於修行人、覺者來說，這種輪迴主體是有、是無，是實、是虛，不必太在意，關鍵是回歸自己的清淨本心，淨化自己的心靈。

〔註18〕方立天《中國佛教哲學要義》，第四章，上卷86頁。
〔註19〕憨山《法語·示徐請之》，《憨山老人夢遊集》卷上，江北刻經處，1879。
〔註20〕楊度《輪迴偈序》，《楊度集》，672頁。

4. 因果報應、輪迴之說的積極教化作用

因果報應，絲毫不爽，重在防非止惡。虛雲和尚當年以禪師修行的史實教育後人時指出：「年輕人修不修放在一邊，因果要緊。《雲居山志》上載即庵慈覺禪師，蜀人，初出川行腳時，欲上雲居，先宿瑤田莊，夢伽藍安樂公告曰：「汝昔在此山曾肩一擔土，今來只有一粥緣。」次日午後上山，晚粥罷，值旦過僚相諍，聞於寺司，凡新到例遭斥逐，覺心竊疑訝。逾十年，得法於臥龍先禪師，有南康太守張公，亦蜀人，與師親舊，適雲居虛席，請師開法，師欣然應之，以為前夢不驗矣。卜次日上山，當晚宿麥洲莊，忽然遷化，塔至今存焉，近為水湮，一石尚存。他這件事蹟，留給後人看，證明因果絲毫不錯。」〔註21〕

郭嵩燾贊成曾國藩「說輪迴，即是不墮輪迴」之說：「吾謂佛氏言輪迴，是言不落輪迴。有沾滯斯有輪迴；輪迴者，沾滯之謂也。惡人以積惡而有沾滯，善人亦以積善而有沾滯。有沾滯，斯有因緣；有因緣，斯有造化；有造化，斯有色相。佛氏超出乎造化、色相之外，其視萬化萬生旋轉於二氣氤氳之中而不能脫離跡象，是以謂之輪迴也。」認為佛教之所以宣揚「輪迴」，目的是警惕世人棄惡從善，不墮輪迴的果報之中。在天人關係上，人不是受「命運」的擺佈，也不是由什麼神秘的力量決定的，而是由自己的思想行為（善惡）決定的。肯定「佛氏超出乎造化、色相之外，其視萬化萬生旋轉於二氣氤氳之中而不能脫離跡象，是以謂之輪迴也。」〔註22〕對於一切事物、有無、因果、善惡等都不能執著，執著即會隨之造業而墮入生死的惡性循環之中，不能自拔。郭嵩燾肯定佛教「自見本心」的主體能動精神，強調它對於提升道德精神、促進國民素質提高的意義，頗有見地。

〔註21〕純果編《虛雲老和尚文集‧六月十六日開示》。
〔註22〕《郭嵩燾日記》第三卷第 729 頁。

九、慈悲大愛——德性自證之三

　　慈悲是大乘佛教的心髓，表達了佛教的真實內容。菩薩的精神重在慈悲，而慈悲的具體行為是利他。菩薩發心行菩薩道，長養慈悲心，自己未度，不急於求自度，而是積極地去利益眾生，以慈悲心投入六度萬行，從利他中完成自利，成就「無緣大慈，同體大悲」的理想人格。修四無量心能得無量心解脫的要義。部派時期，聲聞學者將四無量心視為勝解觀（殊勝的觀想法門），一般的世俗定法，認為僅能降伏煩惱，不能依此引發無漏慧得證解脫。直至大乘佛法的興起，龍樹菩薩以一切法無自性、性空的立場，來解說四無量心，這才回復佛陀的本懷，並以三種緣（眾生緣、法緣、無緣），來糾正聲聞學者對四無量心的錯誤觀點。禪師就是從挑水搬柴、行住坐臥中長養慈悲心，懂得關愛一切有情，善待一切有生命的眾生，就能「利樂有情，莊嚴國土」，促進人生、社會及自然的和諧共生。

（一）慈為與樂，悲為拔苦

　　慈與悲的涵義如何？《阿含》聖典及諸論典，把無瞋說為三善根之一。南傳《阿毗達磨》也把它說為三無記之一。《巴利佛教》說：「無瞋、無瞋怒、無瞋怒性。慈、慈愍、慈愍性，哀愍、憐愍、憐愍性，求利性、同情，無瞋恚，無恚怒、無瞋善根」。有部的《品類足論》卷三對無瞋下定義說：「有心所與心相應，能對治瞋，是名無瞋」。舍利弗《阿毗曇論》卷二三說無瞋心所的定義為：「何謂無恚？若無諍訟，是名無恚。復次，若堪忍離恚心，是名無恚。復次，若於少眾生、多眾生，欲令此眾生不係、不閉、不傷害，莫令為若干苦加……慈、重慈、究竟慈、矜愍、欲利益法，是名無恚」。《南傳佛教》的《導

論》明無瞋定義說:「無瞋,以無瞋恚為特相,離殺生為其直接因」。《清淨道論》主張:「無瞋,以不激怒為特相,又以不違背為特相,恰如親友;以瞋恚之調伏為作用,又以熱惱之調伏為作用,恰如柏檀;以溫和之狀態為現狀,恰如滿月」。

有部注釋時代以後的論書,如《雜阿毗曇心論》卷二揭示無瞋的定義說:「於眾生數及非眾生數壞瞋恚,名不瞋恚」。《順正理論》卷一一亦說:「於情非情無恚害意,說名無瞋」。《俱舍論》中講到四無量心的慈、悲二種,慈是無瞋,悲以不害為體。《成實論》卷六說:「以慈悲為首,不生忿怒,是名不瞋」。

依上大小論典所說無瞋定義,具足忍辱無瞋的人,瞭解一切苦痛皆是業緣所現,不但不會對之生起瞋恚的心念,且能保持內心的平和寧靜,進而更積極的造作一切善事,以改善身心所能受到的痛苦,促進人與人間的和諧關係,決不對人生起一念恚怒;即或有人來無理取鬧,亦能對他生起慈愍心,可憐他的愚昧無知,這就是無瞋德行的最高表現。

《大智度論》卷二十云:「慈,名愛念眾生,常求安穩樂事以饒益之。悲,名愍念眾生受五道中種種身苦、心苦。」卷二十七云:「大慈與一切眾生樂,大悲拔一切眾生苦。大慈以喜樂因緣與眾生,大悲以離苦因緣與眾生。」愛念眾生,利樂、利益眾生,就叫做慈;同情、幫助眾生拔除痛苦,解脫煩惱,就叫做悲。

佛教諸派多遵從龍樹菩薩的解釋,以慈為與樂,悲為拔苦。世親菩薩著《十地經論》卷二云「慈者,同與喜樂因果故;悲者,同拔憂苦因果故。」《成唯識論》卷六:「云何無瞋?於苦、苦具無恚為性,對治瞋恚,作善為業」。「云何不害?於諸有情不為損惱,無瞋為性,能對治害,悲愍為業。謂即無瞋於有情所不為損惱,假名不害。無瞋翻對斷物命瞋,不害正違損惱物害。無瞋與樂,不害拔苦,是謂此二粗相差別。理實無瞋實有自體,不害依彼一分假立,為顯慈悲二相別故,利樂有情彼二勝故。有說不害非即無瞋,別有自體,謂賢善性。此相云何?謂不損惱。無瞋亦爾,寧別有性?謂於有情不為損惱,慈悲賢善,是無瞋故。」[註1]《大乘義章》卷十四指出,慈、悲雖同為無瞋,但其涵義略有不同:1. 功能不同:悲能拔苦,慈能與樂;2. 對治重點不同:悲能阻止對覺性的損害,慈則可以止息種種貪欲;悲除微細之瞋,慈能遣粗重之瞋;3. 境界不同:悲心多從對苦惱眾生的同情而起,慈愛多從關心眾生是否快樂而生;

[註 1]《成唯識論》卷六,見《成唯識論校釋》,第 377 頁。

4. 所得果報不同：悲則空其所有，心胸開闊；慈則快樂周遍充滿，生於淨土。

儒家云「惻隱之心，人皆有之。」因為人類是自他相依，互助共存，息息相關，所以自然流露出慈悲的同情。同是慈悲，其深廣有差別。只有無緣大慈才是最深廣的同情與惻隱。

龍樹菩薩提到慈悲有三種不同區別。《大智度論》卷四十云慈悲心有三種，眾生緣、法緣、無緣。從龍樹的詮釋中，可知佛菩薩與凡夫、二乘人的慈悲是有所不同的。凡夫慈悲，即眾生緣。聲聞、辟支佛及菩薩初眾生緣，後法緣。諸佛善修習畢竟空，故名無緣。

1. 眾生緣慈

這是凡夫有情緣眾生所生起之慈悲。《大智度論》卷二十云「十方五道眾生中以一慈心視之，如父如母，如兄弟姊妹，子姪知識，常求好事，欲令得利益安穩，如是心遍滿十方眾生中，如是慈心名眾生緣，多在凡夫人行處或有學人未漏盡者。」在緣眾生苦難時，往往執著有實在的眾生可度，從而生起憐愍同情，但內心還有我執、我見。凡夫眾生的慈悲是有特定對象、有限量的。譬如自己的父母、親朋好友發生了苦難、病痛時，內心會生起悲傷，有如感同身受，自然會無條件地犧牲奉獻、關懷照顧。如果不是遇到自己的親人發生災難，有時會無動於衷，不會生起慈悲的同情。《論語‧鄉黨》載：「廄焚，子退朝，曰：『傷人乎？』不問馬。」孔子在馬棚失火時關心馬夫的安危，固然是對下人的慈悲，值得稱道，但「不問馬」畢竟對眾生不能平等對待。周敦頤「周茂叔牕前草不除去。問之云『與自家意思一般。』」〔註2〕雖然將慈悲擴展到眾生，十分高尚，但也是受佛教的影響所致。因此，凡夫眾生緣慈畢竟不可能等視一切眾生，所以凡夫的慈悲還不是真正高尚的慈悲。

2. 法緣慈

這是漏盡者的境界，三乘聖人──佛、辟支佛及阿羅漢，皆同樣體證到這平等不二的法空性。《大智度論》卷二十云「行法緣者，諸漏盡阿羅漢、辟支佛、諸佛，是諸聖人破吾我相，滅一異相故，但觀從因緣相續生諸欲，以慈念眾生時，從和合因緣相續生但空，五眾即是眾生，念是五眾以慈念眾生不知是法空，而常一心欲得樂。聖人愍之令隨意得樂，為世俗法故，名為法緣。」他們所見的雖然還是一個一個的眾生，卻能夠體悟到事實上只是因緣和合的假相而已，

〔註2〕周敦頤《元公周先生濂溪集》卷之七。

沒有一永恆不變的主宰之物。這種境界並非是抹煞生死輪迴，而只是在生死輪迴中，沒有實質不變的我作主宰罷了。這些聖者因為悲愍眾生不知空性真理，所以約世俗諦，而隨意令其獲得種種快樂，這種慈心就名為法緣慈。

3. 無緣慈

這種慈是佛不共二乘之特色。《大智度論》卷二十云「無緣者，是慈但諸佛有。何以故？諸佛心不住有為、無為性中，不依止過去世、未來世、現在世，知諸緣不實，顛倒虛誑故，心無所緣。佛以眾生不知是諸法實相，往來五道，心著諸法，分別取捨，以是諸法實相智慧令眾生得之，是名無緣。」諸佛既不住有為，也不住無為，既不依止過去、現在，也不依止未來世，卻因悲愍執著於諸法的眾生，受種種流轉生死之苦，特以各種方便使眾生得入諸法實相。這種實相與眾生宛然現前，即空而起的大慈悲心，即名為無緣慈。

「無緣」即無特定緣因、對象的意思。無緣慈唯有諸佛才能得到。因為世間一切事物，都是在相依相緣的關係下存在的。相依相緣的存在與生起，佛教稱為「緣起」。凡是緣起的，沒有不是受著種種關係的局限與決定。受種種關係條件而決定其形態、作用的緣起法，即不能不是無自性的。首先，要樹立四無量心（慈、悲、喜、捨）。在原始佛教中，慈、悲、喜、捨是佛陀所重視的修行法門之一。世尊不但順應當時沙門、婆羅門等，希求生梵天而教授其法，更進而開示，修四無量心能開闊胸懷，得無量心解脫的要義。部派時期，聲聞學者將四無量心視為勝解觀、一般的世俗定法，認為僅能降伏煩惱，不能依此引發無漏慧得證解脫。直至大乘佛法的興起，龍樹菩薩以一切法無自性、性空的立場，來解說四無量心，這才回復佛陀的本懷，並以三種緣（眾生緣、法緣、無緣），來糾正聲聞學者對四無量心的錯誤觀點。

（二）弘揚無緣大慈、同體大悲精神

慈悲本是佛教的精髓，大乘行者無不以此為要著。而長養慈悲的方法，不外乎是修習四無量心。

四無量心，又名四梵行、四梵室、四等心，一般稱為慈悲觀。慈、悲、喜、捨，原本《阿含經》中只是慈心而已，如《雜阿含》卷二九云「有比丘，修不淨觀斷貪欲，修慈心斷瞋恚（怨恨，憤怒），修無常想斷我慢，修安那般那念斷覺想。」〔註3〕

〔註3〕大正藏，二、二○九下～二一○上。

佛教將慈悲分為四種：慈、悲、喜、捨。《大智度論》卷二十云「四無量者，慈、悲、喜、捨。慈，名愛念眾生，常求安隱樂事以饒益之。悲，名愍念眾生受五道中種種身苦、心苦。喜，名欲令眾生從樂得歡喜。捨，名捨三種心，但念眾生，不憎不愛。」〔註4〕《中部》《教誡羅睺羅大經》，於同樣的修法，分為慈、悲、喜、捨、不淨、無常、入出息念——七類。其實，四無量心與七種修法是一致的，後者不過是將拔苦、與樂的法門加以擴展，對貪欲重者勸修不淨觀，對我慢重者勸修無常觀，對散亂心重者勸修安般法門，更具針對性而已。

慈，即以種種方便、利益，給予眾生快樂。這不是一般以情愛為本的世俗愛，而是平等對待一切眾生的愛心。《解脫道論》卷八云「如父母唯有一子，情所愛念，見子起慈，起饒益心。如是於一切眾生，慈心饒益心，此謂慈。」〔註5〕這即是將自己與一切眾生視為同體，如同父母愛護自己的子女一樣，沒有偏頗。

悲，是欲拔濟眾生苦難，解除眾生生死根本的心。見眾生受苦時，引發自己同情、悲憫，而願拔除其苦。悲憫會促使人以利他之心服務群眾。一個真正悲憫之人，是不為自己求安樂，而是為他人，為尋找利他的機會而不圖報答，甚至感謝他人。

喜，是因見眾生離苦得樂而心生歡悅，見眾生成功而隨喜讚助、稱歎，以眾生的快樂視為己樂。隨喜他人是不容易的，眾生因從本（無明、癡迷）而來的我執，處處以自我為中心，無法看見或聽到他人成就，而對他人的失敗卻常生幸災樂禍之心。隨喜，既能消除自己的嫉妒，又能幫助、利益他人共求發展。因此，隨喜就是懷著喜悅之情，承認、成全他人的成功。

捨，即捨棄種種愛憎、功過等分別心，一律怨親平等、一視同仁。《成實論》卷一二云「是故行者欲令心等，於親捨親，於怨捨怨，然後於一切眾生慈心平等，悲喜亦爾。」〔註6〕對於怨親能平等對待，不起愛憎，對慈悲喜等善行也捨去種種分別心而不執著。捨怨親而平等，也捨前三心（慈、悲、喜）而立於不動（不執著），即對善事也不執著，有慈悲喜捨兼修的福德智慧，才是真正的菩薩行。

〔註4〕大正藏，二五、二〇八下。
〔註5〕大正藏，三二、四三五上。
〔註6〕大正藏，三二、三三六下。

　　具有上述四種德行的人，將是世間最完善的人。可是世間一切事物都是相對的，每一標準善德，一定具有其相對的罪惡（瞋恨、殘害、嫉妒、貪瞋），這些存在人們內心中的罪惡，幾乎是極為自然引發的，而善德看起來不怎麼普遍和自覺。所以，為對治惡法、增長善法，必須修習四無量心。《大智度論》卷二十云「修慈心，為除眾生中瞋覺故。修悲心，為除眾生惱覺故。修喜心，為除不悅樂故。修捨心，為除眾生愛憎故。」〔註7〕

　　可見四無量心有對治煩惱，遣除心中污濁的作用。因此，佛陀所說的四無量心，不僅含攝了世俗法，也闡發了佛法不共世間法的解脫法。

　　二乘人雖具有慈悲，但偏重在自利，而不能累生累劫度化眾生。而發心菩薩在度化眾生時，即以大慈悲心護念一切眾生，以般若方便力救度一切眾生，令眾生從煩惱痛苦中得到自在解脫。真正慈悲利他的菩薩，不一定先要求自身的解脫，在解脫自利之前，同樣可修利他行。

　　菩薩發菩提心欲度眾生苦，於生死苦海中，本著不為自己求安樂，但為眾生得離苦的精神，積極地去利益眾生，這是出於慈悲的本願。但是因初發心時煩惱心重，意志力薄弱，容易在遇到逆緣障礙時退失菩提心，不再精進勤修大乘佛法，去利益眾生。這是由於慈悲心不堅定，所以要時常勤修慈悲觀，使慈悲心增長及穩固。具體可從以下幾方面努力：

1. 自他互易，設身處地，為對方著想

　　凡夫眾生所作所為都是以自我為中心，只考慮自己的利益，往往會忽略別人的感受、立場和看法，無形中傷害到別人而不自知。《南傳大藏經相應部》55 經《預流相應經》云「我欲生，欲不死，欲幸福，欲避苦。如有破此欲生、欲不死、欲幸福、欲避苦之我之生命（此據殺生而說），此為我之所欣愛耶？若為我所不喜愛，則我去破與我同欲生、欲不死、欲幸福、欲避苦之他生命，他亦不欣愛此。不獨如此，凡為自己不愛、不快之法，在彼亦為不愛、不快之法，然則我如何以己所不愛、不快之法而害他？」

　　一切世間都是因緣和合，有著密切的互動關係。所以時常多替別人的立場著想，相信也不會有對立爭執的事情發生。譬如自己在路上撿到一筆很大數目的錢，心裏如作是想，遺失錢的人會因遺失這筆錢憂慮急躁不安，說不定還會因此斷送人命，那我們內心於心何忍，所以慈悲心會自然生起，不會

〔註7〕大正藏，二五、二〇八下。

將錢占為己有,而會更歡喜地送還失主。因此若將自他互易觀運用在日常生活中,不管面對種種人事順逆、吉凶,不失為一個很好的修行方法。就以佛教戒律中的不殺生來談,眾生都畏懼死亡,面臨被殺害時一定是痛苦萬分,那我們怎能為了滿足自己的貪欲而加害於他呢?儒家說:「己所不欲,勿施於人。」從受持不殺生戒中可以培養增長慈悲心,進而去愛護一切眾生,不令受到傷害。

2. 怨親平等,不作虛妄分別,平等待人

　　一般人最親愛、最關切的,莫若自己的父母及妻兒,最難生起慈悲心的是怨敵及仇人,因為內心有虛妄分別,不能平等對待一切眾生。所以慈悲心的修習應從親人開始,再到無相關的人,最後到自己最怨恨的人,次第修習。首先對自己的親屬,觀察他們的苦痛而想法予以解除,見他們生活貧乏而想讓他們得到滿足。世間所謂母子情深,親人的苦樂我們比較容易感同身受。進而到與自己無恩無怨的人,因為若仔細觀察,他們何嘗不是曾經有恩於我呢?從無始以來,誰沒有當過我的父母、師長?佛說一切男子皆是我父,一切女子皆是我母。對於他們的苦痛就如自己的親生父母一樣,而生起慈悲心想解除他們的痛苦。戴震《孟子字義疏證‧性》說:「孟子曰:今人乍見孺子將入井,皆有怵惕惻隱之心。然則所謂惻隱、所謂仁者,非心知之外別如有物焉藏於心也。已知懷生而畏死,故怵惕於孺子之危,惻隱於孺子之死。使無懷生畏死之心,又焉有怵惕惻隱之心?」當路見不相識的小孩掉下井去,第一念心,應該是對落水者心生惻隱,考慮怎樣救起小孩,而不是考慮那是不是自己的小孩。由此可知,有慈悲心的人是不會揀擇對象,而是同等對待他人和一切眾生,只要對方有急難,都會奮不顧身去救度他,甚至犧牲生命也在所不惜。對於自己的怨敵修慈悲觀,似乎容易招來世俗「敵我不分、是非不辨,立場不穩」的惡評和誤會。其實,佛法是講因緣而起、緣散而滅的,人與人尖銳對立、階級對抗的現象,只是社會生產力和經濟、政治發展到一定歷史階段的暫時現象;過去對我們有怨恨的人,也不是永遠不能改變的,因為壞人不是永遠都壞,只要因緣改變,也會變成善人。我們如果能細心觀察對方之所以對我們有怨恨,實在是受了社會情勢、煩惱所逼迫所致;對於沉迷不悟、愚昧無知的眾生,應該同情、憐憫、寬恕他,不能因一點怨害而瞋恨於他。如能對怨敵起慈悲心,即是怨親平等觀的成就,慈心遍滿一切。

3. 長養慈悲心，於行住坐臥中起修

如何啟發慈悲心，不是深入浩瀚經藏中求，亦非單靠閉目盤腿而來，是要從日常生活的起心動念，及行住坐臥中起修。《大智度論》載：「大慈與一切眾生樂，大悲拔一切眾生苦」。一般以為，行有目共睹的大愛慈善救難，才是慈悲。殊不知，無形無相，由內心自然啟發的純善行為，功德更為深廣。一個有慈悲心的人，有「三輪體空」的智慧，並運用到慈悲上來，即行慈悲時，無行者之我相，也沒有受惠者的他相，更不會執著施受之間的行為作用，吝嗇布施之物。唯有無染著地於一切有緣無緣、有情無情，起慈悲心，修慈悲行，方可謂為如實菩薩行者。

（三）弘揚慈悲精神的現實意義

當今社會弘揚無緣大慈、同體大悲精神，其意義有以下三點：

（1）緩解心理壓力，緩和人際關係。人既有對他人不理解、不合作的困惑，也有對自身、人性的困頓。所以，良好的個人修持、修為涵養，弘揚無緣大慈、同體大悲、三輪體空的精神，能提高個人的精神境界，免除很多不必要的麻煩與苦惱，有利於人自身的發展，也有利於整個社會的和諧與進步。

（2）提升精神境界，淨化社會風氣、淨化人心。釋迦牟尼認為，「菩薩於法應無所住行於布施。所謂不住色布施，不住聲、香、味、觸、法布施。須菩提，菩薩應如是布施，不住於相。何以故？若菩薩不住相布施，其福德不可思量。」[註8]梁武帝問達摩祖師：布施有無功德？達摩回答並無功德。實則，布施當然有利益他人的功德，但作為布施者而言，應當「三輪體空」，不以為有功德，方為究竟。宋代張栻把「無所為而然」與「有所為而然」作為區分義利之根本標準，指出：「無所為而然者，命之所以不已，性之所以不偏，而教之所以無窮也。凡有所為而然者，皆人慾之私，而非天理之所存。此義利之分也。」這固然體現理學家把存天理與滅人慾相統一的特色，和十八世紀哲學家康德的道德「絕對命令」相契合，也是吸取佛教「不住相布施」的思想的體現。布施而有所執著，即「有所為而然」。「不住相」布施，即「無所為而然」。「無所為而然」，則「能施之我，所施之彼，以及中間布施之物，三輪皆空。」只有對施者、所施對象和所施之物均「無所為而然」的布施，才有不可思量的福德果報。這或許正是張栻之所本，是他援佛入儒，對儒家道德進行改造的產物。

〔註 8〕《金剛經》資糧分第三。

（3）和諧人與社會、人與自然的關係。慈悲的修持，應落實到日常生活中，處處是慈悲，時時是慈悲，慈悲無所不在：滿地殘落花朵，輕輕拾起，放到有水的小小容器中，讓它清淨的開完最後一季燦爛；草叢中一隻已經死亡不知名的小蟲，讓我為你撒下一把泥土，於念佛聲中祝你往生善趣；窗外的小鹿，不要驚擾牠，讓牠安心受食……。禪師就是從挑水搬柴、行住坐臥中長養慈悲心，懂得關愛一切有情，善待一切有生命的眾生，就能「利樂有情，莊嚴國土」，促進人生、社會及自然的和諧共生。

十、臨終關懷——德性自證之四

　　對頻臨死亡的眾生及其親屬進行人性醫療、心靈撫慰和人道主義救助，佛教稱為中陰身救度。其要點在於護持正念，「中陰」得度，「業力輪迴」，終極解脫，自利利他，圓滿人生。「中陰身」（即介於前期生命「本有」與來生「後有」之間脫離肉體羈絆的意識、潛意識和生命境界）可能循著一定的方向（向著光明，或黑暗）遷移、鏈接，如同現代因特爾互聯網一樣，遇到適當的因緣，便向上品或中品、下品「投生」。醫護與臨終關懷實在是與現代社會，尤其是都市經濟、文化、教育、宗教、民俗息息相關的大事。積極參與和承當臨終關懷，不僅利國利民，而且有利於調動廣大信徒的積極性，提高佛教的品位，擴大佛教的積極影響力，促進宗教與現代科學協調，乃至與現代社會主義社會相適應。

　　終極關懷，主要講對一個人最根本的關懷，包括心靈的關懷、靈性的關懷和臨終關懷。本章終極關懷，主要涉及臨終關懷。

（一）何謂臨終關懷

　　臨終關懷（hosp1ce）一詞，始於中世紀，現已成為國際上通用的術語。在世界範圍內，臨終關懷學作為一門相對獨立的學科存在，只有二、三十年的時間。從醫學上說，臨終關懷是指一種照護方案，與醫生、社會中的巡迴醫護互相配合，為垂死的病人及其家屬提供緩和性和支持性照顧，以及病人死亡後對家屬的心理輔導[註1]。在美國，臨終關懷剛開始的時候，是以一種「理念肯

〔註1〕參臺灣南華大學生死學研究所副教授尉遲淦：《臨終關懷——一個現代人不得不面對的生死問題》。

定」的形式，由全美 80 個城市聯合起來，極力向大眾推介而來。1967 年一位
英國醫師西西里‧桑德絲女士，在教會的協助下，成立了 St. Christopher's
Hospice，推動對癌症晚期病人的積極照顧，改變現代醫療只求「治癒」的觀
念，加上人性化的全人、全程、全家、全隊「照顧」或「療護」。這種「四全」
照顧，積極解除病人身心、心靈痛苦的現代醫療，逐漸推展到世界各國。我國
臺灣於 1990 年由基督教的馬偕醫院首先在其竹圍分院開創全島第一家
Hospice，命名為「安寧病房」。因此在臺灣 Hospice care，被稱為「安寧照顧」
或「安寧療護」。日本人譯為「緩和醫療」或「緩和醫學」。臺大醫院於 1995 年
成立從事這種安寧照顧的病房時，訂名為「緩和醫療病房」，同年成立「臺灣
安寧照顧協會」。1998 年 4～5 月，臺中慈光佛學院院長惠空法師主持《臨終
關懷與救濟》的 CALL IN 的電視節目播出〔註2〕。同年 10 月，佛光山召開
「哲學、宗教與生死國際學術討論會」。1999 年成立「臺灣安寧緩和醫學學
會」。臺灣安寧照顧協會、安寧照顧基金會、臺灣安寧療護教育中心、佛教蓮
花臨終關懷基金會、天主教康泰醫療教育基金會等社會團體迅速建立。臺灣的
「安寧緩和醫療條例」在 2000 年 5 月 23 日以立法形式通過，6 月 7 日正式公
布施行。

在中國大陸，臨終關懷雖然起步較晚，在 20 世紀末也有良好的開端。1997
年 10 月、1998 年 10 月，南昌大學哲學系鄭曉江教授兩次到臺灣作了十幾場
學術報告，把自己 20 多年的研究成果《生死智慧》、《超越死亡》等與臺灣同
行進行交流〔註3〕。另據媒體報導，2001 年 4 月 9 日，廣州地區首家寧養院暨
南大學第一附屬醫院寧養院成立，至今已為 155 人提供服務。其中已死亡 74
人，死亡病人的平均服務天數為 93 天／人。目前正在接受服務的病人達 81
人，寧養院為他們提供的服務已達 110 人次之多，行程達 2750 公里。由李嘉
誠基金會捐資的專門對晚期癌症病人施以「臨終關懷」的寧養院，在大陸已發
展到 20 家。中國大陸二十所設備先進、技術力量雄厚的「三級甲等」重點醫
院，致力於使晚期癌症患者解除病痛的「臨終關懷」事業，已使北京、上海、
天津、重慶、蘭州、烏魯木齊、汕頭、深圳、潮州、韶關等地癌症患者五千餘
人直接受益。2002 年 3 月 25 日，一支由大學生組成、以關愛晚期絕症患者的
「寧養義工隊」在汕頭大學醫學院成立，該院第一附屬醫院寧養院對首批 123

〔註2〕惠空法師：《談中陰救度法》。
〔註3〕鄭曉江：《關於中國本土化臨終關懷事業發展的沉思》。

名大學生進行了首場義工培訓。可見，發展臨終關懷，在全世界，包括中國海峽兩岸，都已不同程度地達成共識。都市佛教在臨終關懷方面有廣泛的發展空間，勢所必然。吳興勇《死亡學筆記》也指出：「重視現世生活並不能自發地擺脫對死亡的恐懼。在生死問題上，自然科學本身任何時候也代替不了哲學的理性思維，生命和死亡的學問決不是僅僅包括醫學、生理學、心理學的專門技術學科，生命和死亡的研究應當格外重視哲學、倫理學、社會學、道德觀念、人道主義思潮對人生的決定作用。」〔註4〕

臨終關懷不僅是對病患最後生命程途的醫療呵護，更是人類在如何面對死亡時的痛苦、畏懼、絕望和憂愁的一種情感關懷，是人類在生活質量提高之後，努力提升「死亡質量」，從生理、心理、精神諸方面追求最後圓滿與徹底解脫的精神慰藉，是現代人類社會最具人性化、人道主義和人文精神的集中體現。在佛教看來，諸法因緣而生，人是肉體與心識和合而成。肉體終有成住壞滅，心識（或神識）在一定時間內卻是不滅的。所以圓滿的臨終關懷，不但重視減輕病人身體的痛苦，更重要的是在「中陰身」階段，通過「護念」（或「助念」）引導病人的心識（或神識）往生西方極樂世界，永享真實究竟解脫之樂。佛教在實踐臨終關懷的理念上，較世俗社會和其他宗教有獨特的優勢。筆者本世紀初曾有機會到臺灣花蓮證嚴法師創辦的慈濟醫院心蓮病房以及華梵大學推廣教育中心臺中分部、南投縣伽俐終生關懷社會福利基金會等寺院、醫院、大學、社會服務機構進行訪問，親眼目睹了臺灣佛教界、學術界對臨終關懷的重視及其在現代社會中所發揮的巨大的、不可替代的作用，深感人不是「一死了之」，都市佛教對生死學及臨終關懷大有文章可做。

（二）臨終關懷與中陰身救度

1. 臨終關懷的理論依據，在於中陰身救度

佛教經論中「四有」的論述，見隋靜影慧遠《大乘義章》卷八：「四有之義，出《阿含經》，《毗曇論》中，具廣分別。生死果報，是有不無，故名為有。有別不同，一門說四，四名是何？一者生有，二者死有，三者本有，四者中有。報分始起，名為生有。命報終謝，名為死有。生後死前，名為本有，對死及中，故說為本。兩身之間，所受陰形，名為中有。中有相隱，九句辨之，一定其有無，經論不同。《毗曇》法中，定有中陰。《成實》法中，一向定無。有無偏定，

〔註4〕吳興勇：《死亡學筆記》，湖南人民出版社2000，第3頁。

故成諍論。故《涅槃》云我諸弟子，不解我意，唱言如來宣說中陰，一向定有，一向定無。大乘所說，有無不定。上善、重惡，趣報速疾，則無中陰，如五逆等，餘業則有，異於偏定，故無諍論。」四有，即生有、死有、本有、中有，是生命存在、產生果報的載體的不同形態。一期生命降生的載體，稱為生有；一期生命結束後的載體稱為死有；在出生以後到即將終結之前的載體，稱為本有；處於前一期生命與後一期（投生後）之間的生命載體稱為中有，也叫中陰身。佛教對中陰身的有無有不同的解釋。大乘佛教認為，極善、極惡報應來得迅速，無需中陰身，其餘之人都有中陰身。所以，《大乘義章》卷八也說；欲、色二界眾生一般皆有中陰身，唯上善及重惡眾生，死後立即往生淨土，轉生善類，或直墮地獄及餓鬼趣，所以沒有中陰。以重惡眾生的業感而言，唯造五逆罪者沒有中陰。

「中陰」又叫「中有」，是將來發起投胎之神識，類似於世俗所謂「靈魂」，是今生與來生之中的過渡期。其實，佛教不承認有靈魂，或不作肯定的回答。《大智度論》卷二釋迦牟尼有關「十四無記」的論述說：「世有常，世無常，世亦有常亦無常，世非有常非無常；世有邊，世無邊，世有邊無邊，世非有邊非無邊；命即身，命異身；如來死後有，如來死後無，如來死後亦有亦無，如來死後非有非無。」佛陀對這十四個問題不作肯定、否定的回答，故稱「十四無記」。「十四無記」是基於事物發展的複雜性，人們限於科學、知識和自己的能力，暫時無法正確回答，或本身就是不該問的問題，或不利於人們的修行和解脫，故不予回答，或不答就是最好的回答，體現佛陀實事求是的精神，也是判斷是非的高度智慧和善巧的表現。「中有」既不屬於今生這個生命，也不屬於下一世的生命，又可以說亦今生、非今生。今生的生命叫做「本有」，下一世的生命，叫做「生有」，在「本有」與「生有」之間的就叫做「中有」。本有、生有是屬於六道輪迴中的天、人、畜生、阿修羅、惡鬼、地獄等六道，而「中有」則不屬於六道輪迴任何一道，其特性無法確定，亦具有多變性，所以「中有」是一個很特殊的生命狀態。

一般所說的神識離開肉體以後，直到投胎到下一世的母胎之前，都叫做「中陰」。中陰的生命期，短則一秒鐘，長則四十九天。「中有」的形體，是沒有障礙的，除了母胎及佛的金剛座外，他可以超越穿過任何東西。所以他可以來去自如，而且他能夠聽到遠處的聲音，看到遠處的事情，乃至可以看到前生，所以中有有一種神秘的穿透力量。「中有」不同於在鬼道已經投胎的生命體，而

是沒有投胎的眾生。有時候，親人會夢見亡者回來，也可能是以「中有」的形式回來。這是「中有」的意義與特質。惠空法師《談中陰身救度法》指出：「從十二因緣來說，『中有』就是屬於無明、行的這個狀態，等他到達『識』的狀態時，就已經進入了生有的階段。事實上講起來，以佛法而論，我們在十二緣起的每一時段裏面，都可以契入解脫的生命情境裏，所以『中有』也是一個我們需要去解脫的生命情境，而在某一個特性上面來談『中有』，有一點很特別，即是他的生命情境已經沒有肉體的牽絆，這在《西藏生死書》第三〇五頁蓮花生大士的引文中可以證明：『我們的心，被包在『業氣』的網子裏面，而『業氣』卻又被包在肉體的網子裏面，結果是我們不得解脫或自由。』」〔註5〕

「中有」是一種業力的自然轉移，相對於原已轉移出來的肉體束縛，也可能帶來另外一種新的業力束縛、障礙，即由其宿世業力引發種種生命情境的干擾，如美麗的仙境、恐怖的鬼神、野獸等境界，會現出幻業的境界來干擾心識，使亡者的神識在迷惘中投錯胎而墮落。因為在「中有」的生命狀態中本身沒有禪定，神識不能集中力量來覺察，來自我超越與控制。相反，在禪定中間，禪者憑藉禪定力與智慧力覺悟的心性，把外在的生命境界中種種貪瞋癡等煩惱、肉體干擾，還有六塵境界的干擾都排除、消化掉，而達到這種解脫的境界，所以禪定比較容易達到開悟，這是他們之間的差異點。可是有一點相同，即是他們都已經脫離、擺脫肉體的束縛。

臨終關懷正是基於以上認識，對頻臨死亡的眾生及其親屬進行人性醫療、心靈撫慰和人道主義救助，佛教稱為中陰身救度。其要點在於護持正念，「中陰」得度，擺脫「業力輪迴」，終極解脫，自利利他，圓滿人生。

2. 臨終關懷是引導眾生提高「死亡質量」的需要，實質上也是提高生命質量的需要

「死亡質量」這個詞以前不多見，鄭曉江教授《關於中國本土化臨終關懷事業發展的沉思》的論文中提到過，挺新鮮，但人們不禁有幾分疑惑：人死如燈滅，難道「死亡」還有質量的不同嗎？其實，古人對此早已給予相當的關注，如《呂氏春秋‧仲春紀》就把人生生命的價值與質量分為四等：「全生為上，虧生為次，死次之，迫生為下」，也就是把欲望的有無以及實現程度（「六欲」是否「皆得其宜」）作為區分生命質量的標準，實際上也是衡量死亡質量高低的尺度，把那種正常的生活欲望無法得到滿足、「迫生不若死」的狀況視為生

〔註5〕惠空法師：《談中陰救度法》。

命和死亡質量最次者。從世俗社會來說，死亡的確有不同的質量，死有重如泰山和輕如鴻毛之分，有為崇高的道德理想和他人、社會的利益而獻身，死如同生、在有限的生命中獲得永生為上；有生死一如、瀟灑自在為次，和受盡折磨與煎熬，痛不欲生、生不如死為下的區別。從佛教的唯識學、淨土論以及密教的《西藏生死書》來說，人在臨終時，儘管可能神志不清，但神識還在，在醫生、法師、蓮友等臨終關懷者的引導下，其「中陰身」（即介於前期生命「本有」與來生「後有」之間脫離肉體羈絆的意識、潛意識和生命境界）可能循著一定的方向（向著光明，或黑暗）遷移、鏈接，如同與現代因特網聯網一樣，遇到適當的因緣，便向上品或中品、下品「投生」〔註6〕。這種臨終時的心境、精神狀態及投生的去向和品位，就反映了一個人「死亡」的質量，也可以說是「另一期生命」開始的質量。因此，說到底，死亡質量與生命的質量，本身是統一的，只不過不同階段有不同的特點而已。一位教授在對生命有一定體悟後，不無感慨地說：常言道「天增歲月人增壽」，其實是「天增歲月人減壽」！人們忌諱「減壽」，總以為是在「增壽」，看破了，其實「生命在呼吸之間」，「人生苦短，來日無多」，起碼對於中年以上人群和絕症患者，就是這麼一回事！因此，提高生命質量，必須重視使生命的每一個程途都能得到圓滿、安樂，當然包括死亡質量的提高；而提高死亡質量，如同鄭曉江教授所說的「把對死亡的認識轉化為人之生活的資源和促進人生發展的動力機制」，也是生命質量的延伸；生命質量與死亡質量，其實是一而二、二而一的。臺灣一些從事臨終護念工作的法師談到，法師的修持對於亡者和親屬的利益關係很大，臨終者的業力和在中陰時繼續修持、保持正念，加上佛菩薩的加持，善知識的開導，親屬的功德力，對於亡者能否超越生死的苦難，乃至解脫，證得法性，是否往生極樂世界，上品上生，至關重要。

況且，臨終關懷儘管主要在臨終前的一段時間內進行，其實，臨終關懷教育（包括死亡教育）是人生終生教育的重要部分。在美、日、英、法等發達國家，死亡教育已經成為各類學校的公共課，並且在提高全民的生命質量和綜合素質上取得了良好效果。在佛教界，一些道行高尚的出家人往往在寮房前貼上一個「死」字，或寫上「生死事大，無常迅速。今日已過，當勤精進」等偈語，以鞭策自己。在每天入睡前，他們都會把自己床前的鞋子擺整齊。在他們看來，第二天早上能不能醒過來，是否會無常來到，誰也難以逆料，每一天個體

〔註 6〕惠空法師：《談中陰救度法》。

生命的結束，都是死亡（或者另一期生命）的開始。死亡是不可避免的，不應消極逃避，而應積極面對，把當下的事情一心不亂、盡職盡責、努力精進地辦好，才能利己利人，自度度他，生而歡欣，死亦安然，無怨無悔。這正像弘一大師所說的那樣，達到「華枝春滿，天心月圓」的崇高境界；或者像趙樸初大德那樣：「生亦欣然，死也無憾。花落還開，水流不斷」〔註7〕。

3. 臨終關懷是利國利民的事業，更是提高都市佛教品位的重要體現

智顗《法華玄義》說：「一切世間治生產業，皆與實相不相違背。」一切資生事業無非是般若實相的體現。臨終關懷從一期生命到另一期生命的再生契入，推廣心靈撫慰、人文關懷理念，不只是長於「了生脫死」的佛教界義不容辭的責任，也不只是宗教的利生事業，更是現代社會億萬人的實踐和有益於國計民生的事業。我們在臺中、臺北市看到，臺灣的殯葬業發展十分迅速，在國民經濟和民眾的消費中佔有相當重要的比例。如果人們在馬路遇到一個因車禍而喪生的屍體，可能家屬還不知道，而殯葬業的從業人員早就守候在那裏，用白布一蓋，這具屍體也就成為他「關懷」的對象了。這樣，在無形中就產生了殯葬業界、世俗社會及宗教界的競爭，一些地方甚至出現了少數趕經懺的僧人（「應赴僧」）和冒牌「僧人」。當然，佛教界法師立足於自己淨化心靈的優勢，不會與世俗社會去爭，而是象臺北承天禪寺那樣，親屬給錢，僧人虔誠為亡者誦經超度，沒有給錢，也照樣為亡者誦經超度，只要求家屬一定按時參加「做七」、如理如法地親自為亡者誦經。所以，這樣的臨終關懷品位高，「冥陽兩利」，生者、誦經護持者、亡者都受益，深受廣大信眾歡迎。

如此看來，醫護與臨終關懷實在是與現代社會，尤其是都市經濟、文化、教育、宗教、民俗息息相關的大事。積極參與和承當臨終關懷，不僅利國利民，而且有利於調動廣大信徒的積極性，提高佛教的品位，擴大佛教的積極影響力，促進宗教與現代科學協調，乃至與現代社會主義社會相適應。

（三）都市佛教臨終關懷大有可為

馬克思主義經典作家認為，人們把握世界，不外乎採取理性、藝術情感、宗教、實踐等四種方式。馬克思指出：「這個頭腦所專有的方式（指理論思維）掌握世界，而這種方式是不同於對世界的藝術的、宗教的、實踐─精神的掌

〔註7〕徐孫銘：《船山在終極關懷上的推故出新》，載《鵝湖》2003年第8期第25頁；《都市佛教與臨終關懷》，2001年上海玉佛寺《覺群》。

握的。」〔註8〕恩格斯也指出:「今天,不把死亡看作生命的重要因素,不瞭解
生命的否定實質上包含在生命自身之中的生理學,已經不被認為是科學的了。
因此,生命總是和它的必然結果,即始終作為種子存在於生命中的死亡聯繫起
來考慮的。」〔註9〕生命與死亡緊密相連。宗教的臨終關懷離不開知、情、意
幾方面,也就是對人生、生命意義的體認,對情感的體認,對自在之物(自身、
財物)的體認,不過更強調用宗教的(包括宗教藝術的)精神來妥善處理,提
升精神而已。

都市居民集中,生活條件較農村優越,開展臨終關懷的條件好。如果寺院
與醫院密切配合,或者能像花蓮慈濟醫院等臨終關懷機構那樣,積極參與和獨
立承擔起臨終關懷的責任,使臨終者不僅得到良好的、合理的治療,而且有佛
樂、鮮花、笑臉相伴,有專用電話傾訴隱私和「終情」,有親人的悉心照料,
有娛樂室、佛藝室等活動室,有志工、蓮友的呵護……那麼,人們對自己生命
的最後程途,還有什麼不能放下,有什麼痛苦、畏懼、絕望和憂愁不能解脫
呢?這樣的醫療,不正是人道主義、人性化的生動體現嗎?這種關懷從城市輻
射到農村(事實上許多農村的重危病人都希望送到城市醫院來,得到自己心儀
的終極關懷),不正是莊嚴國土的一個生動體現嗎?

都市佛教的臨終關懷,根據海內外一些學者、法師的研究,主要可以從如
下幾方面著手:

1. 肯定人生、生命的永恆意義

幫助臨終者體認「人身難得今已得」的真理,找出一生值得肯定的意義,
找出代表自己生命的意義,不管其意義多少、大小;不僅要從中找出體現現世
生命的意義,尤其要找出其中所具有的永恆意義。如弘一大師、趙樸初居士那
樣,安詳、安逸、自在、圓滿。

2. 對親情、友情、愛情等重新定位

人的一生感情十分複雜,既有正面的,也有負面的,還有許多是「斬不
斷,理還亂」,糾纏不清的狀況。要幫助臨終者對這一切重新認定,做一番認
真的反省,或者認錯,或者寬恕,以一切放下、「釋懷為要」。在這過程中,

〔註8〕馬克思《〈政治經濟學批判〉導言》,《馬克思恩格斯選集》第二卷上冊,〔M〕
　　　北京:人民出版社 1972。
〔註9〕恩格斯《自然辯證法》,《馬克思恩格斯選集》第三卷,〔M〕北京:人民出版
　　　社 1972,第 570 頁。

我們也許會對未來有所期許，但這種期許不再是人間的相聚與交往，而是心靈的永恆相契。

3. 對自己的願望了無所執

勸導臨終者對自己的心願能了就了，不能了就拉倒，了無執著。對於別人的要求，要採取客觀的立場，將心比心，由對方的心願來進行判斷，看其是否達成，不要以自己的認定為是。無論這些心願是否達到，都能全面接納，圓滿具足，了無遺憾。

4. 恰當地處理遺產、財物

啟發臨終者不以自己的好惡處理遺產，而是以公平方式，如理如法地妥善處理，避免紛爭，不至於破壞家庭的和睦的與社會和諧。要克服單純「澤被子孫」的想法，不要讓子女養成依賴父母的心理，而要求他們獨立自主，自力更生。不要把財富的累積看作是自己的功勞，是「自己的血汗，含辛茹苦換來的」，而當成是自己與社會共同創造的成果，因此「反饋社會就是反饋自己，也是印證自己生命意義圓不圓滿」的一個重要方面。

5. 妥善處理自己的遺體

要事先決定，自己臨終時要不要採取急救措施，要不要勉強維持行將離去的生命；決定自己的遺體（或器官）要不要捐贈給有關醫療部門或他人；要不要先行安排自己的身後事；要不要預定價錢合理、質量可靠、服務優良的生前契約，或者事前臨時交代家人有關自己身後事的想法與做法，讓家人心裏有所準備，避免臨時手忙腳亂，手足無措，無法圓滿處理，以至於影響到我們圓滿自己一生意義的機會。

都市佛教的臨終關懷方興未艾，具有廣泛的發展空間，必將在 21 世紀的中華大地廣泛發揚。

十一、中道實相──辯證綜合之一

「遠離二邊，契會中道」，是佛教辯證思維的精髓，是其融通空有、本末、善惡、世出世間法的智慧之所在。三性三無性，指依他緣起而無自性，反對虛妄分別，以證悟圓滿成就的真理性認識；相無性（虛妄體性）、生無性（所生之物無實在性）、勝義無性（達到勝義的認識、第一義諦也不要執著）則分別從現象與認識、本體與枝末、世間與出世間的辯證關係，論述相對真理與絕對真理的對立統一。

佛教辯證思維與以實踐為檢驗真理的根本標準的馬克思主義哲學相融通，在弘揚「富強、民主、文明、和諧」的社會主義核心價值觀，團結一切可以團結的力量，探尋中國特色的社會主義道路，締造既有東方文明特色、又集東西合璧之優長的高度文明，乃至在當今的香港、澳門特區實行「一國兩制」的戰略決策中，都能發揮其特殊影響，作出自己的貢獻。

中道實相，是佛教闡明世界萬物對立統一的客觀真理。智顗《維摩經玄疏》卷二說：「中以不二為義，道是能通為名。」〔註1〕不離對立的兩邊，又不即兩邊，通達實相而無礙，即是中道實相的要義。「遠離二邊，契會中道」，就是佛教辯證思維的精髓，是其融通空有、本末、善惡、世出世間法的智慧之所在，值得深入探討。

（一）中道實相論的思想淵源

《迦塔奧義書》在論述生死、生命的主體時說：「不生不死，……是不生

〔註1〕智顗《維摩經玄疏》卷二，大正藏，第38卷，525頁下。

的、常住的、持久的、原初的。當身體毀壞時，他不毀壞。」婆羅門教主張生死不可執著，而生命的主宰體「梵」卻是永恆不變的。佛教作為追求覺悟、解脫真理的宗教，反對執著兩邊的虛妄分別，與《奧義書》主要屬於婆羅門教追求「梵我合一」的神秘啟示的哲學思想有根本的區別。

早期印度宗教的一個流派順世論主張享樂，持苦樂中道。《攝一切悉檀》主張：「不應根據幸福與痛苦來設想有法與非法的存在，人是由於自然而幸福或痛苦的，不存在其他的原因。」〔註2〕耆那教崇尚苦行，主張抑制欲望以求解脫。《中阿含經》卷五十六提出捨除苦樂兩邊的中道智慧思想：「捨此二邊，有取中道，成明成智，成就於定，而得自在，趣智趣覺，趨於涅槃，謂八正道，正見乃至正定，是謂為八。」對於世界有沒有一個永恆不變的主宰體（根本因、創世主）的問題，婆羅門說有，順世論者說無，佛教則主張「有無中道」，是與輪迴、解脫相適應的有佛論、無神論。對於世間萬物或人生有無永恆的主宰體的問題，《別譯雜阿含》卷第十：「若說有我，即墮常見；若說無我，則墮斷見。如來說法，捨離二邊，會於中道。」

釋迦牟尼提出「三法印」、「四聖諦」的解脫思想，指明無常、無我、涅槃寂靜，通過「八正道」走向解脫的根本道路，但對於一些暫時無法說清楚或對於解脫並非急務的問題（如「十四無記」）則不給予明確答覆。《雜阿含》卷三十四稱「十無記」。大乘佛教中觀學派的奠基人龍樹說：「眾因緣生法，我說即是空，亦為是假名，亦是中道義。」〔註3〕事物由因緣和合而生，而且是不斷發展變化的，沒有永恆不變的本性、本質，所以執著於「真、假」、「空、有」只能得到片面的真理，只有不離不即二邊的中道辯證思維，才能把握事物的實相、本質。龍樹論述「八不中道」，稱中道實相論為佛教最根本、最究竟的教義：「不生亦不滅，不常亦不斷，不一亦不異，不來亦不出。能說是因緣，善滅諸戲論。我稽首禮佛，諸說中第一。」即對事物發展問題，究竟是恒常不變還是截然斷無，是同一還是相異，是來來出出，還是不來不出等根本問題，都持對立統一的辯證立場和觀點。方立天教授在《中國佛教哲學要義》中指出：「否定世俗的八種執著，以彰顯中道實相這一佛教的絕對真理，稱八不中道。八不中道從宇宙生成論的高度，論證一切緣起事物無生自性空的原理，為中道實相論奠定了理論基礎。」

〔註2〕《攝一切悉檀》4。
〔註3〕《觀四諦品》，《中論》卷四，大正藏，第30卷，33頁中。

大乘佛教最早倡「中道」當是小品《寶積經》。該經對有我與無我，有真心與無真心、不善法與善法、世間法與出世間法、有諍法與無諍法、有漏法與無漏法、有為法與無為法、污穢法與白淨法等，都反對執著兩邊，認為「無所有亦不可得」，倡導「中道真實觀法」。《維摩經》：「在於生死，不為污行；住於涅槃，不永滅度。」《法華經》兼顧性空、假有。《華嚴經》倡理事相融、事事無礙、空有、「一多」、世出世間的辯證統一。中觀派謂宇宙萬法皆由因緣聚散而有生滅等現象發生，實則無生無滅。如謂有生有滅，則偏頗一邊；離此二邊而說不生不滅，則為中道之理。《中觀論疏》卷二以八不依次破闡提、聲聞、外道、獨覺與初發心菩薩之偏執。其中，「不生」破嬰兒闡提「諸法決定有而生」（如世俗有神論）之偏執；「不滅」破邪見闡提「一切法皆滅」（如「地球馬上要毀滅」之類謠言）之偏執；「不斷」破斷見聲聞「斷滅生死」（如「死去萬事空」）的偏執；「不常」破常見聲聞「身常住無為涅槃」（如世俗追求「長生不老」之類）的偏執；「不一」破外道「計我與五陰為一」（如萬物有靈論之類）偏執；「不異」破外道「計我與五陰為異」（如不顧自然生態客觀規律虛妄以為「人定勝天」之類）偏執；「不來」、「不出」破獨覺及初發心菩薩之乘因至果，出三界，來有所從，去有所至（如認為有「造物主」主宰世界、生死）的偏執。〔註4〕總之，八不之說，在於否定萬物有永恆不變的自性等片面性，彰顯佛教無生、無執著、無得正觀，行於中道的智慧。

瑜伽行派對此有一定的發揮。玄奘《成唯識論》卷三用「遠離二邊，契會中道」加以概括說：「應信大乘緣起正理，謂此正理深妙，離言因果等言皆假施設，觀現在法有引後用，假立當果對說現因；觀現在法有酬遠離二邊，契會中道前相，假立曾因對說現果，假謂現識似彼相現，如是因果理趣顯然，遠離二邊，契會中道。」三性三無性，指依他緣起而無自性，反對虛妄分別，以證悟圓滿成就的真理性認識。相無性（虛妄體性）、生無性（所生之物無實在性）、勝義無性（達到勝義的認識、第一義諦也不要執著）則分別從現象與認識、本體與枝末、世間與出世間的辯證關係，論述相對真理與絕對真理的對立統一。

（二）中國佛教對中道實相論的發展和完善

中道實相論屬於佛教的真理觀。中國佛教對佛教真理觀有突出貢獻的思

〔註4〕參《梵網經》卷下、《中觀論疏》卷一、《大乘玄論》卷一。

想家，當推鳩摩羅什、僧肇、竺道生。鳩摩羅什譯出龍樹《中論》《十二門論》
《大智度論》和提婆著《百論》，主旨是實相論，以法假（諸法無實在的本性）、
受假（對諸法的虛假感受）和名假（名稱的虛假）「三假」批評小乘佛教對外
物的執著。瞭解「三假」，即能洞悉萬物的真實本性，闡明大乘佛教真理觀的
根據、構成、內容和標準，奠定了中國佛教真理觀的理論基礎。僧肇《肇論·
不真空論》以中道觀闡釋空有不二的辯證法，指出：「欲言其有，有非真生；
欲言其無，事象既形；象形不即無，非真非實有，然則不真空義顯於茲矣。」
〔註5〕竺道生提出「理不可分，悟語極照，以不二之悟，符不分之理」〔註6〕
的頓悟思想，認為真理不可絕然分判、分割開來，對真理的覺照必須從對立統
一（「不二」而一）的根本上契入實相（「極照」），才能符合真理的不可分割性。
方立天教授指出：「竺道生的『理不可分』說是基於佛教的本體論與體用統一
學說的一種絕對真理論。竺道生拓展了真理的本體論涵義，確定了真理的整體
不可分的特性，為頓悟說提供了真理論的基礎，從而影響了華嚴宗和禪宗的思
想，並經過華嚴宗和禪宗影響了宋明理學。」〔註7〕

　　隋代吉藏以《中論》《百論》《十二門論》創立三論宗，著力弘揚諸法性空、
假名說有的中道實相論。針對《成實論》的真俗二諦說，吉藏提出大乘佛教與
小乘佛教二諦論的區別：「雖同辨二空，二空不同，略明四種：一、小乘拆法
明空，大乘本性空寂；二、小乘但明三界內人、法二空，空義即短，大乘明三
界內外、人法並空，空義即長；三、小乘但明於空，未說不空，大乘明空亦辨
不空。故《涅槃》云聲聞之人但見於空，不見不空，智者見空及以不空；空者
一切生死，不空者謂大涅槃；四者，小乘名為但空，謂但住於空，菩薩名不可
得空，空亦不可得也。故知雖明二空，空義有異，故分大小。〔註8〕」大小乘
四種關於空的認識，分別在不同層次上達到對事物本質的認識：第一，是從萬
物因緣而生論萬物無自性，還是說萬物本來無自性；第二、是從三界內論空
性，還是從三界內外論空性，範圍廣狹不同；第三、是單純說空還是全面論空
不空的辯證關係，是在一定範圍解脫，還是來去自在的全面徹底、解脫；第四、
是有所得、有所執著，還是無所得而無盡得。二者各有一定的真理性，只不過

〔註5〕僧肇《肇論》，大正藏，第45卷，152頁下。
〔註6〕見慧達《肇論疏》卷上，《續藏經》，第1冊第2編乙第23套第4冊，425頁。
〔註7〕方立天《中國佛教哲學要義》第三十二章，下冊，中國人民大學出版社2003，
　　　　1157頁。
〔註8〕吉藏《三論玄義》，大正藏，第45卷，4頁上、中。

後者更全面，更接近客觀真理，更有利於徹底解脫而已。吉藏還就真俗二諦的體性（本質）總結了十四家的不同，以開善寺智藏、莊嚴寺僧旻與龍光寺僧綽三人為代表，指出：智藏主張二諦相即，同以不二中道為體性：「假無自體，生而非有，故俗即真；真無體可假，故真即俗。俗即真，離無無有；真即俗，離有無無，故不二而二，中道即二諦；二而不二，二諦即中道。」〔註9〕

其弟子僧綽主張二諦異體，相即不離，認為「空即色，色即空」不是色空相混為一，「《淨名經》云我此土常淨。此明淨土即在穢土處故，言此土淨，非是淨穢混成一土。何者？淨土是淨報，穢土是穢報；淨土淨業感，穢土感穢業。即有淨報、穢報，淨業、穢業故不得一，但不相離為即也。」〔註10〕色與空、淨土與穢土既有區別，又相統一；統一而不相混一，區別而又相即不離。

吉藏則綜合一異、即離，在否定之否定的基礎上論二諦非不相離即，非即是即離：「龍光二諦異體，開善一體，今明二諦非一非異，離四句為體，亦明非一非異，非不相離即，非即是即離四句為即。」這就是說，二諦既非一體，亦非異體，即非一非異，非不相離即、非即是離即，是遠離概念思考，亦非遠離概念思考，通過證悟，從而契入中道實相的辯證統一。

吉藏進一步對毗曇師、成實師、大乘師、地論師的二諦論加以融匯貫通，成為四重二諦論：

吉藏四重二諦論

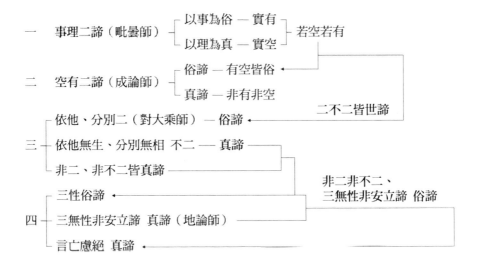

〔註9〕大正藏，第45卷，105頁上。
〔註10〕大正藏，第45卷，105頁上、中。

　　《大乘玄論》卷一云「何故作此四重二諦耶？答：對毗曇事理二諦，明第一重空有二諦。二者，對成論師空有二諦，汝空二諦是我俗諦，非空非有方是真諦，故有第二重二諦也。三者，對大乘師依他、分別二為俗諦，依他無生，分別無相，不二真實性為真諦。今明，若二若不二，皆是我家俗諦，非二非不二，方是真諦，故有第三重二諦。四者，大乘師論復言，三性是俗，三無性非安立諦為真諦。故今明，汝依他、分別二，真實不二，是安立諦；非二非不二、三無性非安立諦，皆是我俗諦，言亡慮絕方是真諦。」〔註11〕四重二諦歸結為亡言絕慮的中道實相、真諦，亦名涅槃、佛性：「橫絕百非，豎起四句，名為諸法實相，即是中道。……中道之法，名為涅槃。又德無不圓，名為不空；累無不寂，稱之為空，即是智見空及以不空，亦名佛性。」方立天教授認為：「這是對常識與真理、相對真理與絕對真理的辯證關係的合理闡述……觸及真理認識的二重性以致多級性問題，觸及認識過程是由現象到本質，由一級本質進到二級本質以至無窮的逐漸深化的過程，這也是極富辯證色彩的。」〔註12〕

智顗七種二諦和三諦圓融論

有諦	無諦	中道第一義諦
二十五有世間 眾生妄情所見	三乘出世之人 所見真空	遮兩邊名中道 最上無過稱第一義
一　實有為俗	實有滅為真 — 藏	
二　幻有為俗	即幻有空為真 — 通于聲聞、緣覺、菩薩	
三　幻有為俗	即幻有空、不空共為真 — 別入通	
四　幻有為俗	幻有即空不空、一切法趣空不空為真 — 圓入通	
五　幻有、幻有即空皆名為俗，不有不空為真 — 別		
六　幻有、幻有即空皆名為俗，不有不空、一切法趣不有不空為真 — 圓入別		
七　幻有、幻有即空皆俗，一切法趣有、趣空、趣不有不空為真 — 圓		

　　智顗在吉藏的基礎上進一步闡發「七種二諦」和「圓融三諦」。七種二諦指理外二諦（真理在佛性外，強調生滅觀、無生觀，即俗諦，包括理外相即、

〔註11〕大正藏，第 45 卷，15 頁下。
〔註12〕方立天《中國佛教哲學要義》第三十二章，下冊 1178 頁。

不相即兩種）、理內二諦（真理與佛性相合為一）。理內二諦有理內相即與理內不相即二種。理內相即，強調無作觀，遠離生滅造作，真證圓實之理；理內不相即，強調無量觀，指俗諦與真諦有無量相狀。智顗還把「七種二諦」與空、假、中三諦圓融起來。《四教意》卷二說：「三諦名義，具出《瓔珞》《仁王》二經。一者，有諦；二者，無諦；三者，中道第一義諦。所言有諦者，二十五有世間，眾生妄情所見，名之為有……無諦者，三乘出世之人所見真空，無名、無相，故名為無……中道第一義諦者，遮兩邊，故說名中道……最上無過，故稱第一義。」〔註13〕《摩訶止觀》卷三說：「從假入空，名二諦觀；從空入假，名平等觀；二觀為方便道，得入中道，雙照二諦，心心寂滅，自然流入薩婆若海，名中道第一義諦。」〔註14〕智顗把二諦與空、假、中三諦相聯繫，並與藏（小乘覺）、通（通於聲聞、緣覺、菩薩）、別（別入通）、圓（圓入別、圓入通）的判教結合起來，給各教派真理論以恰當的定位，調和其間的矛盾，加以圓融辨析，歸於如來藏、涅槃、佛性，成為俗諦與真諦、世間法與出世間法、相對真理與絕對真理辯證統一的最高真理。

智顗《妙法蓮華經玄義》卷五聯繫修持實踐來總結圓融三諦說：「圓教三法者，以真性軌為乘體。不偽名真，不改名性，即正因常住，諸佛所師謂此法也。……觀照者，只點真性，寂而常照，便是觀照，即是第一義空。資成者，只點真性，法界含藏諸行無量眾具，即如來藏。三法不一異，亦一亦非一，亦非一非非一，不可思議之三法也。」〔註15〕這就是說，空假中、真俗第一義諦，都是以真性為本體；諸佛的覺性，就是覺悟此法性；觀照實相的工夫，就是於寂靜中時時觀照此真性；成就的德性也就是此如如而來、眾生、萬行本來具有的真性，所以，三者是不一而三、不三而一，非一非異、亦一亦異的對立統一體。圓融三諦就是圓融體用、本末、性相、世間出世間法。

禪宗六祖慧能《壇經》：「舉三科法門，動而用三十六對，出沒即離兩邊，說一切法，莫離於性相。若有人問法，出語盡雙，皆取法對。來去相因，究竟法盡除，更無去處。」〔註16〕以一切「出語盡雙」論性相，以「出入離兩遍」「無住法佈施」，即離邊不執中，行於中道，實際上即是《金剛經》「一切都無所住而生其心」，即破除對一切事物絕對對立的見解，這不是騎牆，不是相對

〔註13〕大正藏，第 46 卷，727 頁下。
〔註14〕大正藏，第 46 卷，24 頁中。
〔註15〕大正藏，第 33 卷，742 頁中、下。
〔註16〕《禪宗宗派源流》，92 頁。

主義的詭辯，而是更貼近修持、道德踐履，在集中精力解決人生解脫的根本問題的情況下，對複雜問題採取中道辯證思維的智慧。

總之，佛教的中道實相辯證思維，是繼承印度佛教的中道思想，結合中國傳統的「無過無不及」、「無極而太極」的思想和實證的體悟，對空有、生滅、世出世法、相對真理與絕對真理作出辯證的、全面的、正確的理論概括。方立天教授說：「中道是遠離對立狀態，遠離有（常）空（斷）二邊，契合有空不二的最高真理。」〔註17〕它具有最真實、最全面、最富於辯證智慧的品格，是對於人類抽象思維的卓越貢獻，是人類精神文明的璀璨明珠。

（三）中道實相辯證思維的弘揚及其貢獻

中道實相辯證思維，典型地表現了佛教哲學的特色，對中國佛教的三論宗、天台宗都有很大影響。弘揚中道辯證思維，對於洞悉世界、人生實相，認識事物發展規律，提升中華民族的理性思維，都有重要影響和啟迪意義。

1. 中道辯證思維是剖析真理的工具、修行的南針

中道辯證思維以否定之否定、正反合相結合的思維形式，從空假中三方面契入中道，不是單向的肯定或否定，是在二分法基礎上向三分法辯證的綜合方向發展，使認識更全面、更切入實際、更圓滿。因此，中道辯證思維是認識方式和思維方式的深化，是認識真理的工具，修行的指南。陳健民《佛教禪定》說：「做為剖析真理的工具而言，龍樹菩薩的八不觀空之法是非常卓越的。同時它們也是駁斥外道，使他們歸於中道的良好準則。此外，它們和我們直接有關的實修價值是——八不可作為觀空的好步驟，在不斷的如斯否定之後，行人可獲致正果和實相的自然顯現。由此點來看，『八不中觀』的價值絕對是正面的，而不是負面的，若只把它們當成有破斥的功能，那就大錯而特錯了！可惜古代和現代的許多學者都把它們當成是否定主義，不對它們加以修觀，只當成理論。」〔註18〕慧能所說的「出語盡雙」，即是離二相，破除將事物的兩個方面絕對對立的見解，法門不二，念念真如，避免了對真如本性形而上學的割裂。慧能無念為宗，實際上就是以自己當下之心念為宗，自性是佛，無念即是見佛，無念即是涅槃。神會曾有一段話闡明無念的功用：「能見無念者，六根無染；見無念者，得向佛智；見無念者，名為實相；見無念者，中道第一義諦；見無

〔註17〕方立天《中國佛教哲學要義》結語，下冊 1213 頁。
〔註18〕陳健民《佛教禪定》第九章。

念者，恒沙功德一時籌備；見無念者，能生一切法；見無念者，即攝一切法。」
〔註19〕無念不僅是修行的指導原則，也是修養的理想境界。

2. 中道辯證思維是洞悉自己本來面目、融匯宗門教下的必由之路

實相是世界的本來面目，法門的究竟真理，人生瀟灑、自在、圓滿的真諦。禪觀法門「一法不立，一法不破，無法不立，無法不破」，無非透過現象，洞悉、悟透、看破實相而已。「至道無難，唯嫌揀擇，但莫真愛，洞然明瞭。」要達到究竟的解脫之道並不難，就怕你選這個，又挑那個，無法一門深入，找不到入、用、出、了之處。只要有定力，契而不捨，把你的心放下再放下，連「放下」也「放下」，不執著於任何一件事情，水滴石穿，終會有「石破天驚」，豁破無明，洞悉自己的實相、本來面目的時日。虛雲和尚運用中道辯證思維指導禪淨雙修說：「歷代祖師大都以禪宗宏揚淨土，水乳相融，雖然諸宗紛起，究竟不離拈花命脈，足見禪淨關係的密切了，更可見古人宏揚佛法的婆心了。至於密宗，是由不空尊者、金剛智等傳入中國，經一行禪師等努力，才發揚光大的。但這些都是佛法，應當互相揚化，不得分別庭戶，自相摧殘。若彼此角立互攻，便不體解佛祖的心意了。古人說法大都拾葉止啼。趙州老人說『佛字我不喜聞。』又說『念一句佛號，漱口三日。』因此，有一般不識先人的苦心者，便說念佛是老太婆做的事，或說參禪是空亡外道，總之說自己的是，談他人之非，爭論不已，這不僅違背佛祖方便設教的本懷，且給他人以攻擊的機會，妨礙佛教前途的發展，至深且鉅。……希望各位老參及初發心的道友們，再不可這樣下去，如果再這般下去，便是佛教的死路一條。須知條條大路通長安的道理，學佛的人，應多看看永明老人的《宗鏡錄》和《萬善同歸集》等。念佛的人亦應瞭解大勢至菩薩《念佛圓通章》。要認識自性淨土，捨妄歸真，勿得向外別求。如果我們能體會到這種真理，隨他說禪也好，談淨也好，說東方也去得，說西方也去得，乃至說有也可，說無也可。到這時，一色一香無非中道了義，個性彌陀，唯心淨土當下即是，那有許多葛藤。《楞嚴經》說：『但盡凡心，別無聖解』，如能這般做到，斷除妄想、執著、習氣，即是菩薩、佛祖，否則還是凡夫眾生。」〔註20〕

3. 中道辯證思維對弘揚當今社會的核心價值觀有重要的啟迪意義

有論者指出，中國佛教中道辯證思維與世間辯證思維有三方面的區別：

〔註19〕神會《南宗定是非論》。
〔註20〕《虛雲大師開示錄》（一九五二年十二月十七日），《虛雲老和尚文集・開示》。

第一，是客觀真理與主觀真理的區別：世間辯證思維是對客觀事物的正確認識，佛教則以追求人生的解脫為旨趣；第二，是探求實際情況和客觀規律與排斥客觀實體、追求空寂的真理的區別；第三，是提倡分析實驗，還是提倡直覺、忘言絕慮的區別〔註21〕。這固然有一定道理，但也有可議之處。第一，佛教中道辯證思維，既是追求正確認識客觀事物及其規律的客觀真理，更是追求人生解脫真諦的客觀真理，不能與從主觀體悟、觀感而得到的主觀真理相等同。虛雲和尚往生前向信眾開示說：「明白時生也好，死也好，男也好，女也好，無有生死男女及一切諸相。不明白時則不然。須知世間法相皆屬幻化，如空中華，如水中月，無有真實。惟有一心念佛，為往生資糧。」〔註22〕即以中道辯證思維和證悟為最高的真實，是客觀的真實，而非主觀真理的真實。第二，佛教辯證思維注重探討人生解脫的真諦和生命的價值，並不排斥客觀實體，並非追求空寂，而是排除對主客體的執著，在寂靜中求得和保持覺照的智慧。虛雲和尚說：「真疑現前，才是真正用功的時候。這時候是一個大關隘，很容易跑入歧路。（一）這時清清淨淨無限輕安。若稍失覺照，便陷入輕昏狀態。若有個明眼人在旁，一眼便會看出他正在這個境界，一香板打下，馬上滿天雲霧散，很多會因此悟道的。（二）這時清清淨淨、空空洞洞，若疑情沒有了，便是無記，坐枯木岩，或叫『冷水泡石頭。』到這時就要提，提即覺照。（覺即不迷，即是慧。照即不亂，即是定）單單的的這一念，湛然寂照，如如不動，靈靈不昧，了了常知，如冷火抽煙，一線綿延不斷。用功到這地步，要具金剛眼睛，不再提，提就是頭上安頭。……此中風光，如人飲水，冷暖自知，不是言說可能到。」〔註23〕修禪達到的靜寂不是「追求空寂的真理」，而是在寂靜中求得和保持「覺照」的智慧，這沒有親自的證悟或同情的默應，是無法理解，難免發生以為禪宗是「自我掏空」的誤會的。（三）佛教辯證思維提倡直覺的觀照、辯證的綜合，並以忘言絕慮的證悟為最高境界，也在一定程度上肯定分析、實驗對於檢驗認識的真理性的作用。唐代宗密大師《禪源諸詮集都序》說：「西域諸賢聖所解法義，皆以三量為定，一比量，二現量，三佛言量。」並指出「三量勘同，方為究竟。」〔註24〕他重視邏輯推理（比量）和理論證明

〔註21〕方立天《中國佛教哲學要義》第三十二章，下冊1201頁。
〔註22〕寬慧《朝雲居山謁師日記》一九五九年八月十七日，《虛雲老和尚文集·自述年譜》。
〔註23〕《虛雲老和尚文集·禪堂開示》。
〔註24〕宗密《禪源諸詮集都序》，《續藏經》第48冊。

（聖言量）作為詮釋、檢驗認識真理性（包括道德證悟）的標準的重要作用，更把實證（現量）作為根本標準，這是佛教哲學對檢驗真理標準的理論的最精闢、最精要的論述。正由於此，佛教辯證思維才能與以實踐為檢驗真理的根本標準的馬克思主義哲學相融通，在弘揚「富強、民主、文明、和諧」的社會主義核心價值觀，團結一切可以團結的社會階層和社會力量，摸著石頭過河地探尋中國特色的社會主義道路，締造既有東方文明特色、又集東西合璧之優長的高度文明，乃至在當今的香港、澳門特區實行既是社會主義，又是資本主義，既非社會主義亦非資本主義、「一國兩制」的戰略決策中，都能發揮其特殊影響，作出自己的貢獻。這既是思維的辯證邏輯發展的必然，也是客觀實踐得出的必然的結論，是顛撲不破的客觀真理，而不是主觀真理，也是佛教作為古老的東方文明，能與現代文明相接續、相媲美、相補充、相適應的價值之所在。

十二、轉識成智——辯證綜合之二

　　佛教哲學、佛法的心性之學，就是轉識成智、轉迷為悟的心地法門、智慧之學。心識作為認識主體的作用，是對萬法的種種現象的反映、指導和積聚，不是否定外界事物的客觀實在性；意識、思維是剎那生滅變化的；對事物的認識、識別作用和能力稱為識。八識轉四智，即轉知識為圓滿究竟的覺悟、自他受用的清淨境界、洞察疑難、拔苦與樂的能力和隨緣化導、變化的境界。方以智把知識分為四個層次，本覺（先天遺傳的認識能力）、始覺（後天積累的知識）、真覺（實證、覺悟到的真理性認識）、妄覺（虛幻的認知）；轉識成智，就是以善良的天性統率，結合德性修持（致良知）、辯證的證悟（分別而無分別），達到覺性的提升，自覺覺他。馮契先生從類的角度考察了人的本質，認為人的類本質即在於自由勞動，具體表現為感性活動與理性思維的統一。主體由自在到自為是心的靈明覺知與德性的雙重提升，是理性意識自覺與人性全面發展的統一。

　　哲學是認識和改造世界的工具。佛教作為佛陀使眾生悟入實相而得解脫的教育，不僅在於認識世界、人生的真諦，更重要的是改造自己，從而更好地改造世界。所以，佛教哲學、佛法的心性之學，就是轉識成智、轉迷為悟的心地法門、智慧之學。

（一）佛教的心意識觀念

　　佛教對客觀世界的認識包括色（物質）、受（情緒、感受）、想（思維）、行（行為及其功效）、識（認識、識別作用和能力）五個方面，稱五蘊。五蘊除色外，均涉及感受、情緒、心理、意識等精神問題。十二因緣中，從無明、行、

識、名色、六處至愛，均涉及意識精神現象，一般涉及認識主體及輪迴主體問題；其核心是無我論（法無我、人無我，主客體均無永恆不變的自性）。心，指指導各種意識、精神活動和作用的主宰體。《他氏奧義書》：「世界由識指引，支撐物是識」。意，指起著思量和執著作用的意識活動、意志。識，指認識主體對外境的識別、區分作用和能力。小乘對心沒有特別重視。大乘中觀派認為心識為世間事物的根本。瑜伽行派、唯識派則創立了最系統完善的心識理論。

1. 早期佛教、小乘有部的心識觀念

小乘有部等的心識觀念，以一切有部最突出，如《大毗婆沙論》、《具舍論》都有論述。《大毗婆沙論》卷七十二：「心是種族義，意是生滅義，識是積聚義」。「滋長是心業，思量是意業，分別是識業」。心含藏種子、種子繁衍的意義；意則生滅變化無窮；認識是不斷積累的過程。《具舍論》：「集起名心，思量名意，了別名識。」小乘佛教強調心識作為認識主體的作用，是對萬法的種種現象的反映、指導和積聚，不是否定外界事物的客觀實在性；意識、思維是剎那生滅變化的；對事物的認識、識別作用和能力稱為識。

2. 大乘中觀派的心識觀念

大乘佛教否定外界事物有永恆不變的客觀實在性。大眾部強調心識本淨。《維摩經》：「心淨則國土淨」。《華嚴經》：「三界虛妄，但是心作。三界所有，唯是一心。」龍樹《大智度論》卷二十九：「三界所有，皆心所作。」心作為認識的主體，不僅具有認識外物是否虛妄，認識一切事物實相的功能，而且具有價值判斷的功能，被置於根本地位，即「三界所有，唯是一心」。這不是說世界的本原在心意識，而是說，世間一起事物是存在的，但只是相對的（如同假名，幻覺一樣），強調心識對於認識、改造世界的主動地位、反作用於外物和指導社會實踐的主觀能動作用。

3. 瑜伽行派的心識觀念

《解深密經》認為，認識的本體在種子識，又名阿陀那識、阿賴耶識、藏識、執持識。種子識是生死輪迴的種子，生存的根本，生命存續的主體。《成唯識論》卷三：「阿陀那識甚深細，一切種子如瀑流，我於凡愚不開演，恐彼分別執為我。以能執持諸法種子，及能執受色根依處，亦能執取緣生相續，故說此識名阿陀那。無性有情不能窮底，故說甚深；趣寂種性不能通達，故名甚細；是一切法真實種子，緣係便生轉識波浪，恒無間斷，猶如瀑流。凡即無性，

愚即趣寂，恐彼於此起分別執，墮諸惡趣，障生聖道，故我世尊不為開演，唯第八識有如是相。」阿陀那意為執取、執持。一切現象雖由於種子識的作用而產生不間斷的流轉、生滅，本身並無永恆不變的實體可以執著，這就是建立在一切唯識基礎上的空觀。但如果對這種執持過於執著，容易造成種子識是有永恆不變的實體的錯覺，所以佛陀對一般層次不高的眾生不開演阿陀那識，只開演阿賴耶識。

《佛性論》卷三說：「心者即六識身，意者阿陀那識，識者阿黎耶識」，以前五識和第六意識為認識之主體，阿陀那識為執取之識（相當於末那識），第八識為阿賴耶識，即種子識。真諦三藏亦說阿陀那是末那，與後代唯識家說末那是第七識，說阿陀那識是阿賴耶識的異名不同。《佛性論》所以說阿陀那是意，約能執持根身說，就是執取名色，攝持諸根為生命自體，是阿賴耶識唯一功用。所以，阿陀那可解說為取的意思，與十二緣起中的取支，五取蘊的取，意義相同。認識分為心、意、識三個層次，心指認識、反映、分析、比較；意是執持不捨的意志和執著；識即認識的儲藏、複製、薰染和衍生。

《大涅槃經》：眾生皆有佛性，心性本淨。《勝鬘經》：如來藏思想——是眾生的自性清淨心，但通常被貪嗔癡等煩惱所遮覆，若去除遮覆，達到本淨的心性，即可成佛。關鍵在於心性本淨，佛性本有；眾生皆有佛性，皆能成佛。

瑜伽行派極重視「識」：一切唯識，三類八識，三性、三無性、四分、轉識成智、五位百法。《成唯識論》卷二：「初能變識，大小乘教名阿賴耶。此識具有能藏、所藏、執藏義故。」能藏即儲存認識的種子和善惡的價值判斷。所藏即前六識的感性、理性認識和意識、感受、情緒。執藏則是所儲存的種子、價值判斷以及新薰而成的認識執持不放的意志力。最重要的，還在於轉識成智：使有漏八識轉為無漏八識，使八識轉成四智（成所作智、妙觀察智、平等性智、大圓鏡智），以達到不同層次的智慧。《成唯識論》卷十：「云何四智相應心品？一、大圓鏡智相應心品，謂此心品離諸分別，所緣行相微細難知，不妄不愚，一切境相、性相清淨，離諸雜染，純淨圓德現種依持，能現、能生身土智影，無間無斷窮未來際，如大圓鏡現眾色像。二、平等性智相應心品，謂此心品觀一切法自他有情悉皆平等，大慈悲等恒共相應，隨諸有情所樂示現受用身土影像差別。妙觀察智不共所依，無住涅槃之所建立，一味相續窮未來際。三、妙觀察智相應心品，謂此心品善觀諸法自相共相，無礙而轉，攝觀無量總持之門及所發生功德珍寶，於大眾會能現無邊作用差別，皆得自在，雨大

法雨斷一切疑，令諸有情皆獲利樂。四、成所作智相應心品，謂此心品為欲利樂諸有情故，普於十方示現種種變化三業，成本願力所應作事。如是四智相應心品雖各定有二十二法能變、所變種現俱生，而智用增以智名顯，故此四品總攝佛地一切有為功德皆盡。此轉有漏八七六五識相應品，如次而得，智雖非識，而依識轉識為主故，說轉識得。又有漏位智劣識強，無漏位中智強識劣，為勸有情依智捨識故，說轉八識而得此四智。」「此四心品雖皆遍能緣一切法而用有異，謂鏡智品現自受用身淨土相，持無漏種；平等智品現他受用身淨土相；成事智品能現變化身及土相；觀察智品觀察自他功能過失，雨大法雨，破諸疑網利樂有情。如是等門差別多種，此四心品名所生得，此所生得總名菩提，及前涅槃名所轉得。」八識所轉四智，四智指圓滿究竟的覺悟、覺性和能力，圓鏡智是自受用的圓滿境界、自性淨土；平等智是自他受用的清淨境界、共生淨土；成事智是隨緣化導、變化的境界；觀察智是洞察疑難、燭破無明、拔苦與樂的能力。總名菩提心，轉識成智後成為圓滿、自在、究竟的涅槃境界。

唯識學是印度佛教史上最系統的關於意識、認識、情緒、心理等精神現象的學說體系。大大促進了佛教理論思維的發展，對印度哲學史、思想史作出了重要的貢獻，是人類文化和東方文化的寶貴遺產。

（二）大乘瑜伽行派「轉識成智」說

「轉識成智」說最先由大乘瑜伽行派的唯識宗提出。在佛教中，「智慧」是一合成詞，兩字的含義各有不同。梵語若那（jnana）譯為智，般若（prajna）譯為慧。《大乘義章》九曰「照見名智，解了稱慧。此二各別，知世諦者，名之為智；照第一義者，說以為慧，通則義齊」。觀照、世俗稱為智，「智」為「照見」，是對事物現象的一種具體觀察、認知，相當於現今所說的認識論的內容。「慧」則是「解了」，是指思想意識上的理解、鑒別、解決乃至根本解脫的智慧，包括認知主體心境、情感的釋然，是與認知主體融為一體的消融和超越。合而言之，智慧即世間、出世間的覺性、觀照和根本了脫、圓滿自在的精神境界。佛教一開始把二者分開來理解，「第一義」是與俗諦義相對，指的是從佛教真諦意義上的理解與超越。傳統所謂「知、情、意合一」，雖是俗諦，實則與佛教第一義諦「智慧」相通。究竟而言，真俗二諦實為不可分割的整體。《成唯識論》卷九說：「無得、不思議，是出世間智，捨二粗重故，便證得轉依。論曰：菩薩從前見道起已，為斷餘障，證得轉依；複數修習無分別智，此智遠

離所取、能取，故說無得及不思議；或離戲論，說為無得，妙用難測，名不思議，是出世間無分別智，斷世間故，名出世間。……由數修習無分別智，斷本識中二障粗重，故能轉捨依他起上遍計所執，及能轉得依他起中圓成實性。由轉煩惱，得大涅槃，轉所知障，證無上覺，成立唯識意，為有情證得如斯二轉依果。」世間智無論知、情、意都是有所得（轉理性為方法和德性）；出世間智是無得而證得──轉捨遍計所執、煩惱、所知障，轉得、證得圓成實性、大涅槃、無上正覺（轉理性為覺性），甚至連轉得也捨去而了無掛礙。

瑜伽行派及唯識宗認為經過特定之修行至佛果時，即可轉有漏之八識為無漏之八識，從而可得四種智慧：（一）前五識轉至無漏時，得成所作智（又稱作事智），為欲利樂諸有情，故能於十方以身、口、意三業為眾生行善；（二）第六識轉至無漏時，得妙觀察智，善觀諸法自相、共相，無礙而轉，能依眾生不同根機自在說法，教化眾生；（三）第七識（未那識）轉至無漏時，得平等性智（又稱平等智），觀一切法自他有情悉皆平等，大慈悲等，恒共相應，能平等普度一切眾生；（四）第八識（阿賴耶識）轉至無漏時，得大圓鏡智，離諸分別，所緣行相微細難知，不妄不愚，一切境相，性相清淨，離諸雜染，如大圓鏡之光明，能遍映萬象，纖毫不遺。從佛教對「四智」內容的界定來看，其追求的智慧較世間智慧有更高的指向，要達到成辦事業、妙觀察、平等、圓滿的超越境界，能為有情個體普遍帶來身心愉悅的感受和圓滿、無私、無上的覺性，是世間智慧與出世間第一義諦的統一和超越。

唯識學的轉八識為四智的過程是極其漫長、複雜的，體現了人性自我改造的艱難程度。瑜伽行派為此規定了專門修習的五位三大阿僧祇劫的過程，即資糧位、加行位、通達位、修習位和究竟位。「轉識成智」的獲得是在其第四位修得的，其前的三位修習過程是進入第四位修習的前提。修習位上經過十地，從中修習十勝行，斷十重障，證十真如，進而證得大菩提與大涅槃二轉依果。大菩提、大涅槃相當於現代哲學中在理性知識基礎上的智慧，包括方法、德性和覺性的提升，對於今天哲學界深入探討「轉識成智」的理論並發揚光大，具有積極的借鑒作用。

（三）化理論為方法、德性與覺性

不論是東方哲學還是西方哲學，對智慧的追求目標都是一致的，古希臘哲學家有「愛智者」的美譽，把智慧區分為實踐智慧和哲學智慧。前者是道德行

為的踐履、推行、承受擔當和決斷能力，是對實際活動的指導，後者則是對世界根本原則、原因的理解、辨析和判斷。西方近代哲學中所瞭解的智慧是按照其形而上學體系的性質不同而劃分的，其中以康德對智慧的認識最具有時代意義。康德以判斷力作為聯繫理論理性與實踐理性的能力，即聯繫必然與自由的手段，最後把知、情、意結合起來，闡明知識與智慧之間的關係。康德的智慧超越了知識，他說：「把至善從實踐方面充分加以規定，就是所謂智慧。這種智慧若作為一種學問，又是古人所謂哲學。哲學在古人看來原是指教人什麼才是『至善』的概念，並指教人什麼是求得它的行為的」。康德認為哲學應該維持這種達到「至善」的古義，而不是作為一種知識，但他並沒有正確說明從知識到智慧的途徑。康德以後的費希特、謝林、黑格爾的哲學都在解決這一問題。其中黑格爾提出了一個龐大的形而上學體系，把本體論、認識論、邏輯學結合在一起，成為一個真正的智慧體系。他指出知識與智慧結合的正確道路，即從辯證的思維達到從知識到智慧，但他的缺點是用唯心主義的思有同一說來達到這個同一性，帶有神秘的色彩。馬克思顛倒了黑格爾的唯心主義體系，正確說明了從知識到智慧的道路。當代西方哲學在這條道路上呈出了異彩紛呈的局面，主要還是體現在科學主義與人本主義及二者融合學派之間的論爭，論爭的趨向是各派理論都將「終極關懷」作為自己追求的目標，在這點上可說又回到的古希臘哲學以「智慧」作為追求的路向上。徐東來撰《馮契先生佛學研究述評》認為：古希臘雖然較早地得出了哲學的目標是追求智慧的認識，但其後的發展路向卻與其初衷相違，走上了著重實證等分析科學的研究道路，因此西方哲學的認識論，或曰理性科學的研究比較發達，與東方哲學比較注重感性認識的道路有區別。儘管西方哲學很早就開始了對智慧及「轉識成智」理論的探討，但在明清以前，西方哲學對中國本土思想的影響不大，除了社會歷史原因外，理論上是由於中世紀之後的西方哲學在智慧學說的探討上有所偏向，導向了對「分析」哲學等理性科學的研究，而對「轉識成智」的追求氣氛日漸淡薄，與中國長久以來以「求故」「明理」「明心見性」等智慧的追求理路相異趣。而由於當代西方哲學正是回歸了對「轉識成智」等終極關懷理論的追求，經過上一世紀「中西古今」、「科學玄學」的論戰後，相互間的交融多了起來，馮契先生的智慧學說正是在此前提下經過對中西哲學中關於智慧理論的梳理後形成的〔註1〕。

〔註 1〕徐東來《馮契先生佛學研究述評》，《中國哲學史》2005 年第 3 期，97〜100。

　　對智慧的追求是理性社會人類的共同目標，我國從先秦就開始了對智慧的探索，中國先哲很早就有了「知天命」、「天人合一」、「齊萬物」的思想，體現了與自然、天道和諧的思想追求。因此在政事人倫上，主張以成聖為王作為對一個人社會作用成敗的評價，而在個人修養上，有「養浩然之氣」的崇高志向。因此「修身、齊家、治國、平天下」成為傳統儒家衡量自身價值的標準，其中蘊含了豐富的智慧。而對如何「轉識成智」達到智慧，成為完人這個具體哲學問題的認識，每一時期都有其自身的特色。

　　先秦時期，《老子》通過對「為學」與「為道」關係的討論，在一定程度上涉及到「轉識成智」的問題。魏晉玄學突出討論「言、意能否把握道？」等問題，方術道士則將成聖為王化成避谷求仙、煉丹求壽的實踐，以實現「天道合一」的追求。隋唐佛學盛行，唯識宗從印度引入了「轉識成智」這一術語，具體討論了如何實現由染而淨、由迷而悟、由分別的意識活動向無分別智慧的轉化的過程。唐代儒家「復性」、「明誠」思想的討論，力圖把「轉識成智」思想納入中國哲學發展軌跡中。宋明時期，這一問題又以「見聞之知」與「德性之知」，「道問學」和「尊德性」之關係的形式而在理學中繼續討論。

　　由上可知，不論是西方哲學、東方哲學，對「轉識成智」問題的探討始終以不同形式為歷代的哲學家所討論。馮契先生認為「智慧學說，即關於性與天道的認識，是最富於民族傳統特色的、是民族哲學傳統中最根深蒂固的東西。如果是單純講的知識即客觀的事實記載、科學定理等，都無所謂民族特色。如果講的是貫串於科學、道德、藝術、宗教諸文化領域中的智慧，涉及價值觀念、思維方式、人生觀、世界觀等，歸結到關於性與天道的認識，這便是最富有民族傳統的特點的。其「智慧說三篇」，在大陸哲學界產生了深刻影響，成為大陸哲學界對智慧學說及「轉識成智」理論研究最為集中者。馮契先生從廣義認識論出發認為，中國哲學「轉識成智」論，一般圍繞著「性與天道」的問題，包含著理性直覺、辯證綜合和道德證悟三方面的智慧，蘊含著「化理論為方法（方法論）和化理論為德性（價值論）」等豐富內容。〔註2〕馮先生雖然僅提出「化理論為方法」、「化理論為德性」，沒有提及「化理論為覺性（認識論）」，但因為前兩化都屬於廣義認識論問題，加上「化理論為覺性」當是順理成章的；而且，從上文《成唯識論》對「四智」內容的界定來看，其指向是要達到的「慧」的境界，為有情個體帶來身心愉悅的感受和圓滿、無私、無上的覺性，

〔註2〕馮契《智慧的探索》，《馮契文集》第八卷，上海：華東師大出版社，1997.3。

就明顯地包括覺照、覺性的高度的理性直覺,說轉識成智,是轉理論為方法、德性和覺性,是題中應有之義的。馮契先生把由意見、知識到智慧的發展視為辯證過程,說明「轉識成智」是如何實現的,探討從「名言之域」向「超名言之域」的飛躍的機制。認為認識並不限於經驗領域,它同時還與個體的認知感受與需求相聯繫。「概念不僅反映事物的屬性,有認知意義,而且反映人的需要與事物屬性之間的關係,有評價意義」。指向性與天道,這即是智慧之域。與知識不同,智慧所把握的是有關宇宙人生的根本原理,它的目標是窮究宇宙萬物的本原和人生的最高境界,揭示貫穿於自然、人生、社會之中無不通、無不由的道,並會通天人,達到與天地合其德的自由境界,帶有「終極關懷」的意味。它追求的是「無極而太極,太極本無極」(周敦頤語)的無條件的、絕對的、無限的東西,「這就是難以言傳的超名言之域了」。而從知識到智慧的飛躍,便相應地意味著從名言之域走向超名言之域。他以認識世界為主線,闡明如何在實踐的基礎上以得自現實之道還治現實,從而化本然界為事實界,通過把握事實界所提供的可能以創造價值,在自然的人化與理想的實現中不斷達到人的自由。馮先生從類的角度考察了人的本質,認為人的類本質即在於自由勞動,它具體表現為感性活動與理性思維的統一。主體由自在到自為是心的靈明覺知與德性的雙重提升,是理性意識自覺與人性全面發展的統一。

馮先生論定:「從人性與天道通過感性活動交互作用來說,轉識成智是一種理性的直覺。……,它是在理論思維領域中的豁然貫通而體驗到的無限、絕對的東西。這種體驗是具體的、直覺到的,這也說明了這是飛躍」。他從理性的直覺、辯證的綜合、德性的自證三方面對此作了說明〔註3〕。認為「只有在智慧學說即關於性和天道的認識及如何轉識成智的問題上,達到新的理論高度、新的哲理境界,才能會通中西,解決上述有關邏輯與方法論、自由學說與價值論這兩個方面的基本理論問題。」〔註4〕把這三個層次的哲學基本問題統一起來進行思考,更全面把握人本、人性、人的德性與人的全面發展,才能更深刻理解科學發展觀,並在理論與實踐上與時俱進,使之不斷推向前進。

值得注意的是,中國佛教哲學到了明末清初,出現著名唯物主義辯證法思想家方以智和王夫之等,在「一分為二」與和「合二而一」的辯證思維上達到

〔註3〕馮契《人的自由和真善美》,《馮契文集》第三卷,〔M〕,上海:華東師範大學
　　　出版社版,第46頁。
〔註4〕《馮契文集》,第一卷,上海華東師大出版社,1996.3.4。

新時代的高度，尤其是方以智《東西均》和《一貫問答》，對轉識成智做了獨特的詮釋。《東西均‧盡心》指出：「人有心而有知，意起矣，識藏矣，傳送而分別矣。本一而歧出，其出百變，概謂之知（有本覺之知，有始覺之知，有真覺之知，有妄覺之知。）……心以無知之知為體。曰『無知』者，祛妄覺也；曰『無知之知』者，祛廓斷也。知以天統，良以德泯，致以法隨，『致良知』固三謂之表，而兩不謂之衡也。」〔註5〕他把知識分為四個層次，本覺（先天遺傳的認識能力）、始覺（後天積累的知識）、真覺（實證、覺悟到的真理性認識）、妄覺（虛幻的認知）；轉識成智，就是以善良的天性統率，結合德性修持（致良知）、辯證的證悟（分別而無分別），達到覺性的提升，自覺覺他。他在《一貫問答》之末，就《易經》《論語》和僧肇《般若無知論》作了歷史性的總結，指出：「乾知大始，三德首知。知譬則巧，知天知命，大明終始，通晝夜而知。此天地間，惟此靈明至尊至貴。世人不知，變為妄想，故又須明知即無知。所謂般若無知，無所不知，非無記知也。」〔註6〕知識提升到智慧的層面，作為天下最高的學問（三達德）之一，非常尊貴。知識之巧妙，乃至對天地始終、生命延續、晝夜變化規律的把握，覺悟達到這樣的高度，是非常難能可貴的；世人無知，卻以妄想為知，真正有智慧人，就要明白知識就是無知，無知才能無所不知，不是把糊裏糊塗、失去記憶判斷力的人稱為知識、智慧。最後，方以智把儒家的智仁勇三大德，改造成「統仁、知、不知」「清、任、和，三圓為時，即是極則」，即清淨、擔當、和諧相統一的世間與出世閒相圓融的最高智慧。

從《易經》《論語》、唯識宗的轉識成智說、方以智的《一貫問答》，到馮契先生的《智慧三篇》，為中國傳統哲學、現代哲學乃至宗教與科學的融通提供了重要的啟示，值得人們進一步深入研究，並發揚光大。

〔註5〕方以智《盡心》，《東西均注釋》，中華書局2016，第112～113頁。
〔註6〕方以智《一貫問答》，《東西均注釋》，中華書局2016，第518頁。

十三、末法辨析——辯證綜合之三

　　南嶽慧思大師《立誓願文》最早載明正像末三時期的區分，以北魏延昌四年（515）為末法二十年，是中國佛教樹立正、像、末三時思想的第一位高僧。慧遠大師對於佛教大法即將淪落，面臨千年的厄運深感憂慮，為了高豎正法幢，堅持「不事王侯，高尚其事」的理想追求，堅持自己的信仰和人格，並對淨土法門的弘傳表示自己的堅定信念。玄奘歷盡艱險西行求法，追求人生解脫的客觀真理，鑒真雙目失明東渡弘法，虛雲禪師三步一拜朝禮五臺，智論抱病講經，願為「彌陀孤臣」……這種為弘揚佛法死而後已的精神，正是末法時代僧人的楷模。

　　佛教末法觀反映了佛弟子慈悲濟世的憂患意識和護持正法的崇高責任感、使命感，對於激勵信眾識別邪正，崇尚科學理性，高揚「人民有信仰，國家有力量，民族有希望」的社會主義核心價值觀和正能量，革新佛教，嚴持戒律，精進辦道，莊嚴淨土，與現代和諧社會構建相適應，化世導俗，有重要的現實意義。

　　佛教末法觀，是指佛教經過正法、像法、末法三個發展階段，必然走向消亡，佛教徒精進努力，可以化末法為正法，使佛法長久利益人間的理論。宗教適應一定階段的經濟、社會、文化生活而誕生、流傳，並將由盛而衰，逐步走向消亡，這是不以人們的意志為轉移的客觀規律。對此保持清醒認識，增強高度的責任感和憂患意識，精進努力，才能使佛法久留人間，更多利益人天，造福眾生。

（一）佛教末法觀的主要內容

　　諸法無常，諸行無我，涅槃寂靜，是佛教的根本教義。任何事物都是緣起

性空，並且經過成住壞滅的發展過程。佛教的基本教義清楚表明，佛教弘傳必定經歷正法、像法、末法的不同發展階段。這就是佛教末法觀的理論依據。其主要內容是：佛陀滅度之後，正法住世五百年，像法一千年，末法一萬年，然後走向消亡；末法時代雖然經典難聞，修道者少，修道的人中間開悟得道的更少，但仍有十萬龍天護法；而且，即使處於五濁惡世，也還是有淨土信仰等殊勝法門可修行入道。

關於正法、像法的時限，諸經論有不同說法。南嶽慧思大師《立誓願文》最早載明正像末三時期的區分，此後末法思想即廣為流行。慧思根據前述說法，以北魏延昌四年（515）為末法二十年，並採正法五百年、像法千年、末法一萬年的說法，是中國佛教樹立正、像、末三時思想的第一位高僧。

集三論教學大成的吉藏大師（549～623）曾對《中論》「佛滅度後五百歲像法中」之句，提出有關法住的六種說法：（1）《俱舍論釋》的正法千年，不論像法；（2）《摩訶摩耶經》載：「佛滅後五百年，⋯⋯正法不滅。五百年後正法滅盡。到六百年時，九十五種外道競相紛起，馬鳴出世後，伏諸外道。七百年中，龍樹出世，摧毀諸邪見。八百年，比丘縱逸，僅一二人得道果。⋯⋯千五百年，俱睒彌國二僧互起是非，遂相殺害，教法乃藏龍宮⋯⋯」；而所謂的末法一萬年之說，則可能是《大悲經》的記載；（3）真諦三藏說的法住二千年；（4）《大集經》的五種堅固說；（5）《善見律毗婆沙》的五千年說；（6）《祇園精舍銘》的正法千年、像法千年、末法萬年說。

淨影寺之慧遠（523～592），曾在北周武帝廢佛之時，親身詰難武帝，但武帝並未聽從他的意見，並斷然廢佛，慧遠乃遠走河南汲郡避難。慧遠相信《智度論》之像法中初五百年，以及正法後五百年為像法之說，曾提及釋迦如來正法五百年、像法一千年、末法一萬年，也加入新的解釋，以為《十二門論》中所謂的末世眾之「末世」並非第三時，而視末世為像法，像法為似末、微末之法。

信行禪師（540～594）所倡創的三階教，將佛教按「時、處、人」分類成三個階段，以為當今佛教，時值末法，處於穢土，人皆破戒，故屬末法。信行的思想與慧思最大的差異，在於他以當時為末法的第三時，故自覺所處時代之危機，乃針對末法，組織出因應末法的教法。信行摘錄經典中有關破見、邪見眾生難以救濟的說法，以及視這些徒眾為外道、墮獄、佛敵、大賊的論點，以為即使是極惡最下根機的一法也應予以尊重，提倡不排斥異己的普法佛教。

歸納起來，佛教末法觀大體上有如下要點：

第一，揭示佛法弘傳的不同階段及其發展趨勢：《大集經·月藏分》說：「我末法時中億億眾生，起行修道，未有一人得者。當今末法，是五濁惡世，唯有淨土一門，可通入路。是故大經云，若有眾生縱令一生造惡，臨命終時，十念相續，稱我名字，若不生者，不取正覺」。說明末法觀是出於對佛法弘傳的弊端的一種憂患意識，揭示正法傳播過程存在著不以人們的意志為轉移的客觀規律，也是佛教徒應有的一種覺悟。

第二，末法時代有十萬龍天護持正法，佛教徒要有高度的責任感和使命感，敢於承當。慧思大師有強烈的末法意識。他在《立誓願文》中明確闡述正法、像法、末法年代的發展序列，「正法從甲戌年至癸巳年，足滿五百歲止住；像法從甲午年至癸酉年，足滿一千歲止住；末法從甲戌年至癸丑年，足滿一萬歲止住。」說己身在末法百多年時，多次受到迫害；末法八十二年，即北魏延昌四年（515），自己誕生那一年。慧思於此立下誓願：「入末法過九千八百年後，……至大惡世，我今誓願，持令不滅，教化眾生，至彌勒佛出。」他以北魏太武帝滅佛事件為鑒戒，發誓在末法時代修行成佛、度人無數，持佛經，令永不滅，直至彌勒菩薩（未來佛）出世，決不動搖。慧思的「眾生無邊誓願度，煩惱無盡誓願斷，法門無邊誓願學，佛道無上誓願成」的願望十分強烈，認為「我從末法初始立大願，修習苦行，如是過五十六億萬歲，必願具足佛道功德，見彌勒佛。」慧思的「末法說」，反映了大乘佛教高僧在末法時代敢於承擔，大力振興佛教的悲心宏願。

第三，發大願，精進修持，提升覺性，是傳播正法的根本所在。只要有宏大的悲願，精進努力，創造條件，末法就可以轉化為正法。正法住世，必須重教證。《俱舍論·分別定品》：「世尊正法體有二種：一教、二證。教謂契經、調伏、對法。證謂三乘菩提分法。有能受持及正說者，佛正教法便住世間；有能依教正修行者，佛正證法便住世間。」〔註1〕1953 年虛雲禪師在上海市佛教青年會釋迦佛七開示說：「我們已經皈依三寶，釋迦佛是我們的本師……。唐宋元明以來，悟了道的祖師到處都有出現，佛法大興。而今天根機不同，悟道的人不容易見到，就是真正持戒修行，真正替佛宣揚法化的人也不易訪求。雖則有人說目前是末法時代，距離佛滅度的時間太久了，所以會產生這樣的現象，其實只要我們能真正持戒修行，信願堅固，那麼法就是正法。……各位大護法，

〔註1〕大正藏，卷 29，頁 1558，152b3f。

他們領導周圍的善信眷屬們精進辦道，替佛宣揚，令人讚歎，使人信仰，這就是正法住世，是莫大的因緣。」

第四，大力培養具有般若智慧、嚴持淨戒、解行相應、高素質的僧才，是正法久住的關鍵。道綽禪師（562～645）生於北齊武成帝河清元年。他常讚歎曇鸞祖師智德高遠，「尚捨四論講說，回轉自力修行，唯信彌陀本願，已見往生；況我小子，所知所解，何足為多，而恃此為德！」決心由經教講說，轉為一心專念阿彌陀佛，修淨土行。日僧法然上人在《選擇本願念佛集》第一章說：「若於淨土門有其志者，須棄聖道，歸於淨土。例如彼曇鸞法師，捨四論講說，一向歸淨土；道綽禪師擱廣業，偏弘西方行。上古賢哲，猶以如此，末代愚魯寧不遵之哉！」稱讚曇鸞、道綽祖師不滿足於從文字上宣講經意，而是篤實行證，老實念佛，歸心淨土。這對於末法時代的眾生，尤具警醒作用。

第五，末法時代，眾生根基淺鈍，淨土法門最當機，禪淨、小大乘、顯密圓融，定能開顯佛法無限生機，利益人天。佛教末法觀在歷史上的影響是多方面的，對佛陀的思念、佛陀聖物（如舍利）、佛塔、聖地、聖蹟的崇拜，對佛教的教義詮釋，佛教經典的結集、編撰、刻印、刻石、流通，對教派的形成、法門、宗風、戒律、宗教改革、教育、學術文化、建築、藝術等都有深刻的影響。

（二）增強憂患意識，激發弘揚佛法的緊迫感、責任感和使命感

慧遠在《沙門不敬王者論》中說：「斯乃交喪之所由，千載之否運。深懼大法之將淪，感前事之不忘，故著論五篇，究敘微意」。他對於佛教大法即將淪落，面臨千年的厄運深感憂慮，為了高豎正法幢，堅持「不事王侯，高尚其事」的理想追求，堅持自己的信仰和人格，並對淨土法門的弘傳表示自己的堅定信念。謝靈運在《佛影銘》中也明確地說：「夫大慈弘物，因感而接。接物之緣，端緒不一，難以形檢，易以理測，故已備載經傳，具著記論矣。雖舟壑緬謝，像法猶在，感運欽風，日月彌深。」佛教的弘傳，有各種不同的因緣，從道理上去探求、領會是比較容易的，但隨著歲月的流逝，當時佛教已進入像法時代，這是不爭的事實。正是從此現實出發，慧遠在廬山建蓮社，弘淨土，六時念佛，求生西方。他不遺餘力地提倡淨土法門，「在山三十年，跡不入俗，專志淨土，澄心繫念」。即使送客，也足不過虎溪，有「虎溪三嘯」之美談。慧思大師立下誓願：「入末法過九千八百年後，……至大惡世，我今誓願，持

令不滅，教化眾生，至彌勒佛出。」他以北魏太武帝滅佛事件為鑒戒，發誓在末法時代修行成佛、度人無數，勘刻佛經、石經、金字《般若經》，令永不滅，直至彌勒菩薩出世，決不動搖。

佛教末法觀不是使人悲觀，而是激勵僧人站穩腳跟，知難而上，更加精進。「若大家不苦心孤詣於佛法，必被外道埋沒。佛法要滅，內部滅於邪見、經懺，外部滅於外道。」這是臺灣西蓮淨苑開山、當代弘揚淨土法門的高僧智諭法師對於末法時代佛教存亡的憂患意識和弘揚佛法的清醒認識。一九八五年三月，智諭上人說：「際茲末法，戒律墮滅，出家人務須站穩腳跟，不享受，不浮華，不懈怠，不放逸，庶幾於心無愧，復不負十方供養也。」一九八七年十月，智諭大病，仍然抱病勉強起床，給大家講經，帶領修學。他的一片苦心，溢於言表，說：「我恐怕大家懈怠下去，所以很勉強支持。我為什麼這個樣呢？我也知道，我休息會舒服一點，可是我可憐末法時期的佛法，眼看沒落了，正法無人傳。如果我一口氣不來，恐怕你們再聽到這個法就很難了，所以我不敢偷懶。」無論是玄奘歷盡艱險西行求法，鑒真雙目失明東渡弘法，還是虛雲禪師三步一拜朝禮五臺，智諭抱病講經，願為「彌陀孤臣」……這種奮不顧身，為弘揚佛法死而後已的精神，正是末法時代僧人的楷模。

（三）識別真偽，祛邪顯正，弘揚正法

末法時期，法弱魔強，佛法與相似佛法、外道乃至邪魔，真假難辨。《楞嚴經》卷六說：

> 彼等群邪，亦有徒眾，各各自謂成無上道。我滅度後末法之中，多此妖邪熾盛世間，潛匿奸欺，稱善知識，各自謂已得上人法，誘惑無識，恐令失心，所過之處，其家耗散。

本來，在佛教看來，世間一切如幻如電，如露珠泡影。《紅樓夢》所謂「假（賈）不假，白玉為堂金作馬」，說的是賈家擁有的白玉堂、金馬等物質財富，這種富有是否真富有？其實魚龍混雜，真假難分。正法與邪法也是如此。在20世紀80～90年代，中國佛教界的趙樸初先生等大德法師，對邪教早有警惕，最早向上級反映「法輪功」問題，親自指示中國佛教協會、《法音》雜誌對《轉法輪》組織人研究、寫文章反駁，對「法輪功」組織的定性抓緊論證，明確說「法輪功是邪教」，「光是取締還不夠，還須以理摧伏其謬論，才能有效」。宗教界沒有辜負趙樸老的期望，1996年以來，北京、長春、浙江等地，都紛紛寫文章批

判「法輪功」，開會論定邪教性質，其摧邪顯正之功，崇尚科學理性信仰之盛舉，世人共睹。2001 年 3 月 16 日，新華社全文發表了《中國佛教協會致全國佛教界的公開信》，義正詞嚴，在全國宗教界引起巨大反響，是一曲激濁揚清、弘揚正法的中華民族正氣歌，是摧邪扶正的戰鬥檄文，也是新世紀中國宗教自立、自強、自尊、自律的莊嚴宣言，向世人鄭重宣告：中國宗教界以「莊嚴國土，利樂有情」、「愛國愛教，護國利民」為宗旨，以「獅子吼」、「金剛怒」、無堅不摧的鋼鐵決心反對邪教，尊重生命、尊重信仰、崇尚科學、捍衛人權，這是任何力量也阻擋不了的。正義必定戰勝邪惡，正法必定戰勝歪理邪說，這是歷史的必然，時代的召喚，也是全國人民、全世界進步人類的共識。

佛教認為末法時代經典難聞，而且修道者越來越少，修道的人中間，開悟得道的更少。但是，即使處於五濁惡世，也還是有道可修，有門可入的。只要歸心淨土，一心念佛名號，蒙佛力加持，即使一生造惡，臨終懺悔，也能往生極樂。唐代道綽法師在回答「一切眾生皆有佛性，遠劫以來應值多佛，何因至今，仍自輪迴生死，不出火宅」的問題時說，雖然去聖時遙，理深難解，修道得法者少，但只要十念相續，念佛名號，定能往生淨土。認為「計今時眾生，即當佛去世後第四五百年，正是懺悔修福，應稱佛名號時者。若一念稱阿彌陀佛，即能除卻八十億劫生死之罪，一念既爾，況修常念，即是恒懺悔人也。」堅信在末法之際，正是懺悔修福之時，念佛能消除惡障，蒙佛加持，往生西方極樂世界。

中國佛教八大宗派中，雖然各有殊勝之處，但多是上根人得益，中下根人難蒙薰濟，而彌陀淨土應機最廣，淨土念佛法門於末法時代特別興盛。所以，許多高僧高瞻遠矚，不僅能認識和把握世界成住壞空的普遍規律，而且找到末法時代入道的最好途徑——淨土法門。

末法時代世界千變萬化，誘惑甚多，固然修持不易，而這正好激勵廣大信眾，精進努力。智諭法師認為：「經上說，色思想若伏，還沒斷，僅僅伏下，禪定就生。大家末法時期，不能得禪定，就是被色思想害了。我們說末法時期眾生根機差，主要差在這個地方。如果色思想一斷，禪定就起。如果色思想不斷、不伏，想得禪定，那是騙人，那不可能。」「末法時期……我們師徒努力於佛法、戒律。劫末，火燒初禪，水淹二禪，風吹三禪，不能燒掉佛法、戒律，不能淹沒佛法、戒律，不能吹壞佛法、戒律。」佛教末法觀對嚴持淨戒，弘揚淨土等殊勝法門，起了非常重要的激勵作用。

（四）激勵四眾共同合作，培養道德，深入經藏，革新佛教，促進佛教與現代和諧社會相適應

對佛教末法觀，佛教界、學術界有不同的看法。日本曹洞宗的開宗祖師道元禪師（1200～1253）《正法眼藏・辨道話》說：「大乘實教無分正、像、末法，只要肯修，皆可得道……證之得否，則唯修者自知，如用水之人，冷暖自辨。」水野弘元認為，從佛教的「無我說」出發，不存在「末法」，「佛滅以後，佛教不一定只會增加不利的因素，只要創造有利的條件，就一定能夠再度光大正法。」〔註2〕其實，他們並沒有真正否定末法之說，認為，只要肯修，只要創造有利的條件，就是正法，關鍵在於自己的努力。所以，套用《金剛經》的說法：說「末法」，即非末法，是名「末法」。正人影邪也是正，邪人名正都是邪。這和我們所說的正法與末法的辯證法有異曲同工之妙。

末法時代，法弱魔強，如何應對？印光大師堅持扶正袪邪，以建設人間淨土的正知、正見引導信眾，勉勵居士們在家學佛，居塵學道，善盡做人的義務。如《復寧波某居士書》說：「人生世間，不可無所作為，但自盡誼盡分，決不於誼分之外有所覬覦。士農工商，各務其業，以為養身養家之本，隨分隨力，執持佛號。」這一段遺教，可說是對於學佛而廢棄世事者的當頭棒喝。印公對那些不重醫德，只貪多得謝金的醫生深為厭惡，他在《復施智孚居士信》中說：「古德云不為良相，必為良醫，以其能濟世救人也。無知之人，專志求利，於貧者則不介意，於富者則不令即愈，以期多得謝金。然以此存心，上天必減其福壽，其子孫必難發達，來生即不墮惡道，亦屬大幸，決定貧病交膺，無可救藥！倘能以人之病為己之病，兼勸病者吃素念佛，以消業障，則人感其誠，必能信受，是由醫身病，而並醫心病，以及生死大病也。以此功德回嚮往生，便可永離五濁，高登九品矣……」他希望大夫們能夠重醫德，以醫事作佛事，以濟世救人為目的，必能福壽增延，子孫發達，將來九品高登，永離五濁；人人如此，則污濁人間即成極樂淨土。

他在糾正人們對佛經的謬解方面，堅持以佛經所說為主，諄諄教人不盲從魔說或曲解佛經。因為當時有些附佛外道邪門，專門曲解佛經，以魔說欺惑世人，如說釋迦牟尼佛已過去，「現在的佛教是彌勒佛掌盤」等語，又把「南無阿彌陀佛」曲解為「南方沒有阿彌陀佛」，以矇騙世人，博取名聞利養。表面上他們說是信奉佛教，實際上是專做破壞佛法的邪魔。印光大師對此深惡痛

〔註2〕道元《正法眼藏・辨道話》，第35頁。

絕，常常告誡弟子們要以奉行正法為主。他在《復應脫大師書》中說：「南無阿彌陀佛，乃西方極樂世界教主之號。某某魔子，依從前魔子之解，更張大之，欲令一切瞎眼漢謂彼大悟，故作此魔說。明眼人見之，知其著魔，喪心病狂，不依佛經所說……而依從前魔子所說，豈非魔王眷屬，實為謗法！若以送人，來生不墮地獄，也當瞎眼。汝若不毀滅此書，亦當瞎眼。」其彰顯正法，糾正邪說不遺餘力；對迷途眾生，循循善誘，用心何其良苦！

總之，佛教末法觀反映了佛教誕生 2500 多年來，佛教徒暢佛本懷，兢兢業業，弘法利生的曲折而光輝的歷程，表答了億萬佛子的慈悲情懷、憂患意識和護持正法的崇高責任感、使命感，對於激勵信眾識別邪正，崇尚科學理性，高揚「人民有信仰，國家有力量，民族有希望」的社會主義核心價值觀和正能量，革新佛教，嚴持戒律，精進辦道，莊嚴淨土，與現代和諧社會構建相適應，化世導俗，有重要的現實意義。

十四、佛教哲學的現代價值

　　佛教對人類的終極關懷提供解脫之道，是一個龐大的信仰體系、哲學體系和價值體系。中國佛教哲學經過兩千多年的引進、鍛造和創新，在因緣和合、因果聯繫、中道辯證、眾生平等、慈悲濟度、轉識成智、關愛生命、終極關懷等方面碩果纍纍，對當今社會和新時代將做出不可多得的貢獻。佛教哲學在調整心態、和諧社會、提升心靈、高揚靈性和人文關懷方面其實可以為社會主義現代化建設、人美命運共同體構建和人類生態文明交流互鑒提供更多思想文化資源和有益參考。

　　佛教對人類的終極關懷提供解脫之道，是一個龐大的信仰體系、哲學體系和價值體系。佛教在中國已有 2000 多年的歷史，表明其具有持久活力和恒久價值。佛教如何適應現代社會的需要，如何重建價值，發揮其作用，這是一個重大的理論問題，也是一個嚴肅而迫切的實踐問題。為此，必須深入研究當代人類社會的基本特點，以及未來社會的基本走向，釐清中國佛教哲學資源，揭示其對當前及未來社會具有真實意義的基本理念和基本原則，為人類社會基本矛盾的解決提供有意義的參照意見。

（一）21 世紀人類社會的基本特點和基本矛盾

　　人類社會進入二十一世紀以來，知識經濟、高科技和市場經濟時代的來臨，標誌著以智慧化、網絡化、多元化為特徵的新現代化，將日益主導人類社會的發展。知識經濟的特點是信息化、網絡化、多極化和全球化。這就給人與自身、人與人、民族與民族、國家與國家，以及人與自然的關係，都帶來廣泛和深刻的影響，推動了人類社會矛盾的新發展。當今世界、時代和歷史變革、

發展機遇和挑戰，正以前所未有的速度和方式展開，人類社會面臨全面發展、
和諧共生、平等合作、世界和平、多邊共建與新老殖民主義復活、帝國主義霸
陵主義、強權主義橫行，單邊主義、生態危機等利益衝突、矛盾疊加、貧富對
立分化、零和博弈的衝突、鬥爭日益凸顯的嚴重局面。人類社會的基本矛盾，
生產力與生產關係，上層建築與經濟基礎的矛盾，人民追求自由、民主、平等、
幸福和發展同社會衝突、文化碰撞、貧富分化、價值失衡、霸陵和強權盛行、
精神墮落的矛盾日益凸顯。在這種情勢下，努力發揮、運用馬克思主義哲學、
優秀傳統文化與現代哲學的豐富資源和智慧，探尋和開發新的發展理念、科學
理性思維和價值取向，守正創新、化解矛盾、開創新機，就成為時代精神關注
的中心和義不容辭的責任。否則，當代社會和世界面臨的諸多矛盾和問題，只
有訴諸外交鬥爭、武力、暴力、恐怖主義來解決，以牙還牙，以惡報惡，揚湯
止沸，只能造成更大的社會危機和動亂。

（二）中國佛教哲學的基本理念

中國佛教哲學經過兩千多年的引進、鍛造和創新，在因緣和合、因果聯
繫、中道辯證、眾生平等、慈悲濟度、轉識成智、關愛生命、終極關懷等方面
碩果壘壘，對當今社會和新時代將作出不可替代的貢獻。

1. 因緣和合

宇宙萬法都是依因緣而生滅，都由原因或條件的和合而生、住、異、滅。
萬法因緣而生，顯示佛教對宇宙人生、存在與生命的根本看法，是佛教的具體
教說和重要理念，如因果、空有、中道、平等、慈悲、解脫的哲學基礎。佛教
的教說和重要理念都是緣起性空思想的展開。它區別於無因論、偶然論、神造
論和宿命論，是對宇宙生成演變和世界本來面目的比較合理的論說，是佛教區
別於其他宗教、哲學的根本特徵。其中包含著兩個最重要的理念，即關係和過
程的思想。

《雜阿含經》卷 10：「此有故彼有，此生故彼生。……此無故彼無，此滅
故彼滅。」《方廣大莊嚴經》：「如是諸法各支起，有賴於相互集成。彼等若是
各別時，過、現、未際不可得。」這就是說事物在關係中、過程中確立，是相
互關係的體現，離開事物在一定時空的聯繫和發展過程，世界萬物將不復存
在。中國佛教進一步發展緣起性空理論，天台宗的「十界互具」說，華嚴宗的
「一即一切，一切即一」說，都強調事物之間的互相涵攝、聯繫，這是對宇宙

共同體原理的樸素和天才的猜測。世界是一個成、住、壞、滅的發展過程:「如幻、如夢、如乾達婆城,所說生、住、滅亦如是。」〔註1〕這是在肯定世界的物質性基礎上凸顯運動、聯繫和發展的思想,是在唯物主義之上事物相互聯繫、發展的辯證思維的生動表現。

2. 因果聯繫

原因與結果在前後相續、彼此關涉中和合存在,「三世輪迴」,這就是佛教的因果觀。它是說明一切事物的矛盾運動主體與客體、個業與共業、必然與偶然相互關係和價值取向的基本理論。在倫理上著重闡釋善惡報應,善因樂果,惡因苦果,為信眾的道德修持和精神生活打下堅實有效的基礎。在生命、生存層面,果報分為正報和依報。正報指過去的業因所招感、產生的具體生命,是果報的直接主體。依報指宿業所招感、造成的外物、外部環境和整個世界如民族、國家、國土、自然生態等。個人的行為屬不共業報,眾生的思想行為所共同招致的客觀世界、條件、環境為共同的業報。天台宗主張在因位的人與在果位的佛「因果不二」存在必然聯繫,無本質差別;又提出依正不二,佛身與佛土不二,正報與依報不二,共攝三千世界,歸於一心。這是從「境、行、果」,即外在世界和內在精神境界、行為和社會效果來闡釋事物因果聯繫及其價值取向的卓越思想。

3. 中道辯證

即超越兩端(「邊見」)立於中正之道、堅持相對與絕對辯證統一的真理觀和實相觀。《雜阿含經》:「離於二邊,說於中道」。有世界發展的八不原理:「不有不無,不一不異,不常不斷,不來不去」,即世界是精神與物質(空有)、同一與變異(一異)、連續性與階段性(常、斷)、否定與肯定(來、去)的辯證統一。主張「八正道」,從思維、言語、行為、意志、生活等方面實踐不苦不樂、持中不偏、無過無不及的中道哲理。空有中道是關於事物及其各種要素是否存在永恆不變的客觀實在性的理論,是對緣起與實有、事物與自性、現象與本質的聯繫和區別的看法。部派佛教在一定意義上承認事物及其要素的實在性。大乘瑜伽行派提出諸法有遍計所執性(片面聯繫)、依他起性(相互聯繫、相互制約)、圓成實性(全面、普遍、客觀聯繫)三性,在依他起性的諸法之外,有圓成實性的真如實體。天台宗、華嚴宗認為,依他起性的諸法之相與其

〔註1〕《廣百論‧本破根境品》第七品三十四偈。

所依的實體是統一的，諸法即實相，排除在諸法之外另有實體之說。天台宗、三論宗又有小乘佛教主張「析空」（分析、解釋）、大乘佛教主張「體空」（本來和整體對立統一）之說。一般認為後者為勝。智顗認為「一色一香，無非中道。」「中以不二為義，道以能通為名」，中道是遠離有與空、常（連續性）與斷（間斷性）二邊，契合有空不二的最高真理，是不偏不倚、有限與無限相統一的正見。有見（常見）、與空見（斷見）是偏狹的邊見。在實相的認識中，有現量（實踐、實證）、比量（邏輯推理）、聖言量（經典指導）等不同途徑，只有實證才是檢驗真理的最重要的根本標準，而且在實踐檢驗基礎上，也要輔以必要的邏輯推理和經典指導，這樣的「三量勘同，方為究竟」（宗密大師《禪源諸詮集都序》）；主客體雙方在「見分、相分、自證分、証自證分」即「認識主體、認識客體、自我實證、究竟綜合驗證」四重驗證上，通過相對真理和絕對真理的辯證統一（方以智《東西均・反因》：「無對待在對待之中，然不可不親見此無對待者也。」）就可以全面地、科學地把握事物的真相，不至於陷入神異的靈魂不滅說、神創說和歷史虛無主義之中。中道辦證包含認識的兩點論、重點論、系統性和全面性，閃耀著辯證思維的耀眼光芒。

4. 眾生平等

佛教平等的含義：（1）人與人之間的平等；四種姓平等，四河入海，同一法味；體現了人權、族類平等的思想；（2）眾生平等；肯定一切眾生都有佛性，都能成佛，是平等的；不僅人與人是平等的，就是人與其他生物也是平等的，這是對人類中心主義的警告和修正。（3）生佛平等，生佛不二，眾生都能成佛，這與有的宗教稱人神為二，人為神造之說相異趣。（4）眾生與無情之物的平等。（5）生存空間、生態環境的平等。天台宗主張「無情有性」，無情感意識、不具精神性的東西都有佛性，與有情眾生是平等不二的，是對生物界尊嚴的確認和對萬物的敬重，是對東西方生存環境的接納、包容，更是「感恩有你」博大胸懷、人文關懷慈悲心、同情心的圓滿體現和普遍流露。這種平等，是生存存在的可能性、包容性、相生相剋的互補性，是幫助眾生提升精神、獲得解脫的理論根據。

5. 慈悲濟度

慈悲是對眾生的平等、深切、真誠的關懷和愛護。悲為拔除苦惱，慈為給予快樂。慈、悲各有三：悲分眾生緣悲（都是十二因緣中流轉而起悲心），法

緣悲（皆是因緣法數而起悲心），無緣悲（皆畢竟空寂、無條件而起悲心）三種；慈亦為三：眾生緣慈，法緣慈，無緣慈。《大智度論》卷 40：「慈悲心有三種，眾生緣，法緣、無緣」。佛教以「無緣大慈，同體大悲」來提倡絕對平等的慈悲，是體悟真如平等的空理的慈悲，是聖嚴法師、慈濟功德會「抬天下人的菜籃子」的責任與擔當。它富於責任心、同情心和普世性、實踐性，注重對弱勢群體的關懷，給人們帶來信心、勇氣、希望與方便。

6. 轉識成智

轉識成智、轉迷為悟是佛教實踐哲學取得成功的關鍵所在。玄奘《成唯識論》說：「為勸有情依智捨識故，說轉八識而得此四智。」王夫之《相宗絡索·八識識轉四智次第》說：「此約漸教而說，若從相宗悟入，只有徑滅七識，餘七一齊俱轉。相宗顯標漸教，密示頓宗，在人自悟爾。」知識分為認識主體、意識、理性思維和覺性幾個層次，從感性認識、理性認識到悟性認識，認識才能由表及裏、由淺入深，由知之不多至知之甚多，乃至涉及不可思議的更深本質，提高到更高層次，把握事物的客觀真理。方以智《東西均·盡心》把認識分為「本覺之知、始覺之知，正覺之知和妄覺之知」，就是通過修行，把認識從無知到知覺，從先天遺傳之知，經過後天的格物致知、積累和修行，達到理性直覺、德性提升和真實覺悟的高度，也就是馮契教授「轉知識為德性，轉知識為方法」，從而得到解脫。這是佛教明心見性、頓悟成佛，其實是覺性的提升法門的奧秘之所在。

7. 關愛生命

佛陀指出，生命在呼吸之間。生命由無明緣行，經過十二因緣，達到生命的終結和新一期生命的誕生而不斷延續。佛教的修行，就是通過色、息、心，即物質、精神和新陳代謝的運動而掌握命運、改造命運的。方以智主張「立處當參、處世當參，歸於造命」。陳健民瑜伽士從佛教小大密乘和禪修三乘一體的整體修行體系和當今社會的臨終關懷與醫療救助，從生理、心理、醫療、社會救治各個層面的終極關懷、全面呵護，更體現了當代佛教的科學理性和人文關懷精神。吳立民大德依照《藥師經》和禪修論自我造命說：「色息心本身搞清楚了，對我們人體就有個真正自我瞭解，這樣才能真正來自我解脫，才能自我造命。」〔註2〕這種堅持物質與精神、哲學醫學與宗教修持相統一、世間法

〔註2〕吳立民《藥師經法研究》，北京：中醫古籍出版社 1997，第 375 頁。

與出世間法相圓融、自我造命、改造命運的生命科學與生死哲學，是新世紀宗教人文關懷和生態倫理學的新曙光、新福音。

8. 終極關懷

佛教以解脫眾生為終極理想，是沒有污染、沒有執著，清淨、灑脫、圓滿、自在的境界，也稱涅槃寂靜。《金光明經玄義》卷上：「於諸法無染無住，名為解脫」。解脫就是克服貪嗔癡煩惱，從生死流轉中獲得解放、超越和自由。佛教從信仰、解悟、行持、證道諸方面，對倫理道德、知解、禪定、智慧等，精心設計，無非「給人信心，給人希望，給人快樂，給人方便」。唯識宗從轉識成智方面對開悟成佛的人生智慧作了具體論述，就是轉知識為方法、德性與覺性，即從辯證綜合、道德證悟和理性直覺上提升覺悟，達到涅槃寂靜的境界。解脫是自度與度他相結合，追求佛、菩薩的理想人格。中國佛教四大名山，即是四大菩薩的道場，其實是解脫的四個環節，即悲（觀音菩薩，拔苦與樂）、智（文殊菩薩，智慧）、行（普賢菩薩，踐行）、願（地藏菩薩，立宏願——地獄不空絕不成佛）的體現，也是慈悲、智慧、篤行和志向四種菩薩精神的象徵。佛教追求的解脫，是以人為本，以人民的解放和幸福為主體，又是普渡眾生、惠及生物界、廣大法界的科學理性和人文關懷，所以，有「度盡眾生，而沒有一個眾生可度」「地獄不空，終不成佛」、「度盡煩惱，不入涅槃」的崇高境界，這才是佛教作為佛陀獨特的教育所具有的平常心和超越精神的集中體現。

佛學思維模式具有三個特點：

（1）渾然性

人生觀、宇宙觀、認識論、倫理學密切結合，渾然一體，各具特色。原始佛教的四諦說，論述人生痛苦的原因、解脫途徑、達到的理想境界，是人生觀與倫理學的統一。佛教的本體論比較豐富，如中道緣起說、自性緣起說、真如緣起說、法界緣起說和自心頓現說等，都側重於闡發各具特色的本體論；而業感緣起、中道緣起和自性緣起都是與認識論密切相關。天台宗的「一念三千」，一念是一心，三千大千世界又包含宇宙結構論、生成論的內涵。佛陀的「十四無記」則主張對於世有常而無常、世有邊而無邊、命即身與異身、如來死後有與無等十四個問題不作肯定、否定的回答。「十四無記」是基於事物發展的複雜性，人們限於科學、知識和自己的能力，暫時無法正確回答，或本身就是不該問的問題，或不利於人們的修行和解脫，故不予回答，或不回答就是最好的

回答，充分體現了佛陀實事求是的精神，也是判斷是非的高度智慧和善巧的表現。這種渾然性其實是概念的確定性和靈活性的辯證統一，絕對不同於模棱兩可和絕對性，而走向詭辯論。這種思想對於儒家有深刻的影響。周敦頤「無極而太極」和朱熹（自稱「空同道人」）「人身內含小宇宙」的思想〔註3〕亦有取於此，當然也受道家影響。渾然性為事物的聯繫和智慧的開拓提供廣闊的視角和空間。

（2）變異性

指對事物和世界認識是不斷發展、變化的。印度佛教各派在世界有無（空）問題上，由主張「一切有」—「人空法有」—「識有境空」—「人法皆空」—「畢竟空」，是不斷變化、深化的。中國佛教天台宗的「一心三觀」的禪觀，華嚴宗的一多、理事圓融的辯證法，唯識宗的轉識成智，密宗、藥師瑜伽的三密相應、即身成佛，禪宗的明心見性、頓悟法門，都較印度佛教有較大和根本性的突破，深深打上中國傳統文化的烙印。這種與時俱進的變異性，使其內容更豐富、更深刻，也表現了它更大的民族性、適應性，這也是佛教經久不絕，綿延至今在中華文明和東方世界大放異彩的根本原因之一。

（3）圓融性

出世，既是對現實世間某種程度的否定和超越，也是對人類及其所處客觀世界的自體和價值的肯定。它將人置於「六道」輪迴的眾生的較高層次，宣揚眾生皆能成佛，都能給人以精神的滋養和道德的責任，也能給人以感情的依託和慰籍。這也是佛教能在古代印度和中國長期流行的廣泛思想基礎。慧能「心地但無不善，西方去此不遠」，太虛大師「人成即佛成」、禪宗「知此無休歇，乃為大休歇。放下著，擔將去，此即殺人刀，即此活人劍。」〔註4〕密宗修持的「金胎不二，三密相應」等等，都是把成人與成佛、淨土與污土、放下與擔當、顯教與密乘辯證統一、圓融起來，以出世的精神做入世的事業，把世間法與出世間法結合起來，以適應新時代、發展新常態、新格局的需要。如果把二者絕對對立、分隔、割裂開來，就會走向信仰邊緣化、價值失衡，正信缺位，或者走向宗教極端主義。這其中的歷史經驗教訓，是值得人們認真記取的。

〔註3〕朱熹：「渾然太極之全體，無不各具於一物之中，而性之無所不在，又可見矣。」是對周敦頤「五行一太極」「五行之生各一其性」的詮釋，包含：「人身中各具小宇宙」的思想，實從佛教禪宗中得到啟發。見《太極圖說解》，宋刻本《元公周先生濂溪集》，卷一，嶽麓書社 2006。

〔註4〕方以智《一貫問答》，見《東西均注釋（外一種）》，中華書局 2016，第 436 頁。

（三）中國佛教哲學的現代價值

中國佛教哲學作為幫助眾生調整心態、化解矛盾、和諧社會和提升靈性和人文關懷精神的心性哲學，對於緩解人類社會的基本矛盾，提高人類的精神素質，減少現實的痛苦，滿足人類的新需要，促進社會的穩定、和平共處與可持續發展具有獨特的科學理性思維和精神價值。

1. 關注人與自我的矛盾，提升人的精神境界

佛教以其人生的解脫之道，對人在宇宙中的地位、人的本質、價值、理想等，都有系統的論述，尤其對絕對真理與相對真理辯證統一的空有不二的中道辯證思維，摒棄把矛盾鬥爭絕對化、把真理絕對化的傾向和片面性，創造條件促進矛盾的融合、和諧與消解，被恩格斯論定為「只有對於較高發展階段上的人（佛教徒和希臘人）才是可能的」；〔註 5〕佛教圍繞著破除「人我二執」和「轉八識成四智」的理論，包含著理性直覺、辯證綜合和道德證悟三方面的智慧，蘊含著「化理論為方法（方法論）和化理論為德性（價值論）」「化理論為覺性（解脫論）」等豐富內容〔註 6〕，其中的無我觀和解脫觀更是對世人的自我觀念的淨化、心理的調適、心靈的完美，具有指導意義。無我，指一切事物沒有常住不變的主宰作用的自體（本體），對這個所謂永恆不變的本體的執著，即是有我。佛教否定有永恆不變的實體和有實體意義的靈魂的存在，排除有我的觀念。無我是佛教基本的觀念，指無我執、無我見、無我愛、無我慢等。若果固執有我的執著、見解、貪愛和傲慢等，就是一切煩惱和輪迴（惡性循環）之根源。破除對主客體（我法二執）的執著，融小我於大我之中，即是精神生活高於物質生活、人格價值高於生命、社會利益高於個人利益的價值取向和精神境界，是個人融於眾生、服務大眾、奉獻社會的前提，也是解脫、成就理想人格的最終體現。這對於克服霸陵主義、強權政治、拜金主義、享樂主義、極端個人主義，甚至貪污腐化、盜竊走私、吸毒賣淫等人性扭曲、人格墮落的現象，有十分重要的意義。

據《法音》《佛教文化》雜誌和有關報刊刊載的材料，人們高興地看到，我們國家一些領導人入寺問俗，隨口一句焰口詞「杜鵑啼落桃花月，血染枝頭恨正長」，不僅會背誦，而且心領神會，念念不忘。習近平總書記在福建省工

〔註 5〕恩格斯《自然辯證法》,《馬克思恩格斯選集》第 3 卷，第 201 頁，人民出版社 1974 年版。

〔註 6〕參馮契《智慧的探索》,《馮契文集》第八卷，上海：華東師大出版社，1997.3。

作時，就知道 17 世紀中國名僧隱元大師東渡日本的故事。他 2015 年在北京「中日友好交流大會」上說：「在日本期間，隱元大師不僅傳播了佛學經義，還帶去了先進文化和科學技術，對日本江戶時期經濟社會發展產生了重要影響。2009 年，我訪問日本時，到訪了北九州等地，直接體會到了兩國人民割捨不斷的文化淵源和歷史聯繫。」〔註7〕習近平還在黨性教育、幹部教育中以阿彌陀佛號念念不忘的精神作比喻，勉勵廣大幹部廉潔自律，自我革命，時時刻刻敲響警鐘，不忘責任擔當，如履薄冰，如臨深淵。佛教既是文化，是一種陶冶情操、提升精神，與民族心理的、傳統文化相聯繫的訴求，更是一種科學理性、信仰、理想、信念的不懈追求，對宗教合理成分和精神價值的包容和正確界定，有利於緩解對現實願望和利益的片面執著不化，是「物物而不物於物」〔註8〕，對治物慾橫流，淡化享受，淡泊名利，提高精神境界的需要。解脫是個人的業報，也是共同的善業所得的樂果。遵循因果法則，就會確立向上的價值取向，克服反道德的心理因素，使人心向善、淨化，社會和諧，道德提升，經濟社會秩序趨於完善，無疑是很有裨益的正能量。

2. 協調人與人（他人、社會、民族、國家）的矛盾，維護世界和平

現代戰爭的根源之一，是不懂得人類共生共存、自他互利的緣起之理，不重視溝通、和解，視他人為仇敵，不尊重他人的人格、尊嚴、權益、發展與生命。佛教的人人本性平等、人格尊嚴平等的理念，有助於人類和平共處，追求共同理想，建立人間淨土。佛教的慈悲濟世，五戒、十善，以不殺生為首，為建立普世倫理價值觀的參照。當前，中國漢傳、藏傳和南傳三大語系佛教齊心主力於「心淨則國土淨」，大力弘揚慈悲濟世、莊嚴國土、利樂有情的慈善、教育、護生、救難、生態環保的偉大事業，海峽兩岸佛教均發揮「不為自身求安樂，但願眾生得離苦」的大慈大悲精神和「三輪體空」的超越精神，不僅使施者、受者精神都得到提升，而且可以不計前嫌，以德報怨，化干戈為玉帛，同舟共濟，攜手共進，雙贏互補，共同為祖國統一、振興中華而砥礪前行，反對一切分裂兩岸親骨肉、製造仇恨的倒行逆施。國與國之間的關係是民族、國家核心競爭力的交往與較量，涉及政治、經濟、軍事、文化、外交多方面的利益與矛盾，如果能在自強不息、厚德載物、慈悲與拔的基礎上，本著「不忘初心」，「一帶一路」，文明共享、平等交流互鑒、人類命運共同構建的精神，而

〔註7〕見人民日報 2015 年 5 月 24 日 2 版。
〔註8〕方以智《一貫問答》，見《東西均注釋（外一種）》，中華書局 2016，第 442 頁。

不是奉行唯我獨尊的霸陵主義、新老殖民主義、復活軍國主義，乃至宗教恐怖主義，以五戒十善、自利利他的信仰、理性思維和國家民族大義為重，自強自立，以人民利益至高無上，多釋放善意，真誠溝通，定能化解矛盾，促進世界的和平、社會的協調發展、繁榮與進步。

3. 調適人與自然之間的矛盾，促進共同發展和可持續發展

現代社會面臨的最大問題是合作與競爭、和諧與衝突、和平與戰爭的問題。共同發展與可持續發展，不僅需要協調人與社會、人與人之間的關係，而且需要調適人與自然的關係，使人類賴以生存的自然生態環境得以全面、良好的利用和保護。對自然的野蠻掠奪、對環境的過度破壞，已嚴重地威脅到人類的生存。佛教哲學在調整心態、和諧社會、提升心靈、高揚靈性和人文關懷方面其實可以提供更多思想文化資源和有益的參考。早在唐朝，一位禪師就指出，南嶽山刀耕火種的「畬山」的耕作方式應當改變：「畬山兒畬山兒無所知，年年斫斷青山眉。就中最好南嶽色，松杉利斧摧貞枝。靈禽野雀無因依，白雲迴避青煙飛。猿猱路絕岩岸出，芝蘭失根茅草肥。年年斫罷仍再鋤，千秋終是難復初。」〔註 9〕這種重視物質、精神文明與社會生態文明建設相協調的思想，不僅在盛唐時期屬於當時的先進文化，在當今世界也是富於前瞻性和啟迪意義的。佛教的緣起理論、依正果報論，「心淨則國土淨」，尊重異類，尊重生命、敬畏自然、追求生態和諧的「極樂世界」的理想，對於克服人類中心主義、狹隘的種族主義和地方保護主義，落實生態倫理和地球村理想大有裨益。「綠水青山不是金山銀山，亦是金山銀山」的辯證思維無疑得益於佛教的人類與地球生物圈相協調的理念，並在當今社會主義的科學理性、社會文明建設中得到極大提升和飛躍發展。惠能說：「隨所住處恒安樂……念念見性，常行平直，到如彈指，便睹彌陀。」西方淨土其實就在心中，極樂世界，就在當下利國利民、造福人類的偉大變革發展實踐中，靠我們去努力建設，莊嚴國土，莊嚴地球，共建我們的共同家園，才能實現。社會矛盾、國內外利益和權益爭端等問題的解決是一個極為複雜的社會系統工程，需要社會、政治、經濟、法律、制度、科學技術、文學藝術、人類心智等方方面面的配合和不懈的努力。佛教哲學和佛教不可能解決一切問題，但可以也應當在弘揚東方文明思想、講好中國故事、奉獻中國智慧上作出自己應有的獨特貢獻。

〔註 9〕參拙著《湖南佛教史》，湖南出版社 2003 年版，第 290 頁。

主要參考書目

1. 慧思：《南嶽慧思大師立誓願文》《大乘止觀法門》。
2. 智顗：《摩訶止觀》。
3. 希遷：《參同契》。
4. 惠能：《六祖壇經》。
5. 宗密：《禪源諸詮集都序》。
6. 玄奘：《成唯識論》。
7. 周敦頤：《太極圖說》《通書》。
8. 王夫之：《周易外傳》《尚書引義》《讀通鑒論》《相宗絡索》,《船山全書》,第一、二、十、十三冊, 嶽麓書社 1988、1993。
9. 方以智：《東西均》, 中華書局 1962；《冬灰錄》《青原愚者智禪師語錄》, 華夏出版社 2014。
10. 陳健民：《曲肱齋全集》第二冊, 中國社會科學出版社 2003；《佛教禪定》宗教文化出版社 1997。
11. 湯用彤：《漢魏兩晉南北朝佛教史》下冊, 中華書局 1983。
12. 方立天：《中國佛教哲學要義》, 中國人民大學出版社 2003。
13. 嚴北溟：《中國佛教哲學簡史》, 上海人民出版社 1985。
14. 呂澂：《印度佛學源流略講》, 上海人民出版社 1979。
15. 陳遠寧：《佛教與宋明理學》, 湖南人民出版社 2002。
16. 釋印順：《佛法概論》, 上海古籍出版社, 2001。
17. 釋白云：《佛法哲學概論》, 臺灣：白雲廣播事業有限公司, 1980。

18. 姚衛群：《佛學概論》，宗教文化出版社 2002。

19. 吳立民：《禪宗宗派源流》，中國社會科學出版社 1998。

20. 吳立民編：《般若與業力》，民族出版社 2002。

21. 徐孫銘：《世紀佛緣》，中國社會科學出版社 1998。

22. 弗洛姆、鈴木大作、媽蒂諾著，王雷泉、馮川譯：《禪宗與精神分析》，貴州人民出版社 1998。

23.〔英〕威廉·瑞珀爾、琳達·史密斯著，張念群譯：《哲學與宗教》，北京：中國社會科學出版社 2004。

附錄一　方以智《東西均》與中華民族的辯證思維

　　方以智《東西均》，是在對自然、社會與人生的觀察、抽象和體悟基礎上的辯證思維智慧的結晶，是基於對物質和精神現象的科學抽象，對相對真理與絕對真理的辯證關係作了比較科學的闡釋；其精髓在於正反相因、相奪相融、層層遞進、螺旋上升的否定之否定的辯證發展觀，具有客觀實在性、思辨性、超越性和較嚴密的邏輯思維範式。方以智圓伊∴的辯證思維，對於中華民族「無極而太極，乾坤並建，陰陽和合，相反相成，求異存同，世界大同」的系統思辨，有重要的貢獻，在一定程度上是對素樸唯物論的超越和新開拓，對於加深理解唯物辯證法，提高建構人類命運共同體的自覺性，有積極的啟迪意義。

　　明末清初哲學家王船山與方以智曾討論過圓伊∴的辯證思維。船山《寄懷青原藥翁》詩中說：「哭笑雙遮∴字眼，宮商遙絕斷弦琴。」∴念作「伊」，本為梵書之形似三點而來。圓伊∴，比喻從正、反、合三方面對事物發展規律的辯證思考，如同伊字三點，不縱不橫的立體三角關係一樣，是不一不異，不並不別，非前非後，非煩惱、非涅槃（清淨自在的圓滿境界）的辯證統一。遮即遮詮，表示反面、否定，與表詮的正面、肯定相反相成。《金剛經》說：「若世界實有者，即是一合相。如來說一合相，即非一合相，是名一合相。」意思說世界上一切事物的客觀實在性是「正—反—合」的辯證統一，世界是實在性與非實在性、物質與精神、世間法與出世間法的辯證統一。在明末清初「天崩地裂」、民族危亡的大變局時代，方以智與王船山兩人相互討論哲理，雖然觀點

不盡相同，但悲欣交集，哭笑不得，並有不少共同語言，交情很深〔註1〕。究竟方以智《東西均》、圓伊∴，主旨是什麼，對中華民族的辯證思維和當今社會構建人類命運共同體有何啟迪意義，本文試作論述。

（一）

方以智晚年的一部重要遺著《東西均》認為，「東西」即事物，包含東與西、正反兩面；「均」指用於製作陶器的工具，即能旋轉、調和泥巴的陶鈞，也是調節樂器聲調高低的器具（均鐘木）。「均」有統攝、調和矛盾雙方、對立的兩端而運轉的作用。「東西均」，眾說紛紜，「各自為均」，但其根本旨趣，則包含對立面的事物，相互矛盾、相互協調、相互制衡、相互轉化的意蘊。侯外廬《東西均序言》指出，方以智「關於對立物轉化的法則所創造出的形式性的理論，是超越古人的，然而，他的理論不能探到質的飛躍的規律，因而不能不流露出循環論的弱點，在運用隨泯統和交輪幾的原理時，他在很多場合是形式的、概念的。」〔註2〕方以智提出「『存泯同時之時中』，在兩端之間不必要地求取平衡的中道。特別是他所講的『幾』，即在不息的轉化中達到的至一，就更有些神秘，這不是向高級的突變，而是安定的平衡……這便陷於平衡論的觀點。」（同上）侯外廬肯定方以智從世界的物質性和物質運動來進行對立統一的辯證思考，無疑是正確的，但又認為，《東西均》存在形而上學的「循環論」、「平衡輪」、神秘主義問題，這是可以商榷的。

方以智《東西均》的主旨，其實是相當高的辯證思維，可以從以下幾方面理解：

第一，《東西均》是相反相成的中道哲學和精神慰藉。

《東西均·開章》說：「兩間有兩苦心法，而東、西合呼之為道。道亦物也，物亦道也，物物而不物於物，莫變易、不易於均矣。兩端一貫，舉一明三，所以為均者，不落有無之公均也。」〔註3〕天地之間，一切煩惱，無非生死之苦。兩苦心法，就是認識和體悟生死之苦，從物慾、煩惱中解脫出來的哲學和心理慰藉。東西，指事物及其矛盾的兩個方面。均，即協調和解決矛盾兩方面的統一體、根本道理。道，指事物變化、發展的道理和運用這些道理改造事物

〔註1〕吳立民、徐蓀銘《船山佛道思想研究》，長沙：湖南出版社，1992，第45、122頁。方以智《東西均》，北京：中華書局，1962，第2頁。
〔註2〕侯外廬《東西均·序言》，北京：中華書局，1962，第8頁、第7～9頁。
〔註3〕方以智《東西均·開章》，北京：中華書局，1962，第2頁。

的道德踐履、實踐活動，又指不落有無、相反相成、舉一明三、既對立又統一的辯證思維。《所以篇》：「隨流見得，不落有無，吾何妨以貫虛於實，即有是無，遮照存泯，同時俱鎔此一味之中道法界耶？」〔註4〕法界，即世界。隨流見得，即從實際出發，從事物和世界的發展大趨勢、大潮流出發。不落有無，是從源頭、本體上對世界的物質性與非物質的精神性都不執著。遮照存泯即對事物的否定與肯定、存在與泯滅（異在）都不作絕對化、簡單化的判斷。中道法界，就是運用對立統一、不偏不倚、客觀公正的觀點觀察、認識世界。因此，《東西均》即是用世界是有無、虛實、世間與出世間、否定與肯定辯證統一的根本觀點，認識世界，為人們提供解脫世間痛苦的精神慰藉和智慧。

　　第二，《東西均》為天下一家、東西方交流的大同理想。方以智《象環寤記》：「佛生西，孔生東，老生東而遊西，而三姓為一人。人猶有疑者，謂東異於西，西異於東，人豈信乎？是謂大同。」〔註5〕《源流篇》也說：「天地一分，天心通於地心，虛貫一切實中，則貫地心明矣。此足為公心寓人心之證。」〔註6〕儒釋道聖人三姓為一人，東西方世界存在差異性與同一性，實指東西方世界的哲學、宗教、思想文化求同存異的交流和碰撞。《擴信篇》稱：「愚故以天地信自然之公，以自心信東西之同。同自生異，異歸於同，即異即同，是知大同。」〔註7〕此東西方世界之大同，有三層意義：1. 從源頭上說，天下一家，宇宙、自然，是相互矛盾與協調的統一體；2. 從人文化成來說，為天心、人心與公心、天理與人慾、求同存異、辯證統一的文化認同；3. 從人類學、社會學的意義說，蘊含東西方不同社會制度的世界是大同社會的理想境界的意味，《消息篇》說：「人之面不可殫計，而無一同者。惟其不同，不妨大同。」（同上，第410頁。）

　　第三，《東西均》為善惡、是非的價值判斷。《容遁篇》：「無對待在對待中，則無善惡在善惡中。言其止於至善，則無著、無住而無善惡可言也，此正良心天理之極處耳。」（同上，第340頁。）無對待，指事物矛盾的無條件性、同一性、絕對性，對待指矛盾對立的條件性、對抗性、相對性。天理良心之極則，是人慾與天理（良心）的對立統一。以無所待、無執著、無為、無分別的智慧，

〔註4〕方以智《東西均擴信篇‧所以篇》，北京：中華書局，1962，第220頁。

〔註5〕方以智《東西均‧象環寤記》，北京：中華書局，1962，第162頁。

〔註6〕方以智《東西均‧源流篇》，北京：中華書局，1962，第274頁。

〔註7〕方以智《東西均‧擴信篇》，龐樸東西均注釋，北京：中華書局，2016，第56頁。

悟其不落有無、又有所對待、有所為、有分別的道理和價值觀，這不是是非不分、調和折衷的主觀主義、形式主義，而是有無、是非、善惡的辯證統一，是引導人類袪惡從善，臻於至善的價值導向。

《公符篇》：「性與善非二也，猶乎理也，於穆不已，無聲無臭，未發之中，稱之為善，可也。……善之渾然即無，無之粹然即善。空中之色，色可無，空可無乎？至善豈有對待乎！……謂本體為善，猶本色為素也。龍溪專主四無，學單提耳。抑知無所得仍屬方便，而捨存無泯為同時六相乎？」（同上，第149頁。）王龍溪倡導乃師陽明四句教「無善無惡心之體，有善有惡意之動，知善知惡是良知，為善去惡是格物。」是從頓悟人性的本體立言的。人性本來無所謂善惡，善惡的價值判斷是後天行為意識所產生的。知道善惡，是致良知的體悟、工夫，行善袪惡是道德踐履的實踐。從性理而言，「無善無惡」、無分別的本體（體）與有分別的理性、善性與惡性（用），是對立統一、同時具足的，如同事物發展存在的六種狀態（同時六相，即總、別、同、異、住、滅）一樣，既相區別、相對待、相對立，又是相同一、無待、絕對的。無待就在相對待之中，無分別就在有分別之中，無所得就在有所得之中。這是既現實又抽象的，不能歸於徒有形式、無內容，無內在必然性的「形式主義」。

第四，《東西均》為一化為二、不二而一的辯證思維模式。《東西均開章》「東西輪尊之宗，一也，一即具二；主宗者，用一化二，而二即真一，謂之不二。吾道一以貫之，與一陰一陽之謂道，三一者，一一也。……彌淪乎大一而用萬，即一之一。」（同上，第21頁。）輪，指事物運動的循環反覆。尊，指事物運動、發展的主宰物或主導方面。兩極對立統一之主體、主宰物（輪尊之宗）即一；其用即二、三乃至無窮；由一貫萬，由一化生萬物，最終涵蓋天地，即是分一為二，不二而一，相因相反、相奪相融的辯證思維。∴又讀為「所以」。所以，即事物之本來理則、所以然之理。《所以篇》說：「本無名字而立名字，隨其名字，是無相相。……非合頂、背、面三目以為伊帝目者，烏能知之，不為遮表所詒（YI欺）乎！」（同上，第315頁。）太極、公是非，是所以然之理，是無相之相，必須用合、反、正來表示，否則，就會為正面或背面的局限性所欺。這就是圓伊∴「用一化二、不二而一」的辯證思維模式。在《易餘》中，方以智名此說為「三如此」，說：「必當如此，何以如此、本自如此。」（同上，第16頁。）即必然性、條件性和絕對性了。這種圓融正反合的辯證思維模式是立體的、多維的、交叉的系統綜合性思維。只有把握事物存在的內

在根據（正因）和發展的種種因緣（條件），才能了脫生死，駕馭外物而不為外物所左右（了因），做自然和社會的主人。

由上可知，方以智「東西均」的辯證思想，重視從本體論、認識論、價值觀和社會理想，以及能動改造世界的行動哲學進行系統、辯證、綜合思考，並形成了獨特的思維範式。離開這些方面，就可能陷於簡單化、絕對化，而不可能完整地理解、把握其實質。

（二）

《東西均》是建立在物質運動基礎上有嚴密邏輯結構的辯證思維智慧的結晶，是在吸取前人的豐富思維成果和科學觀察、親身體悟基礎上破除對「天」、「神」乃至對中國傳統哲學中（如《易經》占卜之學、道教丹功、佛教「生死輪迴」和「因果報應」）的迷信成分，凸顯其豐富的、比較科學的思辨特色。

1. 從有無、理氣、虛實、生死論對立統一的客觀實在性

「存泯同時之時中」是方以智重要的核心命題，見於《東西均》公符、所以等章節中。公符、所以然，就是最普遍的、根本的規律、道理。首先，它是對天體運轉、四季交替的自然辯證法的客觀的、科學的抽象和詮釋。《公符篇》：「太極非陰陽，而陰陽即太極。猶太歲非冬夏，而冬夏即太歲也。……自太歲視之，謂無冬夏，自冬夏用之，謂無太歲，此可相奪而相融也。須知冬即夏、夏即冬之故，即在冬而夏、夏而冬之中。則人之冬而夏、夏而冬者，固無礙於冬即夏，夏即冬，尤無礙於冬自冬、夏自夏也。此謂存泯同時之時中。」（同上，第164頁。）《所以篇》：「出世者，泯也；入世者，存也；超越二者，統矣。」（同上，第314頁。）存、泯，指存在與異在（不存在）、生存與泯滅、入世與出世，相互對立、相互轉化的辯證關係。太極非陰陽，陰陽即太極的屬性；總體非局部，局部的總和即總體、本體，它們之間相互對待、相互轉化，是密不可分、有先有後又不分先後、相即不離的；其轉換、變化原理，即在客觀事物的發展過程之中。這是對天體運轉、四季交替的自然辯證法的科學抽象和詮釋，是符合客觀現實的。

方以智的辯證思維立足於氣一元論，即世界由物質性的「氣」所組成，氣貫徹天地，化生萬物，乃至賦予人類高度的靈性和高尚的精神氣質。《所以篇》指出：「虛空之中皆氣所充實也，……虛日生氣，氣貫兩間之虛者實者，而貫

直生之人獨靈。」〔註8〕「均」指物質運動中「兩端中貫，舉一反三」之理，就是「公是非之衡」的公理、最根本的道理。理在氣中，「統理氣之至理，譬算器有一萬，又有大一，究竟大一即在算器中，絕待乃並待也。」（同上，第308頁。）大一、絕待的「形上之道」，是貫穿宇宙、人生生滅的發展規律。立足於物質性的氣的客觀實在性，而論相對與絕對的辯證法，就是《東西均》突破素樸唯物論的鮮明特點之一。

2. 從統攝存泯、真偽、善惡論中道辯證思維的思辨性

《所以篇》：「既生以後，則所以者即在官骸一切中，猶一畫後，太極即在七十二、六十四中也。於是乎六相同時，世相常住，皆不壞矣。稱之曰『無二』。無二分無斷、無別，事理不二，即如如佛。有、無二無，無二亦滅，特玄其語耳。慈湖所守之『無知』，文成所標之『良知』，即真常、真我之異名也。隨流見得，不落有無，吾何妨以貫虛於實，即有是無，遮照存泯，同時俱鎔此一味之中道法界耶？」（同上，第309～310頁。）七十二，指與二十四節氣（每一節氣都有三種規律性的物候變化）相應的七十二種物候變化現象。六十四指《易經》六十四卦，即陰陽屬性發展變化的節律。「太極即在七十二、六十四中」，事物發展變化的規律、道理（太極），即在種種物候、時節的變化之中。他聯繫《易》、《詩》等六經、孔孟、老莊、墨子、公孫龍，儒釋道三教，理學、心學、實學各派，乃至天文地理，從中探尋貫通有無、虛實、出世與入世的根本規律和道理，即事物對立統一的中道辯證思維。

至於「時中」、「中道」、「一中法界」，其涵義雖有差別，也相融互通。「存泯同時之時中」，指適合時宜，恰到好處。《容遁篇》：「聖人扶陽，一切本無，一切皆備，有名即有弊，有真即有偽，而中道正格，必曰仁義。」（同上，第337頁。）中道指正路、正確的價值取向。「時中」不是不分輕重、是非的調和折衷，而是與時偕行的中正之道。《所以篇》：「所以者，先天地萬物，後天地萬物，而與天地萬物氤氳不分也。」（同上，第309頁。）「無知」、「良知」的統一即是真常，就是對「良知」、「無知」的超越。「中道法界」貫通有無、虛實、善惡、世出世間的道理、規律和價值取向，是對自然、社會與人生和諧、平衡、發展的超越和理性追求。這就不能如上述論者所解讀的「在兩端之間不必要地求取平衡的中道。」

〔註8〕方以智《東西均·所以篇》，見龐樸：東西均注釋，中華書局2016，第309頁。

有論者稱「中道法界」為「中立於道、法二界」「中諦為兩個無礙法界」〔註9〕似乎意猶未盡，值得商榷。《東西均》原文：「華嚴事事歸於無礙法界，始結一真法界。可見中諦統真俗二諦，而中諦、真諦要以妙其俗諦。」（同上，第 218 頁。）「何謂一多相即之一真法界乎？真易簡者，不離繁多而易簡者也。」（同上，第 287）此「法界」指宇宙，「一真法界」指一多相即，以一統萬的統一體（相當於宇宙本體）。「中道法界」為統攝、超越真俗二界的真理（相當於中諦），而不僅是「中立於道法二界」。出世是隱於世間，入世是顯於世間，超越於這兩者的統一體，是統攝之心。立足於當下就是真實，隱約顯現的、疏遠的東西不一定是真實，而又與真實密切聯繫，所以，超越親疏、隱顯的東西（體），就存在於實在與非實在的「用」之中，超越抽象的道理（主理，精神）與物質性的「氣」（臣氣、物質）的統帥之物「心」，就存在於精神與物質、非實在與實在的對立統一之中。這就是從體用一如，以體統用，用以顯體，在實際與超越、相對與絕對中把握事物實質和真諦的辯證思維。

3. 從否定之否定、無對待在對待之中立辯證思維範式——超越性

方以智關於「無對待在對待之中」的辯證思維十分系統、精彩，尤其是他創立的圓伊∴的思維模式，是具有開創性的。

以兩端用中，一以貫之為辯證思維模式：

《三徵篇》：「圓伊∴，舉一明三，即是兩端用中，一以貫之。蓋千萬不出於奇偶之二者，而奇一偶二即參兩之原也。上一點為無對待、不落四句之太極，下二點為相對待、交輪太極之兩儀。……即真天統天地，真陽統陰陽，太無統有無，至善統善惡之故。無對待在對待之中，設象如此，而上一點實貫二者而如環，非縱非橫，而可縱可橫。……乃無實無虛、無可無不可，冥應雙超者也。」（同上，第 103、104 頁。）這種無對待中之對待，即是知其然，亦求其所以然，從中抽象出一以貫之的理論、規律，促進事物發展到新高度、新階段。「無對待就在對待之中」，既是兩點論，又有重點論，以「真天統天地，真陽統陰陽，太無統有無，至善統善惡」，有主有從，絕非均衡論、相對主義。《公符篇》：「本無待乎作主，而必言作主，執即非道，不執亦非道。究竟何道，是謂大道。」「不思善、不思惡，而不礙公符之思善究竟，適得至善之平。」（同上，第 162 頁。）掌握一以貫之的規律和道理，是洞明生死、了脫生死，

〔註9〕龐樸《東西均注釋》，中華書局 2016，第 311、219 頁。

自作主宰，主客相伴，不斷提高生命境界，乃至獲得解脫、新生的關鍵。這是一個不即不離、不落有無、既現實又超越的螺旋式上升的發展過程，而不是簡單重複的循環論。

《公符篇》：「性餡乎情焰，理混乎欲瀾，猶火與薪，依之即烈。問薪何如，豈能除之乎？不能除而必言除之，適得其平。以人偏此，言空盡者偏彼，故曰適得其平。……無明即是明，然不得不言明，以適得無無明之平。」（同上，第161～162頁。）性與情、理與欲既相依相生，又相剋相勝，求其不偏空有之中道，即適得其平，適得平懷泯盡、至善之平，乃至「無無明，亦無無明淨」（《金剛經》）之平。這種平衡包含適中、無偏頗、心理寧靜乃至至高善美的境界。這樣孜孜以求的平衡和心理慰藉，次第井然、層層遞進，既全面，又有重點，絕不是「不必要地求取平衡的」、「神秘主義」、「形而上學的平衡論」。

相待交融，相反相因，是連續性與間斷性的統一：

《三徵篇》：「不落有無，又莫妙於《易》矣。太極者，先天地萬物，後天地萬物，終之始之，而實泯天地萬物，不分先後、終始者也，生兩而四、八，蓋一時具足者也。自古及今，無時不存，無處不有，即天也，即性也，即命也，即心也。一有一畫，即有三百八十四，皆變易、皆不易，皆動、皆靜，即貫寂感而超動靜。」（同上，第77～78頁。）天地萬物，即是虛中之氣，生生不息、循環往復，時時變又斷斷不變，即連續性和間斷性的統一的產物。「凡有動靜往來，無不交輪，則真常貫合於幾可徵矣。無終始而有終始，以終即始也。……則生死、呼吸、往來、動靜無不相即，並不相壞，皆貫者主之。此所以代也、錯也。所以代者，無息之至一也。」（同上，第92～93頁。）「代錯」出《中庸》「如日月之代明，如四時之錯行。」即替代、交錯。事物發展變化的過程，是相因相反、前後交替、縱橫交錯，既對立又統一的矛盾運動。

發展變化是前後相隨、頓漸相因、推陳出新的生命運動：

《三徵篇》：「因有推無者，必推無始，推之則念念有無始矣。念也者，今心也。於無始中搕（e扼）其終始，則一呼吸為終始。一呼吸即一生死也。……明天地之大生死，即明一呼吸之小生死，而人一生之生死明矣。」（同上，第83頁。）一呼一吸念念相隨，相反相成，呼吸中有頓漸、生死，念念之中有生死，一生中有生死，天地有生死，而且相互推衍、相互關聯，不斷走向日新月異、一元復始的新境界、新階段，乃至新生命。

總而言之，方以智《東西均》構建完整的辯證思維模式，明確表示為：「圓

伊∴，舉一明三，即是兩端用中，一以貫之。」「明不息之幾於代錯者，藏正因、了因於緣因，以三一參兩之存，用掀翻三諦之泯，則俱泯、俱不泯可也，統泯、隨之交、輪、幾，亦指端之樓閣矣。」（同上，第 103、102 頁。）好比以指指月，所看到的月亮（或樓閣），就是認識和改造世界的規律和道理。這種規律，就是以不落有無、統帥有無，以了因統攝正因和緣因，以中諦統真俗二諦，以融攝世間與出世間，以相互圓融統帥循環反覆和見微知著的辯證思維。可見，《東西均》立足於氣一元論的辯證思維，既有相對與絕對對立統一的高度思辨性，有精闢、形象的範式，更有較系統、層次分明的推衍、拓展路徑，其客觀性、思辨性與超越性，已經突破素樸唯物論的「神秘性」、「形而上學的循環論」、「平衡論」，而在某種程度上向辯證唯物論邁進。

（三）

方以智的辯證思維，是中華民族傳統辯證思維「無極而太極，乾坤並建，陰陽和合，相反相成，求異存同，世界大同」的重要環節。從《易經》「一陰一陽之謂道」，經周敦頤「無極而太極」，到方以智《東西均》、王船山所揭示的「和而不同、求同存異、世界大同」，……李大釗「個性解放運動，同時伴隨著一個大同團結的運動」〔註10〕，毛澤東「能動的革命的反映論」〔註11〕，乃至習近平「構建人類命運共同體」的偉大願景，都是守正創新、一脈相承的。

方以智的辯證思維可以歸結為：任何事物都是無對待與對待的辯證統一，無對待與對待本身也是相反相因，既是絕對，又是相對的，其中一以貫之的根本性東西，必須從體用、有無、虛實、善惡去用心體悟。只有實證體悟，才能把握世界的本體，覺察其微言大義，體悟其實質。從體用關係說，破除對一切的執著，連絕對與相對的辯證關係也是相對的；從事物的相狀看，無對待在對待中是自在的、必然的，必然性只有通過自然、偶然和實證才能顯現（實然）；從事物的發展和認識過程來看，發展、化變、超越是長期的、反覆的、上升（「實以統並，便為進也」）的否定之否定的辯證過程。這種較系統、自覺和超越的辯證思維對於加深理解和全面把握馬克思主義哲學的都有現實的啟迪意義。

〔註10〕李大釗《平民主義》，李大釗全集，第 4 卷，第 122 頁，轉引自馮契教授《中國近現代哲學的革命進程》，馮契文集，第 7 卷，華東師範大學出版社 2016，第 311 頁。
〔註11〕馮契教授《中國近現代哲學的革命進程》，第 577 頁。

《三徵篇》:「大一分為天地,奇生偶而兩中參,蓋一不住一而二即一者也。……盡天地古今皆二也。兩間無不交,則無不二而一者,相反相因,因二以濟,而實無二無一也。」〔註12〕《易餘‧反對六象十錯綜》:「有一必有二,二皆本乎一。天下之至相反者,豈非同處於一原乎哉,可以豁然於二即一矣。蓋常一常二,而一以二用者也。」(同上,第63頁)這些論述可以歸結為如下幾點:(1)天地古今都是一分為二,又是合二而一的;(2)「一分為二」與「合二而一」也是相反相因,對立統一的;(3)「一」與「二」、「合」與「分」都有同一性,也有其差異性、可變性。這種辯證思維殊勝之處在於,把矛盾的同一與差異、真理的相對性與絕對性都看成對立統一的,既是相對的,又是絕對的。

《東西均‧反因篇》說:「因對待謂之反因,無對待謂之大因。然今所謂無對待之法,與所謂一切對待之法,亦相對反因者也,但進一層耳——實以統並,便為進也。……真天統天地,真陽統陰陽,真一統萬一,太無統有無,至善統善惡。統也者,貫也,謂之超可也,謂之化可也,謂之塞可也,謂之無可也。無對待在對待中,然不可不親見此無對待者也。」〔註13〕這裡「所謂無對待之法,與所謂一切對待之法,亦相對反因者也,但進一層耳。」就是講相對真理與絕對真理的辯證統一本身也是既相對,又是絕對的。尤其是「無對待在對待中,然不可不親見此無對待者也。」指明絕對真理就在相對真理之中,而且需要進一步親自實證(「親見」)和體悟,這種辯證思維的自覺性、實踐性與超越性尤其可貴。

方以智的辯證思維與王船山關於「乾坤並建,陰陽和合,新故相胥,繼善成性,轉識成智,自我造命」的論述,其思想的睿智,思辨的深度、廣度,有異曲同工之妙。以船山太極與陰陽、「分一為二」與「合二而一」對立統一的辯證思維來說,船山主張「乾坤並建」「陰陽不孤行於天地之間」〔註14〕;「統此一物,形而上則謂之道,形而下則謂之器,無非一陰一陽之和而成。盡器,則道在其中矣。」「自其合則一,自其分則多寡隨乎時位,……莫知其畛」〔註15〕。船山主張太極與陰陽、「分一為二」與「合二而一」的辯證統一,理、

〔註12〕龐樸《東西均注釋》,中華書局2016,第62頁。
〔註13〕龐樸《東西均注釋》,中華書局2016,第142頁。
〔註14〕王夫之《周易外傳》卷六、卷七,船山全書,第1冊,嶽麓書社1988,第1089、1091頁。
〔註15〕王夫之《思問錄‧內篇》,船山全書,第12冊,嶽麓書社1992,第427頁。

器（氣）與道，道心、人心與天心，有我、無我與大公的辯證統一，在明末清初「天崩地裂」的大變動時代達到空前的高度，是十分卓越的。

《公符篇》：「人自下地，動而有為，即是惡矣。劫初善，劫末惡；赤子善，長而惡。謂之良知能者，其未生前之至善，生時與來，相繼不失也。故聖人於有生後，惟叮嚀教之曰不失其初而已。初即先天之至善，猶一日一夜，平旦之氣為初；一念起滅之時，則初識之依為初，傳送、分別則惡矣。故學道貴直心；直心者，初心也。」〔註16〕聖人不失初心，就是不忘善良本性，不忘最初萌發的愛心、善心、菩提心，發揚崇善祛惡的道心和德性。

由上可知，方以智豐富的辯證法，立足於氣一元論、密切聯繫生活、生產、經濟社會交往、東西方文明碰撞與交匯，對天人合一、不落有無、相反相因、統一性與差異性、連續性與間斷性、相對真理與絕對真理辯證關係的闡述，具有理論透徹、邏輯思維清晰、嚴密，對歷史現象、客觀現實的抽象、推衍有高度概括的思維範式，一定程度上克服了傳統思維的主觀性、片面性和保守性，與素樸唯物論相比，有推陳出新，別具一格的突破。方以智與王船山坐集千古之智，橫跨東西方哲學、宗教、人文科學和自然科學，構建相對真理與絕對真理辯證統一的思維模式，對於提升中華民族的理性思維，加深對辯證唯物論的理解，提高構建人類命運共同體的自覺性〔註17〕，有重要的啟示和借鑒意義，值得批判地繼承、開拓，發揚光大。

2019.09.29 改定於匹茲堡

〔註16〕方以智《東西均·公符篇》，見龐樸：東西均注釋，中華書局 2016，第 157 頁。
〔註17〕筆者近日在與臺灣林國雄教授探討圜伊三點的辯證思維時，談到：「無對待在對待中」的辯證思維，是從《易經》「一陰一陽之謂道」到周濂溪「無極而太極」，再到方以智、王船山「乾坤並建，陰陽和合、相反相因、無對待在對待之中」的辯證思維，蘊含中華文化「和而不同、求同存異、世界大同」，即相對真理與絕對真理辯證統一的高度智慧，是中華文化核心競爭力的集中體現，對於海峽兩岸化干戈為玉帛，振興中華，共建中華民族—人類命運共同體，有重要的貢獻和啟迪意義。

附錄二 「君相造命論」與「自我造命論」辨釋

　　本文著重就船山「君相造命論」和陳健民「自我造命論」試作比較分析。在中華傳統文化生命哲學發展史上，儒家「天命論」、「養民造命論」、「君相造命論」，道家「煉性保命論」和佛家「自我造命論」均佔有一定的地位和優勢。船山「君相造命論」包含「受命、造命、俟命、永命」四個層次，是在遵循自然客觀規律的基礎上，提升主觀能動精神的唯物辯證法的生命哲學理論。陳健民秉持「經典有依據，歷史有傳承，修持有感應（科學有實證），藝術有創新」精神，在生理、心理造命與社會生活相統一、哲學與醫學、科學相融合基礎上的「自我造命論」，吸取儒家「君相造命論」、道家「煉性保命論」之精華，高揚「知命—積善—造命—超越」的主觀能動性，堅持顯密圓融、福慧雙修、世間法與出世間法相協調，對於完善自我、提升精神、和諧社會、發展生命哲學與科學、轉變世風有積極的影響和促進作用，值得批判地加以吸收，引為鑒戒。

　　儒家「造命論」有《中庸》「居易俟命論」、《左傳》「養民造命論」、董仲舒「受命於天論」、王夫之「君相可以造命，……修身以俟命，慎動以永命，一介之士，莫不有造焉」的「君相造命論」〔註1〕。道教魏伯陽有「天在我」、「我命在我」的「煉性保命論」。陳健民（1906～1987）則在「馬齒八十」、耄老之年，寫出其生死哲學和生命科學的重要著作《密宗造命論》〔註2〕，主張以生理、心理性命為基礎，進而修造報身、化身、應身、金剛體身命的「自我

─────────────────────

〔註1〕王夫之《讀通鑒論》卷24，《船山全書》第10冊，嶽麓書社1988，第934～935頁。

〔註2〕陳健民《密宗造命論》，見《曲肱齋全集》第二冊，中國社會科學出版社2003，第32頁。

造命論」，成為別具特色的佛家「自我造命倫」，大大豐富了中華傳統文化生死哲學與生命科學的寶庫。本文著重就船山「君相造命論」和陳健民「自我造命論」試作比較分析。

（一）船山「君相造命論」之詮釋

船山《愚鼓詞》、《楚辭通釋》提出「與天分伯季」、「造化在我」、「天在我」的主體能動思想。船山在敢於與「天命」比高低的基礎上，突破儒家傳統的有意志的上天主宰論的「天命論」，提出「君相可以造命」，「一介之士莫不有造焉」的著名命題。他說：

> 君相可以造命，鄴侯之言大矣！進君相而與天爭權，異乎古之言俟命者矣。乃唯能造命者，而後可以俟命，能受命者，而後可以造命，推致其極，又豈徒君相為然哉！……修身以俟命，慎動以永命，一介之士，莫不有造焉。〔註3〕

船山認為，「天之命，有理而無心者也」。（同上）天命是自然無為，有一定客觀規律的，這種規律在人的壽夭、生死，國家治亂、存亡等方面起作用。天是「有理而無心者」，就是說上天主宰世界萬物的生命，是有其客觀自然規律存在的，但並沒有意志，是無意識的，說天有意志是沒有道理的，「何其不自揣度，而謂天之有意於己也！」「唯循理以畏天，則命在己矣。」（同上）因此，只要遵循自然社會的客觀規律，對天常存敬畏之心，努力加強道德修養，注意養生之道（慎動以永命），就可以有所作為，真正掌握自己的命運。在「循理以畏天」的基礎上，不僅君相可以「造命」，一介之士也可以有所作為。循理畏天以造命，是遵循人的天性、自然本性，敬畏自然性命，認識和改造自然；「修身以俟命，慎動以永命」，是通過實踐、道德修養、養生保養，促進生命素質的提升和命運的改變。受命、造命、俟命、永命，這就是船山「性命雙修」、掌握和改變人生命運的生死哲學和生命科學的重要命題。〔註4〕

船山固然有「言道者，必以天為宗」，以天為主宰的思想，同時，又有以人為依歸的思想。他在上述引文之後接著說：「必以人為其歸」〔註5〕。人道以

〔註3〕王夫之《讀通鑑論》，卷24，《船山全書》第10冊，嶽麓書社1988，第934～935頁。
〔註4〕吳立民、徐孫銘：〈船山佛道思想研究〉，湖南出版社1992，第153～1547頁。
〔註5〕王夫之《尚書引義》，卷五，《船山全書》第2冊，嶽麓書社1988年版，第381頁。

無意志之自然、天性為宗，又以回歸人性為本。船山雖然沒有完全擺脫聽命於天的「命定論」，但又十分重視「盡人之性」，「以人合天」，十分重視適應自然本性發揮人的主體能動作用。他說：「聖人盡人道，而不如異端之欲妄同於天」，「君子以人合天，而不強天以從人」〔註6〕，甚至提出「天在我」、「與天分伯季」、「造化在我」，「君相可以造命」，一介之士亦可以「相天造命」的思想。這就是說，人固然有與自然界、萬物同樣的自然屬性，有自然的生生不息的發展過程，更有不同於自然的社會屬性，必須順從自然本性、天性，又以盡人道、回歸人的善良本性為本，以與「異端之欲妄同於天」、泯滅人性相區別；人順從自然本性而發揮自己的主體能動作用，在一定程度上可以與天比高低，又不違背客觀規律（「不強天以從人」）而過度掠奪自然，違背、扼殺自然本性。可見，船山的造命論，不僅有「天命主宰論」思想的一面，更有「順天」、「重民」，尊重客觀規律、重視發揮人的主體能動作用的另一方面，只見其一，不見其二是片面的，不妥當的。

由上可知，船山對造命有兩個重要思想，一是「循理以畏天，則命在己」，一是「修身以俟命，慎動以永命，一介之士，莫不有造焉」。前者說要敬畏天命，又要順從天命的自然規律、天理，把命運掌握在自己手裏，雖然其中有上天主宰、超越於人的意志不可抗拒的「天命論」的消極因素，但歸根結底，是人必須遵循客觀規律，按照自然的客觀規律辦事，主宰自己的命運，這是合理的、卓越的。船山強調發揮人的主觀能動性，加強道德修養，知命、慎動、養生以俟命，積極創造條件，在一定程度上改變自己的命運；除了君相在一定程度上可以造命、造福社會之外，一介之士、小人物也是可以在某種程度上改變自己的命運，做出自己應有的貢獻，這是辯證唯物主義積極能動的反映論的生命哲學、生命科學理論。

船山「造命」思想包括受命、造命、俟命、永命四個層次，受命是從性命的本性有先天的遺傳因素，從性命自然形成的根源上樹立正見；造命是認定客觀規律雖不可違背，但在認識事物本質基礎上通過主觀的奮發努力，可以改變自己的命運；俟命是在行動上創造條件，在一定程度上可以轉運、改寫自己的命運；永命是既改變自己，又改變世界，尋求生命的可持續發展（但不可能永生、長生不老）。這種基於對客觀世界發展規律認識基礎上的辯證唯物

〔註6〕王夫之《周易內傳》，卷五，《船山全書》第 1 冊，嶽麓書社 1988 年版，第 529 頁；《周易外傳》，卷六，《船山全書》第 1 冊，嶽麓書社 1988 年版，第 1061 頁。

主義的主觀能動精神和生命哲學是十分卓越的，在四百多年後的今天，仍然熠熠生輝！

（二）以人為本的「自我造命論」

陳健民「自我造命論」兼及佛家、儒家、道家、陰陽家、醫學，倡導以人為本的「養民造命論」和「自我造命論」，其內涵可以概括為四層心性造命論，「先且取得霞滿健全生理身命，然後接受灌頂，修造三昧耶化身命，⋯⋯造成大樂圓滿報身命，⋯⋯造成體性身命，⋯⋯修造金剛練身命，造就最高最上無死瑜伽虹光身命」〔註7〕，也就是由健全生理性命，修造三昧耶化身命，入淨上圓滿報身命，進而提升自我體性身命、修證金剛練身命。這四層造命論，如同其《長壽要則》所說四層工夫：1. 外層（生理、心理）；2. 內層（宗教修持）；3. 密層（精進修持）；4. 密密層（殊勝超越法門）〔註8〕。陳健民《佛教禪定論》中，也把「佛弟子應具備的條件：外層，頭陀風範；內層，菩薩心腸；密層，密宗修法；秘密層，禪宗解脫」〔註9〕，作為修行造命的四層工夫，也就是從性體（體）、教相（相）、轉化（用）、超脫（了）四個層次實現自我造命，發展生命科學，進而改造社會，樹立造福社會、普度眾生的人生理想和抱負。

陳健民「自我造命論」是基於對「天命」和「造命」的辯證思維的認識而提出的。當代佛學大師吳立民先生在上世紀末曾對其子吳元白提出：佛學研究、佛教建築、藝術和生命科學研究，當秉持以下原則：「經典有依據，歷史有傳承，修持有感應（科學有實證），藝術有創新。」這是以馬克思主義理論為指導，理論與實際、歷史與邏輯、實證與體悟相結合的科學方法論，有十分重要的現實指導意義。陳健民正是秉持這一思想，以《法華經》《大日經疏》《彌勒上生經疏》、《六祖壇經》、《信心銘》等佛教經典為指導，從儒釋道歷史傳承和歷代祖師的修持、自己的親證和守正創新中進行系統的詮釋和獨立思考，從而提出「自我造命論」的科學理論的。他從佛教阿賴耶緣起說、十二因緣緣起說、定命說，提出：「佛無定法可說。識能變，體能融，業能轉，根能斷，因能改，故科學家亦有改良種子之新說，轉變氣候之溫室。人雖未必能勝

〔註7〕陳健民《密宗造命論》，見《曲肱齋全集》第二冊，中國社會科學出版社2003，第32頁。

〔註8〕陳健民《密宗造命論》，第30～31頁。

〔註9〕陳健民《佛教禪定》，見宗教文化出版社出版社1997，第11頁。

天，然此等改良自己、益壽延年，感應之錄，歷朝不絕。《了凡四訓》殆稟高僧之勸化而受古德之遺教也。無子既可造子矣，無生何不造生乎！」〔註10〕尤其是對「天命」與「造命」進行辯證思維，更難能可貴。他說：「統觀上文各節，造與不造，原屬兩邊。圓融之，則合真如正理，偏執之，則違中庸正見。」〔註11〕就是說，生命既有上天賦予、先天遺傳因素的作用（八識種子、先天遺傳、「不造」），也有後天努力、改變命運的主觀能動作用（認識改因、「業力」斷根、「科學改良」、修持「造生」），不能偏執一端，而是採取圓融、辯證的中道思維，從而得出合乎實際、科學的結論來。

陳健明「自我造命論」其特點在於：

1. 以人為本，強調人的主觀能動作用

陳健民認為：「儒家之造命似歸於天，實本之於人」。他引用《左傳》邾子曰：「命在養民，死之短長，時也。民苟利矣，遷（遷墳），吉莫如之。」指出，個人的生命、命運繫於百姓的安危、安養和安生，過上好日子；壽夭、吉凶，也與此密切相聯。只要對人民有利，個人的性命長短（如祖墳遷移是否吉利等問題的解決）也就是最吉利的了。稱讚這種命運觀，是真正懂得造命的真諦的，「所謂命在養民，是真能造命也」，「此則吾所謂可以造命而超天矣」〔註12〕，是真正超越了性命受上天主宰的「命定論」，十分卓越。他把佛教生於「欲界、色界和無色界」之天，「超出四空定，故能證得無我空性」之天，與世俗「自然之天為主宰」、「天命」相區別〔註13〕，主張「由人天乘之看空娑婆五濁惡世，進修聲聞乘、緣覺乘之無我空性，並進修無我、同體大悲、無緣大悲之菩薩乘，再進修明空無我、大手印之法身，空樂無我、事業手印之報身，空悲無我、法手印之化身，是為最後之金剛乘。」〔註14〕這種自我造命論，是立足於人而超越「天命論」的超越性思維。他打破世俗社會、封建統治者把性命歸於「上天」恩賜、先天命定的傳統，堅持命運不歸於上天，而歸命於養民，把自己的身家性命、命運與養民、服務人民相聯繫，包含有某些以人民利益、福祉和命運為轉移的積極因素。這種「知命─積善─造命─超越」的主觀能動

〔註10〕《密宗造命論》，《曲肱齋全集》第二冊，第33頁。

〔註11〕《密宗造命論》，《曲肱齋全集》第二冊，第37頁。

〔註12〕《密宗造命論》，《曲肱齋全集》第二冊，第33頁。

〔註13〕陳健民《佛教與其他宗教可合、不可合論》，《曲肱齋全集》第二冊，第64～65頁。

〔註14〕《曲肱齋全集》第二冊，第64頁。

精神，是以人為本、人民為本，融小我於大我，把學佛、修行、積德和造命歸於自己的覺悟和努力，具有超越一己私利，超越天命的積極能動精神，是一種命運「操之在我」的高度主觀能動精神的體現。

2. 遵循生死、因果聯繫的客觀規律

人生從何而來？命運誰來主宰？這其實是修行人思考的核心問題。《阿毗達摩大乘經》頌說：「無始時來界，一切法等依。由此有諸趣，及涅槃證得。」〔註15〕意思是說，第八識所藏種子（阿賴耶識藏）是世間萬物所賴以產生的根據，它從人類誕生以來就有了。由於受煩惱種子的影響並不斷造業，所以眾生在天、人、畜生、惡鬼、地獄五趣中輪迴生死，陷於惡性循環，而修行聖道的人逆襲而上，轉染為淨，轉識成智，則由此得到解脫。也就是說，一切生命和命運，雖然有先天（「無始時來界」）的遺傳因素，更重要的是遵循生死、因果聯繫的客觀規律，把握後天行為所能造成、並不斷發生改變的果報的契機。陳健民強調「已得之命必有所報，新造之命或再造業，或改積善，操之在我。」〔註16〕相信一切生命都有先天的遺傳因素的某些重要影響，知道「因果報應」定律不可違背，更重要的是決定於後天的主動選擇、修行和努力，積極改運、轉運、創造新機運。他說：「前生如何，已往之事，不可追究；今生如何，寸陰當惜，可不努力造業以創新命乎！古往今來，未有無因之果也。」這種對事物、生死、因果聯繫及其客觀規律的深刻洞察，是從古人的歷史經驗的總結和論述繼承而來，也是自己修證的切實體悟。以孔子《論語》「罕言命」、「子不語怪力亂神」「性與天道不可得而聞也」為例，說明孔子對性命問題論述雖少，但已涉及對「性與天道（人性、性命與自然規律）」這一核心問題的思考，而且，有認識規律（「知命」）──創造條件改造命運（「居易以俟命」）──超越性命（「造命而超天」）的卓越思考和成功實踐。下文對陳健民關於在當今社會現實條件下，如何從顯密圓融來自我造命的思考作進一步分析。

3. 自我造命必循序漸進

自我造命論是基於對生命新陳代謝的客觀規律的科學認識基礎上主觀能動精神的創造性體現。王船山「君相造命論」就有這樣的思想。船山《讀通鑑論》認為，「天之命，有理而無心者也。……天者，理也；其命，理之流行者

〔註15〕《攝大乘論・所知依分第二》。
〔註16〕《密宗造命論》，《曲肱齋全集》第二冊，第 35 頁。

也。……違生之理，淺者以病，深者以死，人不自知，而自取之，而自昧之，見為不可知，信為莫之致，而束手以待斃，曰天之命也。是誠天命之也，理不可違，與天殺相當，與天之生相背，自然其不可移矣。天何心哉！」〔註17〕生命的真諦在於遵循其自然生理、新陳代謝、生生不息的客觀規律。客觀規律是「不可移易」、不以人們的意志為轉移的。違背了生命新陳代謝的客觀規律，就必然戕害生命，乃致走向非自然死亡的「飛來橫禍」、兇險之途、不歸之路，陷入自以為是「天公的主宰」、「上天懲罰」的迷信。真正科學的自我造命論，必須遵循客觀規律而循序漸進，不可造次。陳健民的四層次「自我造命論」，也就是在健全生理、生命新陳代謝的基礎上，由「三昧耶化身命」到「體性身命」，再到「金剛練身命」，直至「瑜伽虹光身命」循序漸進螺旋式上升的過程。陳健民說：「依生起次第之前行預防橫死，先且取得暇滿健全生理身命，然後接受灌頂，修造三昧耶化身命。」其次，「將灌頂引入淨土果位智慧身，造成大樂圓滿報身命。」再次，「依大手印之一味瑜伽及大圓滿即見即果五種解脫，及六法，造成體性身命，擴大其功能」，「依大圓滿且促、妥嘎，修造金剛練身命」，最終，「造成最高最上無死瑜伽虹光身命。」大意是說，在生理、心理治療和社會治理基礎上，以血肉之身化為三昧耶身（samaya body，由血肉之身化為溶於法性之中的智慧之身）〔註18〕，以智慧之身化為三昧身，證得法身乃至虹光之身。儘管後面幾個階段屬於密乘，一般人無法實踐和實修（本文無法深論，絮不贅述），但其注重陰陽和合、心物融合、精神與物質相協調，宗教修持與養生、哲學相結合，書中屢有論述。關於心物（精神與物質）相統一，他在《論執理廢事之流弊》一文指出：「夫心本不孤存，與物融合；物本不分彰，與心契入。……心物兼顧，則萬事俱興；理事偏廢，則心物無用矣。」〔註19〕強調物質離不開精神，精神離不開物質，二者既相對立，又相統一，則萬事興，若有所偏廢，則不能成就修持、養生、度生事業。關於宗教修持與醫學、哲學的統一，他在「內四加行」的「四皈依」時說：「在此階段，空性並未證得，故此生理外層之身，適當於所謂三昧耶身。……《法華》雖說『是法住法位，世間相常住。』此惟指法身佛性，而與此三昧

〔註17〕王夫之《讀通鑒論》卷24，《船山全書》第10冊，嶽麓書社1988，第934～935頁。
〔註18〕陳健民《不死虹身》，《曲肱齋全集》第二冊，中國社會科學出版社2003，第372頁。
〔註19〕陳健民《論執理廢事之流弊》，《曲肱齋全集》第二冊，第95頁。

耶身相隔甚遠，有界外、界內之別。故當注意者，惟是生理學、生理衛生學、物理學、病理學、醫學、食譜等學識。」〔註20〕關於法身無死、無生的教法，他指出：如何「修持以證入不死境界的可能」，「在你出生、死亡乃至存活的當中，皆無任何定點可得。因此，法身縱貫三時，橫遍十方，要在其中找出一個時空的限域了不可得，而這就是法身的本來面目。……運用禪觀修習此種抽象哲理，可以具體實現此種法身無死的教法。」〔註21〕這種循序漸進，步步提升，次第井然，從認識生理、心理、病理和自然規律，改造自身、創造新命，促進陰陽和合、新陳代謝，乃至超越自我的四層次改造、提升生命質量的修持，自成系統，別具新意，值得讚歎。

4. 感動龍天護衛，廣結善緣，轉變世風

《密宗造命論》雖難免有一些宗教信仰的說教和神秘意味，而其主旨不是迷信，實質上是求得龍天護佑，廣結善緣，提升精神，轉變世風。陳健民認為：「因有果位方便，對治二障、三有，更為篤實，使家國社會人類及六道共業受其影響，如來藏原有功德開發更多，見思惑、煩惱惑、無明惑滌除更淨。於是共業受到影響，菩提種子傳播更多，六道父母受益更深。事在人為，……整個三惡道中之各種惡劣環境，皆當分身教化轉變。」其中論及陳上師 1972 年到美國修持弘法，至 1987 年（是年 11 月圓寂），「不到十五年間，已獻寶瓶於大海龍宮 117 次，火供共 203 次，超幽屍林 68 處 116 次，內有墳墓 340 萬，放龜 2862，連放魚、鴿子等，合共 236700 命。……凡此對於人類共業之轉善皆有關係。《書》曰：『一人有慶，兆民賴之』。」〔註22〕此不免有宗教熱情之說教，也有個人修行切實的證悟，不見得為人們所普遍認同，但就美國、英國佛教徒 1962 年前後親自到印度聽從陳上師講授並幫助整理出版《佛教禪定》一書，1972 年陳健民移居美國，在美國、加拿大、菲律賓，以及我國香港、臺灣等地弘法，在臺灣連續講經五天，「臺灣佛教界《慧炬》雜誌 198 期報導，每晚淨盧地藏室均座無虛席，連樓梯上都坐滿了聞法的聽眾」〔註23〕，都足以說明其「自我造命論」和《佛教禪定論》的深刻影響和廣泛的感召力。

〔註20〕《密宗造命論》，《曲肱齋全集》第二冊，第 41 頁。
〔註21〕陳健民《談死》，《曲肱齋全集》第二冊，第 352～353 頁。
〔註22〕《曲肱齋全集》第二冊，中國社會科學出版社 2003，第 47～48 頁。
〔註23〕《曲肱齋全集》第十冊，中國社會科學出版社 2003，第 346 頁。陳健民《佛教禪定》，宗教文化出版社社 1997，內容簡介：「本書於（20 世紀）八、九十年代曾成為歐美地區最暢銷的宗教圖書之一。」

（三）自我造命論的主要貢獻

陳健民自我造命論不僅是在佛教養生學、生命哲學上有深刻的體悟，而且在哲學、生命科學與宗教修持的相互融通上有獨特的見解和傑出的貢獻。

1. 重視生理學、衛生學、心理學、物理學、病理學、醫學、食譜等知識，與現代科學接軌，促進佛學、醫學科學的相融互動

以佛教哲學與數理邏輯的關係為例，黃海德《波函數與空性》一文根據陳上師的提示，對波函數與空性的異同進行分析，指出：量子力學用來描述質點行為顯示波的種種特性，就叫波函數（wave functlon），波函數與空性的異同在於萬物的空性（實在性與可變異性的辯證統一）與波函數（科學性與測不准的對立統一）是有差別的，又是具有可比性的（見下表，參原文編繪〔註24〕）。

其主旨是認識心物既對立又統一，「物理研究所得固可與空性有相似之處……畢竟不能當真」，不應將兩者等同為一，「有志之士，正該利用它們相似的地方，對佛法善作觀摩，從而確立其正見，作為實修的指南……科學精神實事求是，卻正好用來實踐佛法也。」〔註25〕生命的解脫得益於科學理性的解悟和實證，而佛教信仰、對佛法空性、般若智慧的覺悟也可以更好指導、推動世間的實踐和科學研究事業超越「測不准」「不確定性」的局限，走向主客協調、心物一致、悲智不二、真空妙有的理想境界，促進身心健康和心靈的真正解脫。

波函數與空性異同比較

波函數	空　性	相同點
1. 虛數，不是經驗世界的東西，無法測量，無法即相即物證入波函數中	1. 本來現成，萬物無非空性，能夠憑一定的證量證實；可實質上印證	3. 不可測量
2. 與位置／線動量／角動量／動能／位能等相關 可用算符運作在波函數上而求得的期待值	2. 不可執著 不可用數學式子來表達	5. 本體不可執著
3. 波函數是量子力學波動方程式的解假有	3. 無得 無得無不得	4. 不可得

〔註24〕參黃海德《波函數與空性》，見《曲肱齋全集》第二冊，第317～323頁。
〔註25〕黃海德《波函數與空性》，科學實證精神有見於《曲肱齋全集》第二冊，第333～334頁。

4. 兼容性：在波函數下的質點兼具古典力學中質點和波雙重的特性；重在都是	4. 主客一體 重在都不是	1. 主客一體 8. 正反兩面兼容性
5. 測不准原理，測量行為會干擾被測系統的本來狀態 未必究竟	5. 不可思議 以印證空性為目的	9. 在根本處革命的超常觀
6. 質點有可能穿透高位能的位能障礙而在能量障礙區之外被發現；由經驗的實數世界進入虛數世界，	6. 離知見解會 當體即空	5. 現象可感知 10. 不確定性
7. 質點是周遍整個空間的 不能描述生命、思想、愛情等形而上的東西	7. 周遍性 天地萬物共此共性	2. 全體周遍性
8. 隧穿效應：古典力學同時決定位置與速度的特性／以及不能穿透能障礙的特性在量子力學中不適用；隧穿效應能量幾乎為零	8. 離戒定慧修持 證得空性具此隧穿效應的能量	7. 隧穿效應
	9. 證量：明相、無念、心無能所、氣離出入	11. 質、執量小而顯現
有我以判斷是非	10. 無我是空性顯現的捷徑	6. 假有（有先天不確定性、或然性）
限在形而下的世界裏	11. 空智和悲願不二	

2. 強調顯密圓融、福慧雙修、無我利他的道德修持和自我造命，促進生命質量的提升

陳健民《無我為觀空性之捷徑》一文指出：「末法既少有超格高足，更無有出眾祖師，惟此依聖教量，取一捷徑，縱屬鈍根，亦可依聞思二慧，就文佛聖教之量，漸次觀之，必易修觀，故曰捷徑。……自小乘起，觀人無我，或用迂迴路徑；……既入大乘，則進一步觀諸法皆無我，而因此十八空皆可一連串成就；……再入密乘，將俱生之微細人法二我執，就其煩惱道中根本挖出……而即身成佛之大樂智慧果位可以證得矣。是故，羅漢以人無我顯十八變；菩薩以人法二無我顯十八空；金剛薩埵以佛無我而證十八不共法；大圓滿、大手印以法身無我而證無實、廣大、獨一、任運四德。無我則證得無實，無我則證得法身之廣大，消滅一分我，以證得一分法身，顯教之法也；依密宗大手印、大圓滿，則於即生、即身中頓然取得。無我則令法身獨顯，別無一物以障礙之；

無我則浩浩蕩蕩光明任運，而全體起用矣；無我則的的歷歷，任運光明，而全用在體矣。」〔註26〕關於「無實、廣大、獨一、任運四德」，是陳健民對涅槃四德的獨特表述。《涅槃經》說：「如來於佛法中唱是無我，為調眾生故，為知時故，說是無我，有因緣故亦說有我。如彼良醫善知於乳是藥、非藥，非如凡夫所計吾我。凡夫愚人所計我者，或言大如拇指，或如芥子，或如微塵，如來說我悉不如是，是故說言，諸法無我，實非無我。何者是我？是法是實、是真、是常、是主，是依性不變易者，是名為我。」就是說，佛教所說「諸行無常、諸法無我，涅槃寂靜」，是為了破除外道、邪見對事物本質「實、真、常、主」的錯誤認識，即把萬物看成絕對真實（「真」）、究竟存在（「實」）、永恆不變（「常」）、有絕對主宰（「主」）的存在物；應當從偶然中看到必然（「無實」、「常」），轉痛苦為快樂（「任運」、「樂」），轉無我為大我（「廣大」、「我」），化染污歸於清淨（「獨一」、「淨」），用客觀的、全面的（全體起用，全用在體）、辯證的、發展的、樂觀的觀點來看問題，從而求得心靈的清淨和解脫。這是堅持偶然與必然、體與用、空與有、無我與自我的辯證統一。如此修持，顯密、頓漸圓融，福慧、悲智雙修，自我造命可以更快捷，更殊勝，生命質量的提升就更有把握了。

3. 強調理事圓融，事事無礙，促進共業的轉化、社會風氣的改良

陳健民「自我造命論」，對於社會潛移默化，轉變人類的行為（共業），改變「三惡道」中各種惡劣環境，促進社會和諧有積極的意義。因為信解行證與日常生活密切相關，「慧學以密法最為高深，譬如會歸瑜伽，務使生活中日常俗事，皆配以咒語之加持，觀想之體會，定力之透徹，睡眠、飲食、行住坐臥，莫不頭頭是道，事事如法也。……良以事事皆理，不捨一事於正理之外；理理入事，不捨一理於萬象之中，廢一事即捨一理，捨一理即廢一事，事事無礙，理理自在，方能盡法界周遍、緣起之能事，理何可執乎？事焉能廢乎！」因為自我造命論能理事圓融、事事圓融，並能與實際生活密切結合，世出世法圓融，所以，「一人有慶，兆民賴之，三界仰之，十方依之。此種生命之有價值、可寶貴，吾人不足形容之矣。」

以上對船山「君相造命論」與陳健民「自我造命論」進行比較可知，二者在承認先天的遺傳本性和遵循自然客觀規律的唯物主義認識論基礎是相同

〔註26〕陳健民《論觀空性之捷徑》，《曲肱齋全集》第二冊，中國社會科學出版社 2003，
第 118～129 頁。

的，堅持生理、心理治療與社會治理相結合、堅持哲學與醫療科學、養生修持辯證的統一是共同的，而在對天命論的批判和理性思考上，船山著眼更高；至於在對個人修持（包括宗教修持）上和世出世間法相融通，以及結合實驗科學的體驗和證悟上，陳健民比船山更勝一籌。

　　總之，陳健民立足於生理、心理造命和科學、實際生活相融合基礎上的「自我造命論」，吸取儒家「君相造命論」、道家「煉性保命論」的積極因素，高揚「知命—積善—造命—超越」的主能動性，堅持顯密圓融、福慧雙修，宗教修持、科學與哲學相結合、世間法與出世間法相協調的四層「自我造命論」，對於完善自我、提升精神、和諧社會、發展生命科學，轉變世風有積極的影響和促進作用，值得批判地加以吸收，引為鑒戒。

22.01.29 初稿於南翔
23.03.19 改定於德雅村